AF472753

LE

PATRIOTE PALLOY

ET

L'EXPLOITATION DE LA BASTILLE

(AVEC UN PORTRAIT ET UN FAC-SIMILÉ)

L'ORATEUR DU PEUPLE GONCHON

PAR

VICTOR FOURNEL

PARIS

HONORÉ CHAMPION, LIBRAIRE

9, QUAI VOLTAIRE

—

1892

LE PATRIOTE PALLOY

ET L'EXPLOITATION DE LA BASTILLE

L'ORATEUR DU PEUPLE GONCHON

L'hommage de cette Gravure a été fait au Citoyen Palloy, en 1792, par ses 83 Apôtres de la Liberté, au retour de leur mission des Chef-lieux des 83 Départemens, l'an 4 de la Liberté Française, en lui déposant les Procès Verbaux de réceptions des caisses d'Objets Civiques et des modèles de la Bastille qu'il y avait envoyés.

LE

PATRIOTE PALLOY

ET

L'EXPLOITATION DE LA BASTILLE

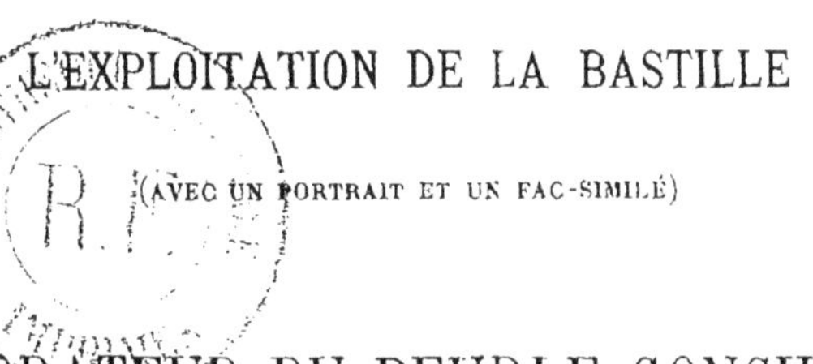

(AVEC UN PORTRAIT ET UN FAC-SIMILÉ)

L'ORATEUR DU PEUPLE GONCHON

PAR

VICTOR FOURNEL

PARIS
HONORÉ CHAMPION, LIBRAIRE
9, QUAI VOLTAIRE

1892

BESANÇON. — IMPR. ET STÉRÉOT. DE PAUL JACQUIN.

Paris 9bre 1792 — N° 16 —

Lettre au législateur Marat

voir le C 15

[illegible] 1792 n° 28.29

dans ton journal n° 27 du 22 octobre je viens de lire un article que des braves gens m'ont forcé de lire, pour y connoître votre caractère méchant [illegible] et que je ne doute pas qui ne sera pas [illegible], je ne suis pas des [illegible] que vous [illegible] à chaque moment, aussi grossier que criminel, je ne sais quel instinct à la patrie de te confier dans son sein où il devroit y être que d'hommes instruits et honnêtes gens si je ne respectois votre caractère de représentant du peuple je vous verrois [illegible] avec une [illegible], comme j'ai fait quand vous [illegible]. Tu as ou tu t'es permis [illegible] et écrit que j'étois un fripon que je faisois tout in ouvrir de la bastille; et que tous les revenus que je donnois

Note marginale : [illegible] du complot que je faisois.

comment peux-tu dire que l'auberge du traiteur a été pillée ce qui n'est pas, mes volontaires ont été très honnêtes, tu peux quand de voir lettre, a jamais recelé quatre de nos ennemis, mais penses que mes soldats ne sont pas des sortes de Marat

Tu dis encore que j'ai donné ordre de mettre les canons en avant pour mitrailler la ville, qui dément que c'est ce qui est un bout de fer foudroyer... est trop malheureux qui en est un d'effet de qui voudra je me moque de tes propos

Tu dis encore que tous mes officiers sont de ce bataillon contre révolution de [illegible]... tu as menti j'ai bien dans mon bataillon des filles St Thomas que je commande... mais apprends que sont d'hommes et braves militaires

Tu dis encore que je ne suis qu'un boute feu, que j'ai agi par le conseil des ordres du général de Mouriès, de Chazot et de Beurnonville... tu as [illegible] le feu et [illegible] en la que je crois criminel pour ceux qui te jugeront sans doute pour affreux à leur critique... mais [illegible] qui [illegible] est toujours patrie

Tu répondras et tu diras à l'honorable [illegible] ce que tu voudras mais si tu parles tu as envie de faire tort au bataillon républicain et bon compagnon je te charge de ne rien dire des tiens; désapprobation d'un journaliste comme toi est plutôt capable de nuire que de produire l'intérêt pour ceux qui il aime le bonheur; ne crois que ma conduite passé et avenir prouveront assez ce que je suis,

cependant je t'envoie [illegible] de la vérité de ce qui est passé à Rethel, mais tu vois que je ne me fais pas insérer dans le journal de Paris.

AVANT-PROPOS

Parmi les figures secondaires de la Révolution, l'une des plus curieuses, des plus pittoresques et des plus caractéristiques fut celle du patriote Palloy. Tous ceux qui ont étudié cette époque de près, non pas seulement dans les histoires générales, mais dans les mémoires, dans les journaux, les brochures, les feuilles volantes, dans les cartons des archives et les avalanches de paperasses étalées sans cesse par les marchands d'autographes et les bouquinistes sur les tables de la salle Sylvestre, d'où elles ne font qu'un saut chez les collectionneurs, ont retrouvé son nom et sa trace mêlés à presque tous les événements d'alors. Ce personnage subalterne, refoulé par l'histoire dans la pénombre où s'agitent confusément les fantômes à peine entrevus, fit tous ses efforts pour se pousser aux premiers plans, et il y réussit quelquefois. Jamais comparse n'afficha avec un zèle plus tapageur l'ambition de se faire remarquer à côté des grands rôles. A ce point de vue, c'est un type qui mérite d'être étudié comme résumant en lui toute une classe : le type du civisme intempérant, du patriotisme en dehors, emphatique, verbeux, hâbleur, théâtral, à la fois niais et habile, sincère et charlatanesque; de la nullité parvenant à s'imposer par l'intrigue, par la réclame, par le bruit; de l'absence de convictions sérieuses et solides remplacées par des opinions mobiles, inconsistantes, superficielles, au jour le jour, à la merci des événements; constitutionnelles en 1789, républicaines en 1792, terroristes en 1793, thermidoriennes en 1794, pour devenir ensuite impérialistes, puis royalistes pures et enfin orléanistes, toujours avec la même chaleur apparente et avec cette espèce de bonne foi bizarre, à fleur de peau, si je puis ainsi dire, des menteurs exaltés qui s'étourdissent la conscience à force de mensonges; le type enfin du mouvement stérile, de l'agitation perpétuelle, de la déclamation sonore et creuse, du côté vide, boursouflé, ampoulé de la Révolution.

Ce que cette mouche du coche révolutionnaire a écrit ou fait écrire d'adresses, de plans, de propositions, de lettres, de circulaires, d'exhortations, de recommandations, de félicitations, remué de projets, d'hommes et de papiers, prononcé de discours, organisé de cérémonies, dirigé de fêtes publiques, assemblé de réunions, envoyé de missionnaires par toute la France, est vraiment inimaginable. Inconnu avant 1789, retombé ensuite dans la plus complète obscurité, Palloy avait eu quelques années de gloire démocratique, où il savoura toutes les ivresses de la popularité, et peut-être se crut-il de bonne foi un grand homme oublié et méconnu. Son vrai caractère, le fond de sa nature apparaît dans cette dernière partie de sa carrière où il fatigue les assemblées et tous les puissants du jour de requêtes, de suppliques, de pétitions, d'adulations sans mesure et sans pudeur. Il fut toute sa vie un mendiant de bruit et d'argent. Dans sa petite sphère et d'une façon bouffonne, il nous représente les anciens conventionnels régicides, ralliés à l'empire, devenus comtes, préfets, sénateurs, tout prêts à devenir chambellans, — avec cette différence toutefois que le pauvre homme fut moins heureux.

En lui-même, Palloy ne mériterait pas l'honneur d'une étude approfondie; replacé dans son cadre, rattaché à la Bastille et aux Vainqueurs dont il se fit, sans titre sérieux, l'organe et le représentant le plus en vue, et considéré comme le spécimen d'un genre, il prend une valeur relative qui le rend digne des recherches de l'historien, comme de l'intérêt du moraliste et de l'observateur. Tout un côté de la Révolution, d'ailleurs, se rattache à sa personnalité encombrante et burlesquement bouffie; il est un centre en son espèce. On a dit justement de Palloy qu'il était la Bastille faite homme. Sans avoir jamais, à beaucoup près, été de premier ordre, son rôle fut plus grand que sa personnalité et lui prêta une importance qu'il n'aurait pas isolément. Tout en nous offrant un type curieux et instructif, son nom fournit un point d'attache et de ralliement pour une étude qui le déborde, mais dont il est la clef de voûte.

Non content de grouper dans un ensemble méthodique, en les triant et en les contrôlant, les détails épars sur Palloy dans tous les journaux et une foule d'écrits du temps, sans en excepter les siens, nous avons pu compléter notre étude par un grand nombre de pièces authentiques et de documents inédits, surtout par le plus important de tous, le registre manuscrit qui renferme en 591 pages, à la suite de son compte rendu, les tableaux détaillés de ses 96 paies, depuis le 14 juillet 1789 jusqu'au 21 mai 1791, avec les *extraits* résumant jour par jour, jusqu'au 4 mars 1792, tout ce qui a rapport à la démolition de la Bastille et à l'exploitation de ses reliques, et toute la vie de Palloy dans l'activité prodigieuse de sa correspondance, dans le mouvement fiévreux, incessant de ses entreprises et occupations diverses. C'est la grande source, et il semble qu'on l'ait jusqu'à présent peu connue, encore moins consultée. Elle donne l'analyse, quelquefois le texte de toutes les pièces dispersées çà et là, en mille endroits divers : de celles que l'on connaît, comme de celles dont on ignore l'existence ou qui ont disparu. Les papiers de Palloy arrivés jusqu'à nous sont loin d'être rares, et l'on n'a besoin que de se défendre contre leur extrême et parfois stérile abondance. Je l'ai fait de mon mieux, en tâchant de ne rien omettre d'essentiel. Ce n'est que par cet esprit de résistance continue que j'ai pu faire tenir dans ce cadre une étude qui eût pris aisément des développements beaucoup plus considérables, et si quelque lecteur était tenté de me trouver parfois trop prolixe ou trop minutieux, il voudra bien m'excuser en songeant que je n'ai pu me réduire à cette prolixité qu'en rognant, en émondant et en éliminant sans cesse.

LE PATRIOTE PALLOY

ET

L'EXPLOITATION DE LA BASTILLE

I.

Pierre-François Palloy était né à Paris, en 1754, suivant la plupart des recueils biographiques ; le 23 janvier 1755, d'après l'inscription de son portrait gravé et selon un biographe spécial qui l'avait personnellement connu dans les dernières années de sa vie et qui paraît avoir eu des renseignements particuliers de la famille [1]. Le même biographe nous apprend qu'il était le fils d'un marchand de vin, qu'il s'engagea à seize ans dans le Royal-Dragon ; qu'à vingt et un, il revint dans sa famille, et épousa, le 1er février 1776, Mlle Robillot, fille d'un maître maçon, qui était bien plus âgée que son mari. Son beau-père lui céda sa clientèle ; il fut reçu maître au mois d'août de la même année ; il avait titre d'entrepreneur des bâtiments du roi au département de la vénerie, et il exerçait sa profession sans avoir jamais fait parler de lui quand la Révolution éclata. Il se jeta dans le mouvement avec toute la fougue d'un

[1] Hénée, typographe à Sceaux, dans une plaquette publiée à la mort de Palloy.

caractère exalté, à la fois violent et faible, et avec tout le calcul d'un esprit intrigant, très capable de se griser de grands mots, d'agitation et de bruit, de s'enivrer de gloriole, de se bouffir avec une orgueilleuse bonhomie et une fatuité naïve dans son importance nouvelle, mais sans perdre de vue une seule minute le profit plus solide qu'il pouvait tirer des circonstances.

C'est au siège de la Bastille que Palloy débuta dans la carrière politique. La part qu'il y prit, au moins en paroles, devint le point de départ et le point d'appui de sa fortune. Nous n'avons pas à raconter ici cette première des grandes journées révolutionnaires, qui fut, par le fait, une victoire facile et presque sans danger. Bornons-nous à rappeler l'effet extraordinaire produit par cet événement à Paris, en province et à l'étranger. Des milliers et des milliers de combattants, plus ou moins authentiques, se disputèrent avec acharnement l'honneur d'avoir pris la Bastille. La Commune, la Constituante, les districts même furent assiégés de pétitions, de déclarations, de certificats en faveur de tels ou tels héros, empressés à faire connaître leur gloire et à en tirer tout le profit possible. Les quatre commissaires nommés par la Commune pour constater officiellement les vainqueurs, ainsi que les morts, les blessés, les veuves et les orphelins, assaillis de réclamations et de dépositions toujours exagérées, souvent confuses ou contradictoires, ne sachant à qui entendre et ne voulant désobliger personne, firent tout d'abord plus de cinq cents procès-verbaux, et se virent réduits, pour s'aider dans cette tâche impossible, à s'adjoindre huit des vainqueurs les plus incontestables.

Par suite de réclamations innombrables, d'attestations suspectes, de déclarations complaisantes, la liste des vainqueurs de la Bastille ne tarda pas à prendre des proportions énormes. Palloy parvint, s'il faut l'en croire, à s'y faire comprendre, et, avec l'ostentation qu'il mettait en toutes choses, il aurait même eu soin d'exposer dans son cabinet le brevet qu'on lui avait décerné [1]. On ne voit pas pourtant qu'il se soit nullement distingué dans l'attaque, et son nom n'apparaît dans aucune des innombrables relations qui furent publiées alors. C'est seulement son biographe posthume qui nous révèle, probablement d'après ses propres confidences, qu'après avoir pris part au siège avec ses quatre cents ouvriers, il sauva le gouverneur de Launay des mains furieuses qui voulaient le déchirer en morceaux, et le remit à Hullin et à Cholat [2]. Cent vainqueurs se disputaient la gloire d'avoir sauvé le malheureux de Launay, qui fut mis en pièces, et autant de l'avoir dépouillé de sa croix ou de son épée. Il s'est vanté aussi plusieurs fois d'être monté sur les tours de la Bastille ; il paraît que c'était là un exploit fort recommandable, si l'on en juge par la quantité de gens qui réclamèrent l'admiration de leurs concitoyens pour l'avoir accompli. Enfin, il prétendait avoir rapporté du siège plusieurs souvenirs personnels, en particulier une *consigne* des sentinelles de la Bastille, imprimée en 1761, accrochée encore dans la première cour en 1789 et portant la trace d'une balle. Il avait inscrit au bas une note ainsi conçue : « Cette consigne fut *prisse* par moi, et le coup de *bal* fut frappé après avoir percé mon chapeau [3]. »

[1] *Catalogue des documents autographes sur la Révolution*, 1862, p. 5.

[2] Hénée, *ouvrage cité*.

[3] Ce *document* figure actuellement au musée Carnavalet, et il est dommage que nous n'ayons pas aussi le chapeau. Dans une annotation manuscrite, qui fait partie de son dossier à la bibliothèque de la ville,

Ce qu'il y a de meilleur en tout cela, c'est que Palloy, qui s'est proclamé des centaines de fois vainqueur de la Bastille, qui s'est sans cesse appuyé sur ce titre et dont la prétention ne paraît pas avoir, pendant longtemps, rencontré de contradicteurs, n'est pas inscrit sur la liste officielle. Nous y avons vainement cherché son nom. Ceux qui se rapprochent le plus du sien sont les noms de *Paillot* et de *Pallet*, sous lesquels il faudrait beaucoup de bonne volonté pour le reconnaître. Nous ne savons quel pouvait être le brevet plus ou moins fictif ou approximatif qu'il exposait dans son cabinet : un si habile homme, et qui avait tant de relations, ne pouvait être embarrassé de se procurer un certificat officieux, au besoin un *trompe-l'œil* ayant l'air de signifier quelque chose et ne signifiant rien. Quant à la *consigne*, qui n'était de nature à tenter personne, il est probable qu'elle a été simplement décrochée par lui, sans péril, après l'entrée du peuple. Palloy débutait ainsi par un coup de maître, qui donne l'idée de ce dont il était capable et de tout ce qu'il allait faire.

il se vante aussi d'avoir été, avec le nommé Collard, faire déboucher les lumières des canons des gardes-françaises, qui avaient été encloués à leur hôpital du Gros-Caillou (12 juillet) ; d'avoir fait armer tout Vaugirard à eux deux ; d'être entré dans le camp du Champ de Mars, sans que M. de Besenval eût osé leur faire « aucune impolitesse » Les assertions de ce genre ne lui coûtaient rien.

II.

Son mérite et sa force, ce fut d'avoir senti tout d'abord l'importance révolutionnaire de la journée du 14 juillet, d'avoir prévu le long et puissant mouvement qui allait éclater en faveur des Vainqueurs et contre la prison-forteresse, devenue dès lors le symbole de tous les abus de la force, et de l'avoir fructueusement exploité en le flattant avec une persévérante adresse. Il eut l'intuition que la conquête et le renversement de la Bastille resteraient, quoi qu'il arrivât, la journée par excellence, la grande date, l'hégire de la Révolution, et il entrevit nettement ce que sa démolition pourrait devenir entre les mains d'un habile homme tel que lui, toute l'importance et tout le profit qu'il ne manquerait pas d'en retirer. Je ne prétends pas, d'ailleurs, qu'il n'y eût qu'un simple calcul dans l'idée qui lui vint alors, et qu'il n'y entrât point cette part d'entraînement et d'exaltation que comportait son caractère et qui n'exclut point l'habileté.

Le peuple était d'autant plus pressé de démolir la Bastille qu'il avait grand'peur de se la voir reprendre. En voyant, du haut d'une des tours, où il avait grimpé avec des milliers d'autres après la victoire, l'immense monument s'étendre sous ses pieds; en entendant partout autour de lui la foule manifester l'intention de le détruire au plus vite, l'ambitieux et adroit maître maçon fit son plan en un clin d'œil. Il se mit en avant et ne craignit même pas de commencer la démolition de sa propre autorité, bien sûr de plaire ainsi à la masse, d'être soutenu par elle et de se créer un titre qu'on n'oserait probablement méconnaître.

C'est sur cette tour, a-t-il dit maintes fois dans ses innombrables brochures, pétitions et harangues, qu'il fut désigné *par le peuple*. C'est mon zèle, a-t-il dit aussi, qui m'a fait attaquer la démolition. Il a exposé lui-même les débuts de son entreprise, dans une lettre écrite, le 16 juillet 1790, au roi, « restaurateur de la liberté, » pour lui demander d'approuver ses opérations et de sanctionner sa mission par un mot « de sa main sacrée. » Ailleurs [1], il raconte que le 14 juillet, après avoir pris part au siège, il établit son commis Houette au milieu des ouvriers qui s'étaient trouvés également à l'assaut, et qu'il retourna à son poste de capitaine commandant dans le district de Saint-Louis-en-l'Ile. Le lendemain, il donna l'ordre de fermer ses ateliers, en envoyant tous ceux qui y travaillaient à la Bastille. Il accepta, en outre, dans ce premier moment, quiconque vint se présenter. Il fallait prévenir les accidents, éteindre le feu et empêcher les déprédations.

Dans l'effervescence du triomphe, en effet, la Bastille avait été mise au pillage. Le peuple célébrait sa victoire, soulageait sa colère et suivait ses instincts naturels en se livrant à la destruction. On ne voit pas que Palloy soit intervenu en rien dans ces premiers moments pour mettre le holà. Ce qu'il y a de plus clair, c'est qu'il s'était installé sans aucun mandat régulier, et que les Vainqueurs, qui s'étaient arrogé le droit de surveillance et une part dans la démolition déjà résolue, n'entendaient pas avoir dépensé leur

[1] *Compte rendu à la Nation.*

zèle pour rien [1]. Dès le 16 juillet au matin, il écrivait au corps électoral siégeant à l'Hôtel de ville :

« Je vous prie, Messieurs, de vouloir bien joindre à votre proclamation un ordre de continuer la démolition, si vous me croyez capable d'exercer mon courage. Je puis vous assurer de mon exactitude, de ma fermeté et de mon dévouement que je mettrai à cette besogne, la regardant à ce moment comme le chef-d'œuvre de notre conquête; et soyez assurés que je serai toujours pour la vie ferme et inébranlable, et pour la vie, je m'engage à ne signer que PALLOY, *patriote.* » On sait qu'il tint parole. A cette date du 16, les parapets et une partie des créneaux de la terrasse étaient déjà démolis [2]. Le peuple avait pris les devants sans attendre d'ordres, et le comité permanent de l'Hôtel de ville se hâta de répondre à la demande de Palloy par l'arrêté suivant (soumis ensuite à la Commune et confirmé par elle), qui fut proclamé dans la cour de l'hôtel et tous les carrefours par les trompettes de la ville :

« Le comité a arrêté que la Bastille serait démolie par

[1] Du 14 juillet au matin du 16, avant la nomination de Palloy, l'état dressé par lui porte 692 liv. 12 sous pour la paie. Divers particuliers réclamaient dès lors le paiement de 128 journées à vingt sous, et de 250 à vingt-cinq. « Il avait si peur que la Bastille ne se maintînt, dit l'auteur des *Anecdotes sur la fin du* XVIIIe *siècle* (ch. 47), en parlant de Palloy, qu'il en entreprit la démolition avec tous ses ouvriers avant d'en avoir obtenu la permission. » On voit, d'ailleurs, par une lettre de Dufourny à son adresse, dont il a conservé la copie dans le registre de son compte rendu, qu'à la date du 16, il ne se considérait pas encore comme investi de sa mission. Dufourny raconte que, après avoir vu à plusieurs reprises le mandat qu'il tenait de la Commune méconnu à la Bastille, il le fit reconnaître le 16. Alors un grand nombre de citoyens qui se disputaient à l'envi l'honneur de la démolir lui demandèrent des ordres : « L'un des plus ardents des citoyens, je suis forcé par la justice d'en convenir, c'était vous. Je pris note de toutes les offres et j'étais occupé à écrire les vôtres, lorsque, etc. »

[2] Le chevalier de CUBIÈRES, *Voyage à la Bastille*.

tous les districts ensemble, sous l'inspection cependant du district de Saint-Louis-la-Culture, et que M. Palloy serait prié de continuer la démolition par lui commencée, et que l'ordre lui en serait donné [1]. »

En même temps l'arrêté lui était signifié directement, et on le prévenait qu'il serait sous la direction des architectes de la Poise, Jallier de Savault, de Montizon et Poyet. Le premier s'était distingué à l'Hôtel de ville parmi les électeurs, dans la journée du 14 juillet, par son activité infatigable et le secours qu'il avait prêté aux prisonniers. Le dernier fut dès l'origine la bête noire de Palloy, qui, ne pouvant l'évincer, le poursuivit du moins sans cesse de ses récriminations. Il l'accuse tout d'abord d'avoir fait baisser les créneaux de la Bastille, afin qu'on pût tirer avec plus d'aisance sur le peuple. Il nous apprend encore que cet homme faux, « soupçonné d'être l'agent du baron de Breteuil et ennemi de notre constitution, a toujours été mal regardé dans la Bastille, » qu'il n'a paru que trois ou quatre fois aux travaux, et que « toutes les disgrâces qui sont survenues par la suite dans cet atelier n'ont été créées que par lui. » A l'en croire, il s'en était même peu fallu qu'un des vainqueurs ne lui fît « passer le goût du pain. » Le 19 juillet, il écrivait encore à Bailly de se défier de cet homme *sournois et cafard*, de cet *espion*, de ce *traître*, dont il aurait eu grand plaisir, dit-il, à trouver le cadavre dans la Bastille plutôt que ceux des soixante-trois victimes immolées sous ses yeux. Et il avait soin d'adresser cette lettre à Poyet, « afin de le punir par la honte et lui abaisser son orgueil. » L'hostilité de Palloy contre Poyet s'étend même à l'inspec-

[1] On peut voir le détail de la délibération dans le *Procès verbal des électeurs*. (Réimpress. de l'ancien *Moniteur*, I, 586.) La pièce était signée de dix électeurs.

teur de celui-ci, le sieur Vienne, qu'il ne traite guère mieux. La défiance est une vertu républicaine que Palloy et ses employés pratiquent tout d'abord. Un refrain qui revient sans cesse dans leur correspondance, c'est : « Méfions-nous des traîtres. » Et le patriote ne néglige pas d'écrire sans cesse aux électeurs pour les prémunir contre les scélérats qui se sont mêlés aux travailleurs et cherchent à les entraver [1].

Aussitôt que la grande tâche commença, le district de Saint-Louis-la-Culture établit un bureau chargé de recevoir les réclamations et les plaintes, de subvenir aux dépenses journalières en dehors du paiement des ouvriers, de surveiller l'enlèvement des cadavres, le transport des meubles, livres, registres et papiers. A ce bureau était joint un comité permanent, formé de quatre commissaires (parmi lesquels le vieux Dusaulx), qui recevait les ordres de la ville. Les magasins à poudre du fort et de l'Arsenal, ainsi que toute l'artillerie, furent placés sous les ordres de Thuriot de la Rosière et du marquis de la Salle, très populaire alors, mais que ses services ne devaient pas sauver des soupçons de la multitude dans ces fonctions nouvelles, et qu'on eut grand'peine à dérober à sa fureur, quelques jours à peine après sa nomination. Pour le service intérieur de l'arsenal, on nomma Dufourny et l'abbé Lefèvre qui avait montré, le 13 juillet, beaucoup de sang-froid et de courage dans la distribution des poudres saisies au port Saint-Nicolas et transportées dans une salle basse

[1] *Prise et démolition de la Bastille* (Bibl. nationale, mss. 2811 du fonds des nouvelles acquisitions françaises). p. 42-43, et *passim*. Ce manuscrit, auquel nous renverrons si souvent, est à la fois un livre de comptes et un journal, un registre mémento, transcrit par la main d'un employé de Palloy, qu'on a complété après coup par l'adjonction de pièces curieuses et authentiques. Il s'ouvre par le discours que prononça Palloy en venant rendre ses comptes le 12 mars 1792.

de l'Hôtel de ville. Nogaret remplaça le prince Montbarrey, qui avait pris la fuite, et Viel de Varenne fut nommé garde-magasin en chef par le maire de Paris.

Les gardes-françaises d'abord, pendant deux mois, puis les vainqueurs de la Bastille et les canonniers, firent le service des postes, concurremment avec le district. Parmi les commandants de poste, on distingue, outre le nom du marquis de la Salle, ceux de Danton, avocat, des deux vainqueurs les plus populaires, Elie et Hullin, de M. Perrard, représentant la compagnie des chevaliers de l'arquebuse, qui s'était signalée dans les événements, de l'électeur Soulès et M. de Botidoux, député suppléant de la Bretagne, qui s'étaient trouvés en conflit pour le commandement de la forteresse après la victoire du peuple [1]. Le dernier des commandants de poste était le chevalier de la Reynie, qui ne tarda pas à être emprisonné au Châtelet sous l'accusation d'avoir enlevé les ornements de la chapelle et commis beaucoup d'autres déprédations [2].

[1] Ils avaient été nommés tous deux, dans la première confusion de la victoire, par le marquis de la Salle. Confirmé dans son titre, qu'il avait reçu le premier, Soulès ne tarda pas éprouver les inconvénients de la grandeur : il fut arrêté le 16 juillet, à trois heures du matin, par le commandant d'une patrouille, qui, traitant sa commission de chiffon de papier sans valeur, l'entraina au district des Cordeliers et de là à la place de l'Hôtel de ville, où, sans l'intervention du marquis de la Salle et de la Fayette, il eût éprouvé, comme nouveau gouverneur de la Bastille, le sort de de Launey. Tiré de ce mauvais pas, Soulès se démit avec amertume, et sa nomination comme commandant de poste était un baume qu'on jetait sur sa blessure. Les mêmes confusions et les mêmes contradictions paraissent s'être produites aussi, dans les premiers jours, relativement aux architectes. V. un laissez-passer du 17 juillet, émanant du comité de Saint-Louis-la-Culture, pour MM. de Grand et Molinos, « architectes préposés à la démolition. » (*Catal. d'autogr.* de Lucas-Montigny, n° 867.)

[2] *Prise et démolit. de la Bastille*, p. 30-33, et Procès-verbaux des électeurs de Paris, 18 juillet 1789, séance du soir.

Quant aux ouvriers, ils affluaient de toutes parts, et en se présentant ils semblaient réclamer un droit. Il eût été difficile et dangereux peut-être de leur opposer un refus. Il en vint tant néanmoins, que Palloy, au bout de trois ou quatre jours, dut annoncer, par un placard, que leur nombre s'élevait déjà à 800, « quantité suffisante pour démolir la Bastille avec la plus grande promptitude, » et que, le 12 août, Jallier de Savault écrivait au *Journal de Paris* qu'il était impossible d'en recevoir davantage sans nuire aux travaux et exposer les ouvriers eux-mêmes, qu'il priait donc instamment les comités des districts de n'en plus envoyer, sous quelque prétexte que ce fût. Le 22 août, la Fayette, accompagné de son état-major, vint pour distribuer 453 livres aux ouvriers de la Bastille, et il en trouva 906 [1]. Ce nombre paraît même s'être élevé plus tard entre 1,000 et 1,200.

[1] Même manuscrit, p. 81. Cette gratification ne fut pas la seule qu'ils reçurent de la Fayette.

III.

Ce n'était pas une mince affaire de diriger une pareille armée, de la soumettre à une discipline suffisante et d'y maintenir la concorde. Palloy n'en vint que très insuffisamment à bout. Il rassemblait les travailleurs au son d'une *cliquette* ou crécelle qui, suivant une note de sa main, lui servit plusieurs fois à prévenir des émeutes que « cherchaient à exciter parmi eux les ennemis de la Révolution. » En ce temps-là comme aujourd'hui, on mettait déjà sur le compte des aristocrates déguisés, quand ce n'était pas de la police, tous les actes qui eussent pu gêner le dogme naissant de la grandeur, de la sagesse, de l'infaillibilité populaires. Les ouvriers de la Bastille, dont beaucoup avaient pris une part plus ou moins considérable aux événements du 14 juillet, étaient pour la plupart fort turbulents et difficiles à satisfaire. Des rivalités et des rixes éclataient sans cesse parmi eux. Ils ne se montrèrent pas plus unis que les vainqueurs de la Bastille eux-mêmes, dont les dissensions intestines ne cessèrent jamais [1]. Les chantiers de la Bastille étaient pour eux de véritables ateliers nationaux. Voulant s'assurer la propriété exclusive de la démolition, ils demandèrent et obtinrent, le 12 décembre 1789, le renvoi des ou-

[1] V. *Nos hommes du 14 juillet* (Calmann-Lévy, in-18), ch. x.

vriers de province, déjà exclus des ateliers de Montmartre [1].

Il se produisait des malversations et des abus de tout genre. Les hommes de service, nourris aux frais des districts, en profitaient pour *piller et voler* dans l'établissement où ils mangeaient. Les volontaires et artilleurs de la Bastille dérobaient des solives, madriers et autres matériaux; ils refusaient de se prêter aux perquisitions des architectes, et il fallut que la Fayette intervînt par un ordre formel. Ils mettaient la cave à sac et dévastaient la cuisine. « L'habitude d'être nourris, dit Palloy dans son *Compte rendu*, fit que les soldats des postes, les sous-chefs d'ouvriers et mes ouvriers même avaient pris cette maison comme la leur. » Les travailleurs, pouvant entrer et sortir en se faisant reconnaître, vendaient leurs cartes, qu'on fut obligé de changer. Ils rançonnaient les visiteurs, introduisaient en fraude les curieux, qui parfois emportaient des pierres, ou qui étaient exposés à des accidents graves [2]. On dut faire établir dans la première cour un tronc pour les offrandes, avec défense aux ouvriers de rien demander ni recevoir personnellement; mais ce tronc même devint une source de récriminations nouvelles, très amères et très violentes : « On le trouva forcé, et il en résulta une insurrection effrayante. » Les fainéants recouraient aux ruses les plus diverses pour toucher leur solde sans travailler, et Palloy en surprit plusieurs qui feignaient d'être blessés et se faisaient emporter par des camarades, complices de

[1] *Prise et démolit. de la Bastille*, mss., p. 145, 185. On leur accorda trois sous par lieue pour rentrer dans leurs foyers, à moins qu'ils ne préférassent prendre part aux travaux de charité des canaux de Dieppe et de Bourgogne.

[2] Une femme fut tuée par la chute d'un moellon, le 10 août 1789.

leur stratagème [1]. Il revient fréquemment, — en attribuant encore, autant qu'il le peut, ces moments de crise à de faux ouvriers, — sur les actes d'insubordination qui troublaient ses ateliers au moindre prétexte, surtout au plus léger retard de paiement : « Sans des hommes de confiance, dit-il, j'aurais perdu la vie, menacée de toutes parts. » Et son registre cite particulièrement à l'appui de cette assertion le fait suivant, qui se passait dès le 16 juillet : « Plusieurs gueux, entre autres le coupeur de têtes, avaient projeté de me perdre. J'ai vu, à un arbre, la corde disposée pour l'exécution. Les coups de marteau et autres tombaient sur moi. Je me suis défendu et ai lutté contre mes assassins pendant quatre heures, où je perdis 48 francs, qui me furent volés. Sans M. Vienne, j'aurais perdu un sac de 1,200 francs, que j'avais emporté, *qu'il* s'empara.... J'ai reçu le soir un coup de fusil qui m'a percé mon chapeau. »

Le 29, le sieur Martin, inspecteur des ouvriers, fut saisi par eux, maltraité et menacé de la hart pour leur avoir donné des ordres qui leur déplaisaient (p. 60). Le premier commis de Palloy fut presque massacré pour un retard de deux jours dans une paie. Il y avait des guerres civiles entre les maçons et les terrassiers [2]. Le 13 août, par suite de la découverte, dans les décombres du *gouvernement*, d'environ 1,200 livres d'argent monnayé et de 90 jetons, aussi d'argent, le tout noirci par les flammes, on voulut procéder à un partage, qui fut tellement orageux que le garde-magasin de la démolition faillit être pendu, et qu'un sous-chef, nommé

[1] *Prise et démolit.*, mss., p. 32, 36-37, 39, 121-122.

[2] *Bastille*, mss. (Bibl. nat., *Nouv. acquisit. franç.*, 3241, t. I. f. 143-144.)

Maillard, accusé de détournement, le fut réellement par ses camarades, qui ne négligèrent pas en même temps de lui prendre 35 livres dans sa poche. Heureusement pour lui, l'intrépide Palloy accourut et coupa la corde avec son sabre, ce qui permit de constater l'innocence du pauvre homme (p. 74). Le 7 octobre, il note « une trame sourde à la Bastille par quatre particuliers, dont deux furent pendus (toujours la justice sommaire) pour avoir brigandé et soulevé les ouvriers contre M. Palloy, et avoir fait distribuer des cartes pour des femmes de mauvaise vie. »

Le 30 novembre, les ouvriers se soulevaient contre leurs chefs et se portaient à des excès si graves que le maire et les conseillers administrateurs du département firent afficher une ordonnance qui leur enjoignait la discipline et la subordination, sous peine de châtiments sévères [1]. L'effet produit par cette affiche ne fut pas de longue durée, car, le 16 décembre, Palloy se vit obligé de prévenir l'autorité compétente (le lieutenant de maire) « des troubles qui se passaient dans l'atelier de la Bastille. » On trouve dans ses comptes des frais « pour conduire un ouvrier à la Force [2], » et plus loin, la mention d'une liste des ouvriers « détenus dans cette prison. » Le 16 avril, le registre relate une « seconde lettre d'un style élevé et ferme par M. Palloy à M. Célérier, qui employait des aristocrates salariés pour empêcher la continuation de la démolition de la Bastille, » et qu'il accuse de semer le trouble par des sophismes et en distribuant de l'argent sous le manteau. Palloy était en discussion d'intérêts avec Célérier, et il ne lui

[1] *Moniteur* du 6 décembre.

[2] 37e paie, du 29 mars au 3 avril 1790. Cet ouvrier fut ensuite relâché et réintégré, sur sa justification, avec paiement des journées qu'il avait passées en prison.

en fallait pas davantage pour l'accuser d'être un aristocrate et un traître [1].

En outre, les ouvriers de la Bastille se livraient à des manifestations pompeuses et bruyantes, et ne laissaient échapper aucune occasion de perdre leur temps en parades civiques. Le 14 août, cinq cents d'entre eux, précédés d'un tambour et portant de longues branches d'arbres, se rendirent sur deux rangs au Palais-Royal; ils y promenèrent comme des trophées trente-sept boulets qu'ils venaient de trouver dans un des murs de la Bastille, sans négliger de faire, dans la foule immense accourue sur leur passage, une quête fructueuse. Cinq de ces boulets furent donnés à la Fayette, qui lui-même n'oublia pas, sans doute, de reconnaître généreusement cette offrande patriotique [2].

La Fayette était alors l'homme populaire par excellence, et il incarnait en lui la Révolution. Le 20 octobre suivant, les ouvriers de la Bastille lui font remettre une adresse, puis le lendemain, encouragés par son accueil, ils lui demandent la faveur de porter une marque distinctive, comme les Vainqueurs, et le commandant général leur promet d'avoir égard à cette requête. Le 1er novembre, ils envoient à la Commune un don patriotique de 452 fr. 16 sous, mais en ayant soin d'en

[1] Dans le courant de 1790, il adresse plusieurs lettres à Célérier ou à des membres de la municipalité, pour se plaindre du retard des paiements, qui amène des soulèvements parmi les ouvriers. Le 27 octobre, le procureur de la Commune Cahier prévient Palloy « d'un attentat projeté contre le nommé Couvreux par les ouvriers de la Bastille. » Le 24 octobre 1791, il écrit à M. Nogaret à l'occasion de son premier commis, « qui a failli être pendu par lesdits ouvriers. » Sous la date du 3 novembre suivant, je vois encore mentionné : « Notes de M. de Montizon concernant une insurrection à la Bastille. » Nous ne pouvons relever tous les exemples.

[2] *Bastille dévoilée*, 2e livraison, p. 80.

dresser aussitôt un mémoire, dont ils réclament l'affichage « afin d'implorer le secours des âmes généreuses [1]. »

Lorsque le roi fut venu jurer fidélité à la Constitution dans le sein de l'assemblée, on sait avec quel enthousiasme le même serment fut répété d'un bout de la France à l'autre. Ce fut comme une trainée de poudre. Partout on se réunit pour jurer solennellement fidélité à la nation, à la loi et au roi. Le canon tonnait, les tambours battaient, les drapeaux flottaient, et les citoyens, ivres de ce tapage, grisés du spectacle qu'ils se donnaient à eux-mêmes et de la fièvre que la Révolution avait allumée dans leurs veines, juraient, une main sur leur cœur, l'autre levée au ciel. Ce fut pendant un mois la grande cérémonie à la mode, la cérémonie sacro-sainte. On jurait dans les districts, on jurait dans les sections, on jurait sur la place publique, on jurait à l'église, on jurait au théâtre, on jurait à la tribune; les soldats juraient, les gardes nationaux juraient, les représentants, les magistrats, les fonctionnaires, les ouvriers et les paysans, les révolutionnaires et les aristocrates eux-mêmes juraient. Ceux qui avaient juré venaient voir jurer les autres, et ils juraient de nouveau avec eux. Qui ne sait, d'ailleurs, de quel furieux amour de jurer la Révolution fut possédée pendant tout son cours! Le serment était l'appendice et le complément obligé de toute cérémonie publique, le couronnement de toutes les démonstrations, le bouquet de toutes les fêtes, la péroraison de toutes les harangues. On ne pouvait s'assembler, on ne pouvait parler au peuple sans jurer quelque chose. On jurait de conquérir la liberté, de terrasser les tyrans, de vaincre ou de

[1] *Prise et démolit. de la Bastille,* mss., p. 125.

mourir, de se plonger un poignard dans le cœur, — et on montrait le poignard, — plutôt que de vivre esclaves. Le serment du Jeu de paume avait été le point de départ de cette épidémie propagée sur tous les points du pays par l'électricité révolutionnaire.

Comment les ouvriers de la Bastille fussent-ils restés en arrière du mouvement ? A qui plus qu'à eux, chargés d'anéantir l'antre du despotisme, appartenait-il de prêter le serment civique? Ils le firent (22 février 1790) avec une pompe proportionnée à l'importance qu'ils s'attribuaient, et où l'on reconnaît le génie théâtral dont leur chef Palloy devait donner tant d'autres preuves. Sur la plate-forme en ruine de la Bastille, on avait élevé, avec les débris des cachots, un autel couvert de chaînes et de boulets. Au sortir de l'église Saint-Louis-la-Culture, ils vinrent se ranger sur cette plate-forme, pour y renouveler le serment déjà prêté par eux devant les ministres de Dieu. Jallier de Savault prononça un discours, terminé par la formule, que tous les ouvriers répétèrent en chœur. Aussitôt les chaînes tombent et les fleurs pleuvent de toutes parts sur l'autel. Le lendemain, au milieu des acclamations du peuple, ils se rendirent à l'Hôtel de ville, divisés en brigades, précédés d'une musique militaire, portant en triomphe un modèle de la Bastille fait d'une pierre de la forteresse. Ce modèle, accompagné d'un plan exécuté par Palloy, fut solennellement déposé dans la maison commune, puis le patriote et plusieurs de ses ouvriers prononcèrent d'emphatiques harangues, auxquelles l'abbé Mulot, président de la municipalité, répondit de son mieux [1].

[1] *Catalogue de documents autogr.*, etc., n° 28. Gorsas, *Courrier* du 5 mars 1790. On pourrait croire, d'après le récit de ce journal, que la

Le comité provisoire d'administration générale de l'Hôtel de ville avait arrêté, dès le 18 août 1789, « que le sieur Palloy serait invité à donner les moyens d'économie sur la démolition de la Bastille, » et cette invitation, déjà rendue nécessaire par la confusion du travail, le nombre excessif des ouvriers, les désordres et dilapidations dont nous n'avons pu donner qu'une faible idée, n'avait pas été mieux accueillie par lui que par les hommes qu'il employait. Un arrêté rendu au mois de septembre par la Commune pour mettre la démolition en entreprise, souleva parmi ceux-ci un mécontentement général, et la réduction du prix des journées de 36 sous à 30 vers l'entrée de l'hiver, suivant l'usage [1], accrut encore la fermentation. Le district de Saint-Louis-la-Culture dut intervenir, et il fallut quadrupler la garde pour contenir les mutins. Effrayés par ce soulèvement et par les lettres anonymes qu'ils recevaient de toutes parts, les administrateurs prirent d'abord le parti d'accepter la soumission que leur proposait Palloy; mais ils revinrent ensuite à leur décision première et, le 22 décembre, firent afficher l'adjudication. Elle fut laissée pour 28,600 livres à des ouvriers de la Bastille, qui proposèrent ce chiffre en se présentant comme mandataires de leurs camarades. Seulement, lorsqu'on voulut vérifier leurs pouvoirs, il se trouva qu'on ne leur en avait donné aucun, et ils furent expulsés des ateliers. Les administrateurs dé-

cérémonie qu'il décrit n'a eu lieu que dans les premiers jours du mois de mars; mais en se reportant au mémento dressé par Palloy dans son registre, où il a soin de noter chaque discours et les noms de chaque orateur, on voit que c'est les 22 et 23 février.

[1] N'oublions pas d'ajouter qu'ils profitèrent, un peu plus tard, du bon accueil que leur fit la Commune quand ils allèrent prêter le serment civique devant elle, pour demander et obtenir le retour aux anciens prix.

couragés résolurent alors (9 janvier 1790) de renoncer à leur projet et de continuer comme on avait commencé. On verra plus loin que les autres tentatives pour se soustraire à l'exploitation de Palloy et de ses ouvriers ne furent pas plus heureuses.

Grâce au glorieux mandat dont il était investi, Palloy était devenu bien vite une sorte de puissance. Suivant l'engagement qu'il en avait pris, il s'était décerné le titre de patriote, qui demeurera inséparable de son nom. Il est désormais le *patriote Palloy*, comme Robespierre sera le *vertueux*, l'*intègre*, l'*incorruptible* Maximilien, comme d'autres s'appelleront toujours le *républicain*, le *sans-culotte*, etc. Ainsi son nom même est déjà à lui seul un éloge. Palloy est le seul qui ait accolé d'une façon pour ainsi dire indissoluble le titre de *patriote* à son nom. Son grand ami Gorsas s'appelait souvent aussi le *patriote* Gorsas. Beaucoup de brochures d'actualité sont signées du *patriote Moustache* (L. Boussemart), qui jouissait alors d'un certain crédit populaire ; il y en a aussi de Charles Boussemart, qui se qualifie *patriote sans moustache*. Tous ceux qui prétendaient avoir eu part au grand événement du 14 juillet se nommaient les *patriotes de 89*. Bref, le mot était à la mode, mais il resta surtout la propriété de Palloy, qui ne signa plus jamais sans s'affubler de ce sobriquet civique. Il se fait graver un cachet *patriotique*, il fait peindre sur sa voiture un écusson *patriotique* représentant la prise de la Bastille, et portant cette devise qu'il n'avait certes point composée lui-même, car le pauvre homme ne savait même pas le français : *Ex unitate libertas* ; il illustre ses cartes avec les insignes des trois ordres : la crosse, l'épée et la faux, autour de la couronne et du globe fleurdelisé, avec sa devise dans une banderole [1]. Son carnet de dépenses tricolore était décoré de la cocarde nationale. Les trois couleurs se retrouvaient également dans les cartes qu'il avait fait établir pour les inspecteurs de la démolition, les entrepreneurs et les employés : les premières étaient bleues, les deuxièmes blanches, les troisièmes rouges.

En outre, les chefs des travaux, les ouvriers et les manœuvres avaient reçu des médailles et jetons distincts, dont la première catégorie portait la même devise que son écusson, la suivante montrait la Bastille en démolition avec ces mots : *Destruction du despotisme*, et la dernière, une pique surmontée du bonnet de la liberté, avec une bêche et une pioche en sautoir, au-dessous de la devise : *Vivre libre ou mourir*.

Enfin, il fit composer pour eux un certificat très artistement encadré, portant, au sommet, les armes de la ville de Paris, et de chaque côté, des figures allégoriques et de petits génies travaillant, maniant l'équerre, le fil à plomb, le marteau ; en bas, des canons, des drapeaux, des trophées, un cadavre percé de flèches et la tête coupée, avec une représentation microscopique du siège de la Bastille, au centre.

En même temps qu'il affirmait ainsi son patriotisme, Palloy donnait les premières preuves de cette imagination qui devait enfanter tant d'œuvres civiques sous les formes les plus diverses, et il faisait son apprentissage d'artiste national. Déjà son atelier se métamorphosait peu à peu en officine universelle, d'où allaient s'échapper des milliers de produits en tous genres, destinés à célébrer et à rappeler le siège et la

[1] Nous avons vu, à la bibliothèque de la ville, une de ces cartes, sur laquelle est écrit à la main : Palloy, *patriotte*, rue des Fossés-Saint-Bernard.

destruction de la forteresse. Parmi les innombrables images sorties de sa fabrique et signées de son nom, la bibliothèque de la ville possède une gravure grossière, évidemment faite au lendemain de l'événement, qui représente la *Vue de la place de Grève le jour de la prise de la Bastille*, avec les têtes de Foulon et de Bertier portées au bout de piques, au milieu d'une foule agitée. On y voit la fameuse lanterne, et le buste de Louis XVI, « témoin du triomphe de la liberté, » comme dit la légende, semble tout ébahi de ce spectacle.

IV.

Mais ce n'était là qu'un prélude. Palloy avait eu une idée neuve et originale à laquelle il doit toute sa renommée : c'était d'acquérir les matériaux provenant de la démolition, et d'entreprendre en grand, dans un vaste hangar construit sur l'une de ses propriétés (rue des Fossés-Saint-Bernard, 20), l'exploitation patriotique des débris de cette citadelle du despotisme, sanctifiée par les souffrances des martyrs de la liberté. Diriger la destruction de la Bastille, c'était déjà un grand titre de gloire et ce devait être aussi, du moins Palloy l'espérait, une source de fortune; s'en faire adjuger les décombres, qu'il obtiendrait sans doute à vil prix [1], et les distribuer sous les formes les plus diverses comme autant de reliques, il y avait là une idée lumineuse qui formait le complément naturel de la première. L'imagination ardente de Palloy lui retraça aussitôt tout le parti qu'il en pouvait tirer au profit de son influence et de sa popularité, sans parler de résultats plus solides.

Dès le premier moment, cette question de l'emploi des matériaux de la Bastille s'était posée d'elle-même. On avait projeté de s'en servir pour la construction d'un pont sur l'emplacement du pont d'Austerlitz

[1] Au 4 octobre 1790, comme on le verra plus loin, la vente des matériaux, tant à Palloy, le principal adjudicataire, qu'à divers autres, avait produit 41,243 livres.

actuel, mais celui-ci ne fut commencé qu'en 1803. L'idée fut appliquée, autant que le permettait l'état des travaux, au pont Louis XVI (aujourd'hui de la Concorde), qui était en cours de construction depuis 1787, — afin, disait-on, que les patriotes foulassent aux pieds chaque jour les débris de l'exécrable forteresse. On assure que la rue de Tracy en fut construite au moins en partie. Au mois de novembre 1789, on décida de bâtir sur la place Henri IV, c'est-à-dire sur le terre-plein du Pont-Neuf, avec les ouvriers et les matériaux de la Bastille, une plate-forme destinée à recevoir une batterie de canons toujours chargés, qui devaient suppléer à l'insuffisance des tocsins de Notre-Dame et de l'Hôtel de ville, en donnant les signaux d'alarme dans Paris [1]. Ces canons du Pont-Neuf retentirent souvent dans les journées révolutionnaires. Beaucoup d'autres projets furent agités dans les journaux, les brochures et les clubs. Des affiches apposées au Palais-Royal stimulaient l'imagination des citoyens. Des particuliers tinrent à honneur d'enchâsser un débris de la Bastille dans leur maison, comme un talisman patriotique; d'en employer quelques pierres pour en faire l'assise d'une muraille, la décoration d'une façade, le linteau d'une porte ou d'une fenêtre, le chambranle d'une cheminée, la marche d'un escalier. Mais tout cela n'absorbait qu'une partie absolument insignifiante de l'immense prison.

La Bastille recouvrait une superficie de deux tiers d'arpent; les tours avaient quatre-vingt-seize pieds de hauteur de la souche au sommet; les murs, six pieds et demi d'épaisseur. Qu'on se figure ce qu'exigeait de

[1] Ordre du 21 novembre; allocation de 960 fr. pour le paiement des ouvriers. (*Papiers inédits* de Palloy.)

travaux et quelle masse de débris représentait la démolition d'un pareil bâtiment. Une seule des tours pouvait fournir de quoi peupler tout le pays de souvenirs. Il y avait là non seulement des pierres, mais du fer, du bois, du marbre, des matériaux de toute sorte dont Palloy ne devait négliger aucun, et pendant tout le cours de la Révolution, nous allons le voir s'ingénier à écouler, sous mille transformations ingénieuses, ou même dans sa forme abrupte, cette encombrante marchandise. La France ne lui suffira pas, il en expédiera d'un bout à l'autre de l'Europe, dans les colonies et jusqu'en Amérique.

Palloy imagina tout d'abord de fabriquer un grand nombre de petites Bastilles reproduisant très exactement la forteresse démolie : l'enceinte, les deux ponts-levis, les huit tours, les quinze canons, les tas de boulets, les drapeaux, la cour des cuisines et la grande cour avec leurs principaux détails [1], enfin les inscriptions explicatives. C'est sous cette forme que son idée devait obtenir le plus de succès et faire le plus de bruit. Lorsque le décret du 15 janvier 1790 eut divisé la France en quatre-vingt-trois départements, il résolut d'envoyer solennellement à chacun d'eux une de ses réductions

[1] Il n'est pas le seul qui ait eu une idée semblable, mais il est le seul qui l'ait exécutée sur une large échelle et avec les matériaux mêmes de la forteresse. Dans la salle du Manège, où siégea la Convention, il y avait un grand poêle, qui représentait également la Bastille. C'était l'œuvre d'un faïencier du faubourg Saint-Antoine, nommé Ollivier, auquel Cam. Desmoulins a consacré une longue réclame dans ses *Révolut. de France et de Brabant*, t. VII, p. 192 et suiv. On peut le voir au musée de Sèvres. On lui fit une concurrence à bon marché. Dans le *Journal de Versailles* du 12 juillet 1790, un sieur Pommay annonce la mise en vente, au prix de 48 livres, de petites Bastilles en plâtre. Celles de Palloy revenaient au double. On a son marché avec Houet (15 juin 1790), pour les Bastilles de 4 pieds 4 pouces sur 4 pieds, au prix de 96 fr. chacune.

de la Bastille, ainsi qu'aux districts et aux communes importantes.

Dès le 6 février 1790, les volontaires de la Bastille étaient venus offrir à l'Assemblée la dernière pierre de la prison démolie, la dernière pierre des derniers fondements, dit le vieux Dusaulx, qui portait la parole en leur nom. Il exagérait de beaucoup, suivant son usage : la dernière pierre des derniers fondements était si loin d'être enlevée que, le 24 mars suivant, la Commune se plaignait de la lenteur des travaux et que, plus d'un mois encore après, les ouvriers allaient faire, en poursuivant leur tâche, une découverte qui fut l'un des épisodes les plus dramatiques de la démolition. Le vendredi saint, 9 avril 1790, ceux qui travaillaient au vieux bastion avaient déjà trouvé, au bas de l'escalier, un squelette qui semblait celui d'un homme tombé à la renverse. Dans les premiers jours de mai, sur les marches du même escalier, au milieu des décombres, ils en découvrirent un autre, tourné en sens contraire, la tête plus élevée que le reste du corps ; sous le flanc droit, à la chute des reins, il avait un boulet, qu'on prit pour un signe de reconnaissance. Cette découverte excita une émotion profonde : elle fut annoncée dans les journaux, et le comité du district de Saint-Louis-la-Culture, averti, dressa un procès-verbal détaillé, qui fut signé non seulement de ses membres, mais de Palloy, de ses contrôleur et inspecteur, et des ouvriers qui avaient concouru à l'extraction des cadavres, sauf ceux qui ne savaient pas écrire [1]. Le premier squelette avait été transporté dans un caveau, où une multitude de curieux défilèrent pour le voir. Le rédacteur des *Révolu-*

[1] On peut le lire dans la *Prise de la Bastille*, par LECOCQ, p. 94 et suiv. Le procès-verbal est du 8 mai.

tions de Paris s'y rencontra le jour de Pâques avec Mirabeau et plusieurs députés patriotes, dont le morne silence « fut interrompu par ces mots que M. de Mirabeau prononça avec son énergie ordinaire : « Pourquoi ces gueux de ministres ne mangeaient-ils pas les os [1] ? »

Authentique ou non, cette parole du grand orateur donne le diapason d'une partie de l'opinion publique. Beaucoup étaient convaincus qu'on se trouvait en présence de deux infortunées victimes jetées dans des culs de basse-fosse, enterrées toutes vives dans des oubliettes, et l'imagination populaire s'emporta à de telles hyperboles que Jallier de Savault, conseiller administrateur, et Cellérier, lieutenant de maire au département des travaux publics, crurent devoir jeter de l'eau sur le feu par une lettre qu'ils envoyèrent à plusieurs feuilles.

« Le bastillon qui était en avant de l'ancienne porte de la Bastille du côté de la campagne, lit-on dans cette lettre [2], renfermait, comme on sait, le jardin du gouverneur, et il paraissait ne devoir être qu'un terre-plein soutenu par des murs de revêtement ; mais, en le démolissant, on a trouvé une grande quantité d'anciennes constructions que l'on ne s'était pas donné la peine de détruire en remplissant le bastillon ; la plupart sont intéressantes par leur plan et par leur antiquité, plus reculée peut-être que celle de la Bastille même.

» C'est dans le déblai des terres qui les obstruaient qu'il a été trouvé deux squelettes, découverte sur laquelle on s'est permis tant de conjectures et d'exagérations. Ces squelettes n'ont absolument que les os,

[1] *Révolutions de Paris*, n° 40.

[2] V. le *Journal de Paris* et la *Chronique de Paris* du 4 mai.

dont plusieurs sont à demi-consommés *(sic)*. Aucun vestige de nerfs, muscles ou tendons n'existe plus. Tout témoigne qu'ils étaient là depuis un très grand nombre d'années. MM. Vicq-d'Azyr, de Fourcroy et Sabatier, membres de l'Académie des sciences, qui les ont examinés, en portent le même jugement, et tout concourt à le faire croire.

» Ce qu'il y a de certain, c'est qu'ils n'étaient point dans les cachots, qu'ils n'étaient point enchaînés et qu'on n'a même trouvé aucun indice de chaînes ou fers quelconques. L'un, qu'on a exposé aux yeux du public et qui a été trouvé renversé la tête en bas, sur les marches d'un escalier profond, entièrement comblé de terres, paraît être les restes d'un ouvrier tombé par accident dans cet escalier obscur, où il n'aura point été aperçu par ceux qui travaillaient à ce comblement. L'autre, enterré avec soin dans une espèce de fosse creusée dans les reins de la voûte et recouverte d'une dalle, y avait sans doute été déposé longtemps avant qu'on eût l'idée de remplir ce bastion.... »

Suivant d'autres, les cadavres qu'on trouva dans les fondements du bastion étaient ceux des prisonniers protestants ou suicidés qui ne pouvaient être enterrés en terre sainte, ce qui ne concorde guère avec les explications techniques données encore dans la suite de leur lettre par Jallier de Savault et Cellérier, juges compétents de la question. Quoi qu'il en soit, leur lettre ne paraît pas avoir produit grand résultat. L'opinion était faite, et Palloy surtout ne se fût pour rien au monde laissé arracher ses victimes. Le comité du district arrêta d'envoyer des copies de son procès-verbal non seulement aux districts, mais au président de l'Assemblée et au maire, pour être déposées dans les Archives de l'Hôtel de ville; en même temps il invitait la municipalité à faire enlever les cadavres pour les placer en un lieu plus décent. Le président Fauchet fit une belle réponse, dans la séance du 14 mai, à la députation du district :

« La découverte de plusieurs cadavres dans les démolitions de la Bastille est la plus épouvantable démonstration de la tyrannie qui s'y exerçoit. On ne se contentoit pas d'y enchaîner la liberté, d'y tourmenter l'existence, pour rendre la vie affreuse, on y étouffoit, on y assommoit, on y incrustoit les victimes. L'homme le plus éloquent de la nation, à la vue de ces restes lamentables que les tyrans ne croyoient pas devoir être jamais étalés au grand jour de la liberté, a proféré ces paroles terribles, dignes d'être transmises à tous les peuples et à tous les siècles : « Les ministres ont manqué de prévoyance; ils ont oublié de manger les os. »

» Il falloit encore, Messieurs, cet effroyable trophée de notre victoire sur le despotisme, pour ranimer l'indignation publique contre les projets des partisans de l'ancien régime, pour faire pâlir les aristocrates eux-mêmes et montrer à tous le prix de la révolution. »

Puis l'Assemblée invita la députation à assister à la séance et vota l'insertion dans le procès-verbal et l'impression distincte des pièces dont elle avait entendu la lecture [1]. Mais ce fut tout, et ne recevant pas d'autre réponse, le district s'adressa au comité de police, qui accorda aussitôt toutes les autorisations nécessaires.

Palloy exploita ces squelettes, comme il exploitait la

[1] *Procès-verbaux de la Commune*, t. VII, p. 12, séance du 14 mai. V. *Revue rétrosp.*, 2e série, t. II, 295.

Bastille, avec un art accompli. Les procès-verbaux et les pièces authentiques ne parlent que de deux, mais ils laissaient croire qu'il y en avait bien davantage, et que les ossements détachés du second se rapportaient à plusieurs corps [1]. Moyennant une légère rétribution, les curieux étaient admis dans le caveau où on les avait exposés non sans une véritable mise en scène. A la somme produite par les entrées, on ajouta le résultat d'une quête, en annonçant que le total servirait à délivrer des prisonniers pour mois de nourrice non payés. Lorsqu'il eut l'autorisation du comité de police, Palloy s'adressa au curé de l'église Saint-Paul, paroisse de la Bastille. L'abbé Bossu, curé de Saint-Paul, était populaire parmi les patriotes. Plusieurs relations mentionnent sa belle conduite pendant l'attaque de la forteresse, où il s'exposa au feu de la place, en faisant signe au gouverneur de se rendre, et son presbytère fut un des lieux de réunion choisis par les vainqueurs de la Bastille [2]. Il se prêta avec empressement à ce qu'on lui demandait.

Le 1er juin, à six heures du soir, le curé sortit de son église à la tête d'un nombreux clergé et au son de toutes les cloches, pour aller chercher à la Bastille les corps qu'on avait réunis dans un cercueil commun. Là, il fut harangué par M. Regnault, commissaire délégué du comité de Saint-Louis-la-Culture :

« .... Nous vous présentons les ossements de ces malheureuses victimes du despotisme et de la barbarie ministérielle ; faites-les jouir, dans le sein de

[1] Toute cette affaire a été fort embrouillée et grossie, et quand on écarte les hyperboles vagues pour ne tenir compte que des renseignements nets et positifs, on ne trouve que les deux squelettes dont nous avons parlé.

[2] V. *Nos hommes du 14 juillet*, in-18, p. 149.

l'Eglise, des honneurs de la sépulture.... Et vous tous, citoyens qui nous environnez ; vous surtout dont les bras, en démolissant ces antres infernaux, ont trouvé dans ces affreux cachots ces restes précieux, êtes-vous assez convaincus jusqu'à quel excès a pu être portée l'autorité de ces âmes féroces?.... Grâce au ciel, grâce à la bravoure française, à notre roi, également bon et citoyen, nous avons recouvré cette liberté.... Hélas ! les malheureux inconnus dont vous voyez les tristes restes n'en ont pu jouir ; la barbarie de leurs tyrans les a immolés comme de vils animaux. N'en doutons pas, amis, ces êtres malheureux ont senti la dignité de l'homme ; ils auront épouvanté leurs tyrans, et ces monstres n'osant les regarder en face, ils les ont plongés dans ces cachots. Que dis-je? ces lâches ont redouté jusqu'aux noms de leurs victimes.... Ministres des autels d'un Dieu de paix, redoublez de zèle et de ferveur ; invoquez sa miséricorde pour le repos de leurs âmes. »

A cette déclamation furibonde, le curé de Saint-Paul répondit par quelques paroles patriotiques et pieuses, que l'assistance salua du cri de : *Vive la nation !* La marche funèbre s'ouvrit par les tambours, derrière lesquels venaient le clergé, puis le cercueil porté par douze travailleurs, et escorté par douze autres avec leurs marteaux ou leurs pioches, que commandaient Palloy et le sous-chef d'atelier Bouvinon. Les ouvriers, au nombre de plus de huit cents, figuraient en masse dans le cortège, divisés par groupes, avec leurs chefs et sous-chefs d'atelier à leur tête. On arriva à l'église par la rue Saint-Antoine et la rue Saint-Paul, bordées de gardes nationaux en grande tenue, et après un service solennel, le cercueil fut descendu dans une fosse du cimetière Saint-Paul, au fond de laquelle on plaça un boulet du même calibre que celui sur lequel reposait l'un des cadavres et qu'on avait porté à la Fayette [1].

Sur la tombe, Palloy fit élever à ces victimes « égorgées par le despotisme ministériel,.... avec les pierres des prisons où elles gémissoient, » un monument funèbre qui reçut l'inscription suivante :

Qui nos incarcerabat viventes
Nos adhuc incarcerat mortuos lapis,

avec cette paraphrase :

« Sous les pierres mêmes des cachots où elles gémissoient vivantes, reposent en paix quatre victimes du despotisme. Leurs os, découverts et recueillis par leurs frères libres, ne se lèveront plus qu'au jour de la justice pour confondre leurs tyrans. »

PETRUS FRANCISCUS PALLOY, AMICUS PATRIÆ, FECIT ANNO LIBERTATIS SECUNDO, REPARATÆ SALUTIS 1790.

Après quoi, il fit graver une estampe du monument, et en homme qui ne néglige aucune précaution lorsqu'il s'agit de sa gloire, il écrivit au curé de Saint-Paul, lui demandant de certifier par lettre que le monument dont il lui adressait l'estampe était bien exécuté au cimetière Saint-Paul. « Je ferai imprimer votre réponse, ajoutait-il, pour être adressée aux départements, afin de ne point mettre de doute aux objets que j'adresse à chaque Directoire. » Il finissait par des éloges adressés au patriotisme de l'abbé, dont il avait remarqué la fermeté et le « courage vertueux dans l'attaque de la

[1] *Recueil de pièces intéressantes. Délibérations et différentes pièces relatives aux cadavres trouvés dans la Bastille*, 1790, in-4° (par Palloy).

Bastille. » Le curé, flatté de ces éloges, envoya le certificat demandé, en rendant louange pour louange à « M. Palloy, architecte, connu par son zèle, son talent et son désintéressement [1]. »

[1] *Id.* et *Courrier* de Gorsas, du 28 septembre. Le certificat délivré par le curé de Saint-Paul parle de cadavres trouvés non seulement les 4, 7 et 8 mai, comme nous l'avons dit, mais encore le 12 juin. D'un autre côté, le registre de Palloy note cette cérémonie de l'inhumation sous la date du 8 juin. Mais nous avons observé plus d'une fois que ces dates sont approximatives et qu'il arrive à l'employé de grouper sous la rubrique inscrite des faits qui se rapportent à plusieurs jours différents. Nous avons suivi l'imprimé de Palloy, auquel nous renvoyons. Y aurait-il eu plusieurs cérémonies funèbres?

V.

La fête de la Fédération avait été décidée le 7 juin, à la suite d'un grand nombre de fédérations provinciales qui en étaient comme le prélude et la préparation. Aussitôt que le décret fut connu, Palloy se hâta d'envoyer dans chaque ville des cartes qui devaient être remises aux délégués, pour venir visiter, dans ses ateliers de la rue des Fossés-Saint-Bernard, les petites Bastilles qu'il faisait exécuter pour les départements [1]. Ses ouvriers ne manquèrent pas d'aller prendre part aux travaux du Champ de Mars. Pendant trois jours, on les vit arriver en masse, après quatre heures du soir, emmenant avec eux dans des charrettes leurs instruments de démolition [2].

Le matin du 14 juillet, c'est sur la place de la Bastille que s'assembla l'immense cortège qui allait s'acheminer vers le théâtre de la fête.

Se regardant comme l'un des vainqueurs de la Bastille en même temps que son démolisseur, Palloy avait un double titre à l'admiration des fédérés et un double moyen d'attirer l'attention sur sa personne. Il fit transporter solennellement, en dépit de toutes les opposi-

[1] Nous avons trouvé dans ses papiers une lettre où il se plaint au maire de Mont-de-Marsan, qui lui répond par d'humbles excuses, de n'avoir pas vu les envoyés de cette ville.

[2] MERCIER, *Nouveau Paris*, ch. XIV.

tions, un de ses modèles en pierre au Champ de Mars, pour figurer sur l'autel de la patrie. Après la cérémonie, on le promena en triomphe de municipalité en municipalité, de section en section. Comme, à chaque station, les porteurs s'abreuvaient largement, leur démarche ne tarda pas à devenir peu assurée, et la Bastille de la Fédération, qu'ils cognaient à tous les murs et à toutes les portes, figura, couverte de ces peu glorieuses cicatrices, dans la collection du colonel Maurin [1].

Il logeait chez lui les fédérés de Machecoul. Pendant tout le séjour de ses frères à Paris, il se multiplia. Ceux-ci défilaient dans ses ateliers, et il ne négligeait rien pour donner à leurs visites le plus d'éclat possible. On le voyait partout : rue des Fossés-Saint-Bernard, pour recevoir les curieux et leur montrer sa fabrique d'objets patriotiques ; sur la place de la Bastille, pour trôner au milieu des ruines comme en son domaine ; dans les fêtes et les banquets, où il faisait montre du patriotisme le plus ardent et pérorait avec animation. Il organisait des réceptions théâtrales, des repas civiques, des exhibitions et des distributions solennelles. Ne pouvant envoyer encore les modèles en pierre, il voulut du moins célébrer cette grande date en offrant à chacun des 83 départements un plan colorié de la prison d'Etat [2].

Palloy se distingua surtout par la conception de la fête du pacte fédératif, en l'honneur des délégués de

[1] *Intermédiaire*, 1878, p. 499.

[2] Il existe à la Bibliothèque de la ville un de ces plans, avec une légende explicative et une annotation manuscrite de Palloy. Sur un autre exemplaire, assez finement gravé en couleur, on lit dans la partie supérieure, à droite : « Donné le 14 juillet 1790, par Palloy, patriote ; » à gauche, écrit à la main dans un ovale : « M. P. M. Bontems, notable. »

la France, qui eut lieu sur l'emplacement de la Bastille, du 18 au 21 juillet [1].

La plus belle journée fut celle du dimanche 18. Après la grande revue de la garde nationale parisienne et l'ascension manquée qui avait attiré le peuple et les fédérés au Champ de Mars, la Bastille, vers le soir, se partagea la foule avec la Nouvelle-Halle et les Champs-Elysées. On répéta la fête le lendemain et le surlendemain, l'exiguïté relative de l'enceinte n'ayant pas permis à un nombre suffisant de citoyens de jouir du coup d'œil. « L'illumination offrait le plan régulier de cette forteresse. Quatre-vingt-trois poteaux, ou plutôt des arbres que l'on avait transplantés, et qui portaient, au lieu de feuilles, des feux de toutes les couleurs, formaient une voûte étoilée. Ils représentaient les quatre-vingt-trois départements. Les huit bastions de ce monument du despotisme étaient tous éclairés par des guirlandes et des *chaînes* de lampions. Au milieu était suspendu un lustre qui représentait toutes les couleurs ou prismes de l'arc-en-ciel.... Un orchestre à quatre faces était éclairé par une voûte de lumières, dont la réaction répandait sur tous les visages une teinte de gaieté et d'ivresse.... A l'endroit même où l'on avait trouvé dans d'affreux cachots les squelettes des victimes que la tyrannie avait égorgées, on avait pratiqué une caverne. Les lampions qui en éclairaient l'entrée et que l'on avait trouvé moyen de rendre plus sombres à mesure qu'ils s'enfonçaient, en rendaient l'approche horrible. Sur le chapiteau de cet antre, on voyait un homme et une femme appuyés sur un globe : de lourdes chaînes affaissaient leurs membres déchar-

[1] On voit par son registre de comptes (p. 294), qu'elle coûta 29,727 fr 60.

nés. On soupirait malgré soi à cette vue ; mais bientôt le son du galoubet et du tambourin faisait diversion à la douleur [1]. »

« La Bastille, écrit encore Gorsas dans les numéros suivants, offre chaque jour des scènes plus brillantes et plus variées. Hier, on lisait sur la porte de cet ancien monument du despotisme : ICI L'ON DANSE !.... Depuis le 14, les fêtes publiques se succèdent sans interruption. Le nuit de mardi à hier mercredi (du 20 au 21) a surtout été remarquable par l'affluence des spectateurs et par des scènes variées et les plus intéressantes. On y a vu paraître une partie des cinq cents jeunes filles qui, le matin, parées de fleurs et de rubans aux couleurs de la Nation, étaient allées offrir à sainte Geneviève, patronne de Paris, un tableau représentant la confédération et sur lequel était écrit le serment civique. »

Les élèves de l'Académie de peinture portèrent ensuite triomphalement autour de l'enceinte le buste de Jean-Jacques, couronné et revêtu d'une écharpe de feuilles de chêne. Un groupe de gardes nationaux marchait respectueusement à ses côtés, « le glaive à la main. » La foule chantait en chœur un hymne d'un rythme très lent, « dont chaque vers était marqué par un repos qui forçait au silence, » quoique toutes ces pauses semblassent peu d'accord avec les paroles :

Que tout *s'anime*
Au saint nom de Rousseau !
Ce nom sublime
Sera toujours nouveau.

D'un autre côté des ruines se célébrait le convoi funèbre de l'aristocratie, dont l'idée avait été donnée par

[1] GORSAS, *Courrier* du 21 juillet.

une feuille répandue le matin à profusion dans les carrefours : « On avoit habillé une bûche, d'une forme bizarre, en abbé : rabat, calotte, manteau court, rien n'y manquoit. Une longue file de deuil suivoit ce noir cortège, et de temps à autre des mains s'élevoient au ciel, des voix rauques et glapissantes répétoient en sanglotant : *Mori!.... Mori!....* puis on entonnoit le *De profundis* [1]. »

Nous n'avons pas besoin de dire quel abbé désignait clairement ce calembour latin.

Palloy avait été l'âme de ces fêtes. Trouva-t-il lui-même, comme il semble le dire dans une brochure postérieure [2], l'inscription : ICI L'ON DANSE, qui frappa si vivement, par son heureuse antithèse, l'imagination des contemporains? Peut-être. Mais c'était bien à lui, sans doute, qu'on devait ce sombre éclairage des restes de cachots, où Loustalot, dans les *Révolutions de Paris*, voit un *trait de génie* analogue à celui de ce peintre (le Poussin), « qui plaça le tombeau d'un berger dans le fond d'un tableau représentant des danses de villageois [3]. »

Après la Fédération, Palloy avait adressé des lettres au maire de Paris, au commandant général de la garde nationale, aux membres de l'Assemblée nationale, aux représentants de la Commune, au corps militaire (*sic*), aux différents corps constitués, au club des Jacobins, aux capitaines de compagnies, enfin aux patriotes signalés et à tous les braves citoyens, pour les

[1] *Courrier* de GORSAS, t. XIV, p. 261, 281, 289-295. *Anecdotes du règne de Louis XVI*, 1791, t. IV, 74-75. On peut lire aussi le compte rendu assez maussade du journal de Prudhomme, t. V, p. 57-59.

[2] *Un Français à sa patrie*, 1806, p. 29.

[3] Il existe plusieurs gravures (l'une par Pinot; une autre anonyme, à la manière noire) de la salle de danse construite sur les ruines de la Bastille le 20 juillet 1790.

inviter à venir voir ses petites Bastilles. Chacun des trois architectes : de Jallier, la Poize et Montizon, en avait reçu une à titre d'hommage. Le 2 septembre, avant d'expédier ses envois dans les départements, il vint offrir à la Constituante le premier de ces modèles [1], en prononçant un beau discours, qui nous a été conservé dans son entier :

« Lorsque le pouvoir arbitraire accabloit le citoyen de toute sa force et que l'homme fait pour la liberté étoit tout à coup précipité dans les cachots d'une bastille, nos tyrans n'imaginoient guère que, si près d'expier ses forfaits, cette Bastille, frappée par la fureur d'un peuple réduit au désespoir, alloit se cacher sous ses ruines, monument de vengeance et de barbarie que le voyageur cherche et ne retrouve plus. Moi-même j'y suis entré un des premiers; mes ouvriers y combattoient avec moi, et quand nos citoyens en eurent retiré les victimes qu'elle recéloit, les armes meurtrières qu'elle devoit tourner contre nous; quand, vuide d'esclaves de satellites, elle n'étoit plus qu'un monument honorable au courage des citoyens, je craignis qu'en le laissant trop longtemps debout, il ranimât l'espoir des despotes, et n'écoutant que l'amour de la patrie, j'allai, sans ordre quelconque, abattre ces tours. Moi-même je les frappai le premier; j'armai la main des ouvriers; l'honorable Assemblée et le roi lui-même ont approuvé mon zèle, puisque des architectes ont été nommés pour surveiller cette démolition. Mais ce qui fera mon souvenir

[1] Il a décerné ce titre tantôt à celui qu'il offrit à l'Assemblée, tantôt à celui qu'il offrit à l'Hôtel de ville. Le *Mémoire des ouvrages de serrurerie pour un modèle de la Bastille, déposé à la salle de l'Hôtel de ville*, par Deumier, serrurier de la ville, se montant à 737 fr. 18 s., porte à la fin un reçu de 500 livres, daté du 9 octobre 1790, pour solde du compte relatif au *premier modèle de la Bastille*. (Bibl., mss. Bastille, I.)

le plus cher quand les années viendront m'atteindre, c'est d'avoir le premier porté le fer destructeur dans les flancs de cette horrible forteresse.

» Mais ce n'est pas assez de cacher sous le sol les monuments de la tyrannie ; il faut, s'il est possible, en perpétuer la honte. C'est aux arts à la transmettre à la dernière postérité : ils ont trop longtemps servi à flatter la tyrannie chez un peuple libre, ils en éterniseront la haine. C'est ce que j'ai entrepris.

» Des pierres mêmes qui formoient les voûtes lugubres des cachots, j'ai tenté de reconstruire l'image de ce tombeau des vivants. Je me propose d'en envoyer aux quatre-vingt-trois départements [1] et aux sections de la capitale. Déjà plusieurs municipalités m'honorent des vestiges qui leur en sont parvenues (*sic*). L'Angleterre elle-même y attache un prix naturel à des âmes fortes et libres. On diroit que la chute de la Bastille est consacrée par les vœux des peuples comme un événement qui les concerne tous également. Ce sont autant d'hommages à la liberté, en attendant que le François lui élève une statue digne de lui. Que ne puis-je un jour moi-même y contribuer !

» Une observation peut-être digne de votre attention, Messieurs, est de voir le portrait du meilleur des rois gravé sur ces mêmes pierres où se sont meurtries, dans l'horreur des cachots, tant de victimes infortunées.

» La bienfaisance et l'amour de mes semblables m'ont engagé à cette entreprise, autant que le zèle de la liberté. Une multitude d'artistes, de pères de fa-

[1] Toutes celles qu'il envoya étaient en pierre. Il en subsiste encore un certain nombre. Beaucoup ont disparu. Les Bastilles en plâtre, qui sont au musée des antiquités de Rouen, aux Archives d'Auch, etc., doivent être des moulages faits après coup (*Interméd.*, XI, 348), ou bien les Bastilles à bon marché du sieur Pommay. (V. plus haut, p. 31, note.)

mille sans occupations, a trouvé et trouve encore dans ces nouveaux travaux ce qui peut servir à alimenter leur patriotisme par le spectacle continuel de cette Bastille, si longtemps l'effroi de l'innocence et l'appui du pouvoir arbitraire.

» A cette récompense, qui ne peut échapper à l'homme qui a eu le bonheur d'être utile, daignez, Messieurs, y en ajouter une autre qui me sera toujours chère : l'espérance que l'offre de mes travaux ne vous aura point déplu. Où pouvois-je mieux placer les débris de la servitude françoise que dans l'auguste Sénat où la liberté prit naissance, au milieu des lois que vous préparez à la nation et aux siècles à venir [1] ? »

Après Palloy, son employé Titon-Bergeras, grenadier de la garde nationale, doué d'une taille imposante et d'une voix de stentor, ajouta quelques paroles emphatiques : « Ce monument doit rappeler à tous les François patriotes que nous sommes libres et que,

[1] Ce discours figure dans le musée des Archives. La signature seule est autographe. Quant à la Bastille qu'il présentait en termes si pompeux, on peut la voir également dans une salle des mêmes Archives. Elle est décorée d'inscriptions sur les tours et de vers par le citoyen P. J. P. S. :

EXÉCRABLE PRISON, TRISTES MURS, TOURS SINISTRES....

Une autre inscription, qu'il ne faut pas prendre à la lettre, s'exprime ainsi : *Offert le 14 juillet, jour du pacte fédératif, à l'Assemblée nationale.* Le 14 juillet, ce fut un plan de la Bastille que Palloy présenta à l'Assemblée (il figure également dans le musée des Archives, n° 1187), en attendant que le modèle en pierre fût prêt; celui-ci fut peut-être *offert* ce jour-là, mais il ne fut *porté* que le 2 septembre. Vingt-sept clefs provenant de la forteresse sont suspendues au-dessous. Il y manque la plus grande, qui fut envoyée par la Fayette à Washington, et quelques autres encore, qui se sont retrouvées un peu partout depuis la Révolution. (V. *Nos hommes du 14 juillet*, 159, note.) Les clefs avaient été promenées à travers les rues, au son du tambour, par des troupes de soldats et de bourgeois, et recueillies, au cours d'une de ces promenades, par le district de Saint-Etienne du Mont.

sans la liberté, il n'est point de bonheur. Nos lois ne seront plus désormais le fruit du despotisme; l'homme sage vivra tranquille dans ses foyers; l'interprète des lois et le chef des armées n'auront plus à redouter ces ministres absolus qui disposoient à leur gré du sort des citoyens, quand ils avoient la faiblesse de se courber sous leur joug, ou de ramper comme de vils esclaves auprès de ces malheureux, esclaves eux-mêmes de quiconque savoit les flatter.... »

Le président répondit : « Le don que vous présentez à l'Assemblée nationale est celui d'un artiste citoyen. L'Assemblée apprécie votre offrande, ainsi qu'une idée ingénieuse et sensible qui la recommande, et vous invite à sa séance [1]. »

Pour transporter ces petites Bastilles dans les départements et présider à leur remise entre les mains des autorités, Palloy organisa une troupe de commis voyageurs, qu'il décora du titre ronflant d'*Apôtres de la liberté*. Jeunes, de belle prestance et capables de débiter avec des attitudes, des gestes et des inflexions d'orateurs de clubs un discours appris par cœur, ces apôtres furent spécialement choisis parmi les plus chauds patriotes de la garde nationale et les héros du 14 juillet. Divers documents nous ont conservé les noms, généralement fort inconnus, comme il est naturel, de beaucoup d'entre eux. Je ne vois guère à noter que ceux de Ferrandine, qui fut le fabricateur des médailles de Palloy; Quesnel et Jurie, deux de ses principaux employés dans la démolition de la Bastille; de Laune, Joly, hommes de loi; Pannetier, l'un des vain-

[1] *Procès-verbaux*, t. XXIX, à la date. *Courrier* de Gorsas, XVI, 85. *Moniteur* du 4 sept. Le *Moniteur* ne parle que du discours de Titon-Bergeras, dont l'Assemblée ordonna l'impression, et si l'on s'en rapportait à lui seul, il faudrait croire que Palloy se serait borné à déposer le sien.

queurs de la Bastille officiellement reconnu ; Chéry, qui fut depuis avocat en cassation. Fourcade est sans doute celui qui s'associa à Gonchon, l'orateur du faubourg Saint-Antoine, pour lui faire les harangues pompeuses et sonores que celui-ci vint si longtemps déclamer à la barre de l'Assemblée, au nom des hommes du 14 juillet, et Mathieu, le futur conventionnel, représentant de l'Oise, qui fut secrétaire de Palloy. Sur une liste dressée par les soins du patriote [1], nous trouvons encore quelques noms connus, tels que ceux d'Albitta, Thouin, Fauchet, Thuriot, Dusaulx, sans pouvoir dire si ces noms se rapportent aux personnages qui les ont rendus célèbres sous la Révolution, — ce qui serait tout au moins bien invraisemblable pour plusieurs d'entre eux, — ou si Palloy n'en a point paré plus ou moins gratuitement sa liste en transformant la nature de leurs services et de ses relations avec eux. J'allais oublier Rocher, — le sapeur Rocher, — comme on l'appelait, qui préluda, parmi les apôtres de la liberté, à son futur rôle de terroriste en sous-ordre, favori de la populace et ami de Marat.

Les apôtres de la liberté étaient organisés en corps : ils avaient un président, un secrétaire, un greffier ; ils portaient une médaille. Palloy n'eut pas de peine à les convaincre qu'il les investissait d'une mission glorieuse et sacrée. Il rédigea pour eux des instructions qu'on possède, et parmi lesquelles on remarque ce trait caractéristique, qui suffirait à prouver, si on ne le savait assez d'autre part, quel amalgame l'entrepreneur de la

[1] V. dans le tome I de *Bastille* (Mss. *Nouv. acquisit. franç.*, 3241) ce tableau des apôtres de la liberté, dressé le 14 juillet 1792, et qui comprend 60 noms. Déjà plusieurs noms de l'origine ont disparu, spécialement celui de Titon-Bergeras. Le nombre réel des *apôtres* s'éleva au chiffre total des départements.

démolition de la Bastille faisait de ses propres affaires avec la sainte cause de la liberté : « Ne rien échapper de ce qui peut être utile à la chose publique et aux intérêts de M. Palloy. » Les instructions suivantes ne sont guère moins pratiques : « Demander une recommandation de département en département, ne pas trop entrer en matière de conversation, éviter toutes discussions, écouter avec attention, et suivre leurs raisonnements patriotiques [1].

Avec la petite Bastille, qui était la pièce principale, les apôtres emportaient, pour les offrir également aux directoires des départements, divers autres objets de même nature : une dalle provenant d'un cachot, un plan et une description de la forteresse, un boulet et une cuirasse trouvés dans les décombres, la *Vie de Latude*, l'*Œuvre des Sept Jours* de Dusaulx ; enfin, pour abréger, un tableau représentant la tombe sous laquelle reposaient les cadavres trouvés dans la démolition, et un autre où l'on voyait Palloy accrochant le portrait de Bailly au piédestal du buste de Louis XVI que l'on couronne, tandis qu'au second plan, la Fayette est élevé sur le pavois et que, dans le fond, des ouvriers démolissent la Bastille.

Les objets envoyés par Palloy remplissaient en tout deux cent quarante-six caisses (trois par chaque département en dehors de la Seine), et il eut de grandes difficultés avec la douane à l'occasion de ces envois. Précédés d'une circulaire qui, après avoir tracé un précis rapide de la prise et de la démolition de la Bastille, annonçait leur arrivée et les recommandait au bon accueil des administrateurs, les apôtres partirent en octobre 1790, isolément ou par groupes, suivant leur

[1] *Catal. des doc. autogr.*, p. 9, n° 11.

destination. Leur départ fut annoncé par une note aux journaux. Ils emportaient une carte géographique dont Palloy leur avait fait cadeau pour les guider dans leur voyage, et ils étaient accompagnés d'ouvriers maçons pour la pose des bastilles et le raccordement des pièces.

A leur arrivée dans chaque ville, les apôtres, après s'être fait reconnaître des municipalités, opéraient solennellement leur dépôt, en débitant le discours ampoulé qu'ils avaient appris [1]. Ils tâchaient d'organiser une fête civique pour grossir leur propre importance, en même temps que celle du *patron*. Le *Courrier* du patriote Gorsas, qui était en quelque sorte le *Moniteur* officiel du patriote Palloy et accueillait ses communications avec une inépuisable complaisance, rend compte d'un grand nombre de ces cérémonies. Non seulement la plupart des administrations se prêtaient avec un enthousiasme plus ou moins sincère à ces manifestations et y répondaient par l'expression de leur *sensibilité*, sur le ton théâtral qui était déjà l'accent naturel de la Révolution commençante, mais encore elles envoyaient des comptes rendus aux journaux, et plusieurs même rédigèrent des adresses à l'Assemblée [2], qui allaient quelquefois, dans un entraînement de gratitude où l'on est tenté de reconnaître une adroite suggestion du pratique Palloy, jusqu'à réclamer la bienveillance des représentants en sa faveur. Plusieurs firent imprimer en brochure les procès-verbaux de la réception et de la cérémonie.

Quelques-unes, au contraire, firent preuve de peu

[1] On peut le voir dans le *dossier* de Palloy (Bibl. de la ville).

[2] Par exemple, celles de l'Aisne et de la Haute-Saône. (Séances des 18 et 27 novembre 1790.)

d'empressement ou même se montrèrent récalcitrantes, en alléguant leur pauvreté. Palloy prétendait sans doute faire ses envois gratuitement et sans autre inspiration que celle du plus pur patriotisme. Il se fût indigné si l'on eût osé soupçonner son désintéressement[1]. Il lui suffisait de rentrer dans ses débours; mais les frais d'acquisition des matériaux, de main-d'œuvre, de transports et autres, calculés surtout par un industriel aussi avisé, montaient à une somme que toutes les administrations n'avaient pas le pouvoir ou le désir d'acquitter. Le 17 août 1790, la municipalité de Nancy écrit à Palloy qu'elle a remis à ses députés à la Fédération les billets qu'il avait envoyés pour les autoriser à visiter les modèles de la Bastille dans son atelier : « Nous eussions bien désiré, ajoute-t-elle, que l'état actuel de nos finances nous eût permis d'en faire l'emplette, mais nous sommes forcés de nous borner à rendre justice à vos talents, sans les placer sous nos yeux. » Le même jour, celle de Bar-le-Duc lui écrit que ses envoyés n'ont trouvé personne dans l'atelier de la rue des Fossés-Saint-Bernard, et le prie de lui faire savoir ce qu'il lui en coûterait : la ville n'est pas riche, et elle se déterminera d'après la réponse. Le 18, le maire de Bourges, en lui transmettant ses félicitations et en l'assurant de l'immortalité, ajoute : « Il (le *model* de la Bastille) redouble nos peines sur la faiblesse des revenus de notre ville, qui ne nous permettent pas de fraier au plus nécessaire et par là nous

[1] Je trouve dans ses papiers inédits cette minute (sans date) d'un billet adressé au département des *pirrané aurientale*. « Je réiterre le remerciment de l'envoyent des cent bouteilles de vin que voltre député dans le tems me fit passer, et je ne l'aurait pas accepté si jen eut été prévenu, vous ettes le seul, mais... mon patriotisme et tout à fait désinteressé, trop heureux pour moi d'entretenir par mes envoyent civique le feu sacré de la liberté. »

prive de la satisfaction que nous aurions à nous procurer un de vos *models* pour notre municipalité. » Le 13 novembre suivant, la pauvre municipalité de Guéret refuse l'offre généreuse d'un *cadot* « qui surpasse *ses* forces et qu'on a jugé ne pouvoir agréer sans un remplacement (*sic*) d'un millier d'écus [1]. » Le département de la Somme ne daigna point dresser procès-verbal, pas même peut-être accuser réception de l'envoi ; et ce dédain fut amer au cœur du *patriote*, qui poussa néanmoins la magnanimité jusqu'à ne le point exclure de ses dons futurs [2]. Son apôtre, Titon-Bergeras, lui écrivait, le 11 juin 1791, que dans plusieurs villes, à Bordeaux, à Poitiers, dans les Hautes-Pyrénées, on l'avait fait attendre pour la cérémonie de la réception, à laquelle on n'avait donné aucun éclat, et que le département des Landes avait refusé d'acquitter le port [3].

Palloy semble n'avoir eu qu'une confiance limitée en ses apôtres. Il reste, dans ses intarissables paperasses, plusieurs pièces où il s'informe de leur conduite auprès des directoires ou des municipalités, et il y revient encore, plus tard, dans la circulaire par laquelle il les avertit de la reddition de ses comptes. Dans ses notes, il désigne les sieurs Joubert et Pigal comme deux hommes faux qui ne s'étaient incorporés parmi les apôtres de la liberté que pour mieux déjouer ses projets. On y trouve aussi mentionnées plusieurs *répétitions* contre MM. Bergeras et Legros, « rayés du tableau apostolique. » Enfin, dans un long factum ma-

[1] *Papiers inédits*. Bibl. Carnavalet.

[2] Gorsas, *Courrier*, XXIV, 222.

[3] *Papiers inédits*. On se rappelle que déjà les députés de Mont-de-Marsan à la Fédération avaient négligé d'aller faire visite aux ateliers de Palloy.

nuscrit [1], il flétrit *la conduite de MM. Bergeras frères à Pau*, notamment celle de Titon-Bergeras, qui avait été son principal organe dans les grandes occasions, et qui, outre la harangue à l'Assemblée nationale, le 2 septembre précédent, était venu, avant le départ des apôtres, prononcer au club des Jacobins le discours qui devait accompagner la remise de chaque petite Bastille dans les départements.

Cette pièce renferme, d'ailleurs, d'assez curieux détails sur la composition et l'organisation du corps des apôtres. Ils prêtaient le serment de ne recevoir ni argent ni présent d'aucune sorte, et ils étaient constitués en collège apostolique. Leur mission remplit toute l'année 1791. Ils étaient rentrés à Paris dans les premiers mois de l'année suivante. On a une lettre de Palloy, datée de mars, annonçant aux administrateurs du département de Paris que ses amis et frères d'armes, après avoir parcouru l'*empire français*, se sont chargés avec plaisir, au retour de leur mission, de leur offrir le modèle de la Bastille. Le 11 mars 1792, il les présente à l'Assemblée et ils obtiennent avec lui les honneurs de la séance. Le 14, « les commis du bureau de M. Palloy, apôtres de la liberté, » voulant lui témoigner un *attachement inviolable*, déclarent qu'ils

[1] V. son registre de comptes et son dossier à la Bibliothèque de la ville. Dans ce factum, après avoir exposé ses griefs, il reproduit son *Engagement* avec Titon-Bergeras, qui doit être considéré sans doute comme le type de ses traités avec les autres apôtres; s'il y avait une différence, elle serait certainement en faveur de cet illustre, doué d'une stature si avantageuse et d'une si belle voix. Il lui donnait vingt sols par lieue, — soit d'abord 226 livres pour se rendre à Salies, en Béarn, où il devait lui faire tenir 200 livres pour gagner Angers. Dans cette dernière ville, il lui enverrait encore 200 livres pour solde : le tout, non compris 200 autres livres pour son cheval et 6 livres par séjour dans chaque département, ce qui faisait 138 livres, puisque Titon-Bergeras séjournerait dans vingt-trois départements.

prêteront devant lui, à l'issue d'un repas patriotique qui aura lieu le surlendemain du paiement de leurs appointements, le serment prescrit par le *règlement apostolique*, « de lui rester à jamais fidèlement liés de cœur et d'esprit, et de le défendre et soutenir envers et contre tous [1]. »

Palloy était un homme de tête, qui avait tout prévu et tout réglé pour sa plus grande gloire comme pour son plus grand profit : il avait évidemment conçu l'idée de se créer avec ses commis une sorte de garde prétorienne, une armée de zélateurs et de séides. Il était le Messie de ces apôtres, qu'il animait de son zèle, échauffait de sa flamme, emplissait de sa personnalité vaniteuse et turbulente. Il les payait peu et mal, mais ils comptaient sur de petits profits, et, pour le reste, la gloire y suppléait chez la plupart de ces naïfs révolutionnaires, relevés à leurs propres yeux par ce beau titre d'apôtres de la liberté, grandissant d'une coudée chaque fois qu'ils étaient reçus par une municipalité, par un directoire, par une société populaire, par la Constituante, chaque fois qu'ils débitaient leur discours et qu'on leur répondait par une harangue solennelle, plus fiers enfin que le baudet de la fable chargé de reliques. Ils étaient reconnaissants à Palloy, pour la plupart, de l'infatigable ardeur qu'il mettait à les exploiter, car, en les exploitant, il les faisait valoir, et ils le prenaient de bonne foi pour l'un des héros de la Révolution.

Non contents du repas patriotique et du sermon apostolique, les missionnaires de Palloy commandèrent son portrait. Nous avons ce portrait gravé par Ruotte fils, d'après Mlle Pantin, — une artiste inconnue. Figure

[1] *Catal. de doc. autogr.*, n° 11.

ronde et fade, cheveux séparés au milieu de la tête, enroulés et relevés en boucles au-dessus des oreilles, tel il nous montre l'illustre patriote. On lit au-dessous :

Sur l'autel de la liberté
Il mit son cœur et son génie ;
L'un appartient à la patrie
Et l'autre à l'immortalité.

Il servit sa patrie et respecta la loi ;
Du nom de patriote un décret le décore :
Il mérita ce titre, et dans mille ans encore
Nos neveux confondront *Patriote* et *Palloy* [1].

« L'hommage de cette gravure a été fait au citoyen Palloy, en 1793, par ses quatre-vingt-trois apôtres de la liberté, au retour de leur mission des chefs-lieux des quatre-vingt-trois départements, l'an IV de la liberté française, en lui déposant les procès-verbaux de réceptions des caisses d'objets civiques et des modèles de la Bastille qu'il y avait envoyés. »

Palloy n'avait pas licencié ses apôtres à leur retour. A la fin de 1792, il annonçait encore aux administrations du département du Mont-Blanc, que venaient de créer la conquête de la Savoie et sa réunion à la France, l'envoi de pierres de la Bastille, portées par le citoyen Woillez, qui avait désiré être « le quatre-vingt-quatrième apôtre [2]. » Nous verrons les apôtres de la liberté figurer dans une foule d'autres cérémonies publiques.

[1] S'il faut en croire Palloy, de ces deux quatrains en son honneur, le premier eut pour auteur Dusaulx, en 1790, et le second Bailly, en 1792. (*Prologue de l'éloge funèbre de Jean-Pierre Chrétien*, ms. communiqué par M. Flachaire de Roustan.)

[2] *Catal. de doc. autogr.*, n° 11.

VI.

La fabrication des petites Bastilles n'était, on a pu le remarquer déjà, qu'un des moyens imaginés par Palloy pour utiliser les matériaux de la démolition. Il se tenait sans cesse à l'affût de tous les moyens d'écouler ces inépuisables débris.

Par un décret du 27 juin 1790, confirmé le 31 juillet suivant, l'Assemblée nationale avait formellement excepté les héritiers du chevalier d'Assas de la mesure générale de réduction appliquée aux pensions de l'Etat. Palloy saisit avec empressement cette occasion nouvelle de se signaler, en faisant élever un monument, dans son pays natal, au héros de Clostercamp. Pendant des semaines et des mois, avec son exubérance ordinaire, on le voit multiplier les lettres aux anciens officiers, sous-officiers et soldats du régiment d'Auvergne, à la garde nationale du Vigan, au directoire du Gard, au frère du chevalier d'Assas et à tous ceux qui l'avaient connu, pour prendre des informations et les prévenir de son projet.

Il n'avait pas encore terminé cette affaire que la mort de Desilles venait lui offrir un nouvel aliment. On sait que ce jeune officier, dans la journée du 31 août 1790, s'était jeté à la bouche d'un canon dirigé par les rebelles de Nancy contre les troupes de Bouillé. Il ne mourut qu'un mois et demi après, des suites de ses blessures. Dès le premier jour, son héroïsme avait excité l'admiration de la France entière. Louis XVI lui donna la croix de Saint-Louis. L'Assemblée, qui avait envoyé une députation au service célébré en l'honneur des victimes de Nancy [1], décréta qu'il avait bien mérité de la patrie ; plus tard (23 déc. 1790), elle agréera l'offre d'un tableau de Lebarbier sur ce sujet, puis celle du buste de Desilles (28 janv. 1791), modelé par son hôte et ami le créole Mulnier, apporté solennellement dans son enceinte par le bataillon du faubourg Montmartre et couronné de feuilles de chêne sur le bureau, avec l'accompagnement obligé de discours et de musique. Les arts le célèbrent, la poésie le chante ; l'Eglise et le théâtre lui rendent également hommage. Tandis que l'évêque de Nancy prononce son oraison funèbre, que Saint-Malo, sa ville natale, suivie par plusieurs autres villes de province, lui fait célébrer un service solennel, le théâtre de la Nation représente le *Tombeau de Desilles*, et le Théâtre-Italien le *Nouveau d'Assas*.

L'inévitable Palloy ne pouvait manquer à cette apothéose. Il avait commencé par adresser une de ses pierres en récompense à Desilles blessé. Aussitôt après sa mort, il jette son dévolu sur sa mémoire et s'efforce de la confisquer à son profit. Il écrit à la municipalité de Nancy et au directoire de la Meurthe, pour leur proposer l'érection, dans la ville où Desilles est tombé victime de son dévouement, d'une pyramide en pierres de la Bastille dont chaque département recevra l'image ; il envoie même deux projets de monuments, l'un qui

[1] On peut voir à ce propos, dans le *Courrier* de Gorsas (XVI, 360), une réclamation de Parein, l'un des volontaires de la Bastille, qui oppose à cet empressement l'ordre donné par l'Assemblée auxdits volontaires de surseoir au service anniversaire qu'ils avaient voulu organiser, le 2 août, pour leurs frères tués au 14 juillet.

doit être élevé en plein air, l'autre dans la cathédrale, avec une épitaphe prolixe, interminable, où Palloy trouve moyen de parler de lui-même presque autant que du héros [1]. Il écrit aussi aux parents, aux amis, aux témoins, aux curés, aux officiers, à tous les corps constitués. Son registre mentionne, durant des mois entiers, une quantité incalculable de correspondances à ce sujet. On en formerait tout un volume. Il n'oublie pas d'envoyer à Mme Desilles mère une pierre de la Bastille sur laquelle « sont des gravures en l'honneur de son fils. » Son zèle s'étend jusqu'à l'*héroïne Humbert*, femme du concierge d'une porte de la ville, qui avait jeté une chaudronnée d'eau sur la lumière d'un canon, au moment où les soldats allaient y mettre le feu. Palloy entre en relations avec elle, se fait son protecteur et la recommande de tous côtés. L'année suivante, avons-nous besoin de l'ajouter? il avait docilement et complètement tourné avec l'opinion : après avoir exalté la victime, il s'associait, comme nous le verrons, à l'apothéose des révoltés, en prenant une part très active à la fête des Suisses de Châteauvieux [2].

Les derniers mois de l'année 1790 et toute l'année suivante sont remplis par ses envois. Il donne des plans ou des pierres de la Bastille à Anacharsis Clootz, l'un de ses correspondants habituels, qui lui envoie ses écrits et qui l'a surnommé le *monumentaire* de la Révolution; au député le Camus *(sic)*, à Moreau de

[1] On peut la lire tout au long dans la *Cathédrale de Nancy*, par Auguin, 1882, p. 58, qui l'a reproduite d'après la gravure.

[2] Disons néanmoins que, même en célébrant Desilles, il accusait Bouillé d'avoir *assassiné* les habitants de Nancy. Son registre mentionne (15 janv. 1791) une lettre de M. Bouillé à M. Palloy, « pour lui offrir ses services auprès du département de la Meurthe; » mais le patriote décline superbement cette avance : « M. Palloy a assez de crédit par son mérite sans avoir besoin de celui de Bouillé, massacreur. »

Saint-Méry, à Duport du Tertre, au ci-devant duc d'Orléans, à quatre grands patriotes de la Commune, aux électeurs de 1789 et de 1791, aux députés, à Fieffé, avec une lettre sur sa belle action, car il se constituait le congratulateur universel, le consécrateur des actes et des renommées patriotiques : on les lui signalait comme à une autorité reconnue; il les paraphait, les lançait dans la circulation, décernait des brevets, récompensait par un don qu'il n'est plus besoin d'indiquer. Il écrit à Ch. de Lameth, après son duel avec le duc de Castries, pour le féliciter de sa bravoure et de son civisme, et à Barère, à Charron, à Millin, à Villette, à l'abbé Mulot, à Pétion, à l'abbé Grégoire, à une foule d'autres, sans parler de ceux que nous avons nommés, pour échanger des idées patriotiques avec eux. L'évêque d'Autun, Dusaulx, Barnave, Mirabeau, Latude, Duportail, Quatremère de Quincy, Goupilleau, l'évêque de Paris, Curtius, le montreur de figures de cire, sont également *lapidés*. Il accable encore de ses dons les vétérans, les juges des six tribunaux de la capitale, les quatorze cantons et les quarante-huit sections de Paris, toutes les villes et beaucoup de villages des alentours : Sceaux, Passy, Argenteuil, Montmorency, Bourg-la-Reine, Saint-Denis, etc. Il n'épargne pas l'Académie des beaux-arts, qui le remercie (18 sept. 1790) par l'organe de son directeur Vien. Il adresse quatre tableaux à Bailly et la Fayette, une branche de chêne gravée sur une pierre de la Bastille à Manuel, le buste de l'abbé Fauchet au directoire du Calvados [1]. De tous les côtés on lui fait des demandes : les élèves militaires, les vétérans, les sections, etc.; on arrête qu'on

[1] Il a passé dans la vente Alfr. Sensier (le 11 fév. 1778) une lettre chaleureuse de remerciements de Fauchet au *généreux* patriote, qui ne cesse de le *combler* de ses témoignages d'estime.

viendra chercher en corps la pierre sacrée, et Palloy, entassant lettres sur harangues et certificats sur procès-verbaux, pontifie dans toutes ces fêtes avec une solennité comique.

Dans le cours de l'année 1791 surtout, la distribution des débris de la Bastille tourne à la monomanie. Il en pleut par toute la France et même dans les colonies, de la Martinique et de la Guadeloupe à Saint-Domingue. Aucun corps constitué, aucune assemblée, aucune administration, aucune société populaire, aucun homme public n'y échappent. Palloy guette chaque occasion et tire parti de tout ; il fabrique avec ses matériaux les objets les plus variés et les plus imprévus : non seulement des bustes, médaillons ou statuettes, mais des cornets, des tabatières, des presse-papiers, des bonbonnières, des encriers, des bijoux même. « Cette idée m'a paru fort heureuse, » écrivait à propos des encriers, en mars 1790, un correspondant du *Journal de la mode et du goût*. Et il rappelait les portes de Notre-Dame de Lorette faites avec les chaînes des esclaves chrétiens délivrés par la victoire de Lépante, et d'autres exemples analogues tirés de l'histoire d'Angleterre, d'Amérique ou de l'antiquité. Les jeunes princes d'Orléans vinrent visiter les démolitions, portant au cou, suspendu à un ruban national, un de ces bijoux fabriqués avec du cuivre ou du fer de la Bastille cerclé d'or, ou bien avec un fragment de pierre enchâssé, et leur gouvernante, Mme de Genlis, avait un médaillon fait d'une pierre polie provenant de l'antre du despotisme, au milieu de laquelle rayonnait en petits diamants le mot *liberté* [1].

[1] COMBES, *Mémoires*. Mme DE GENLIS, *Épisodes et curiosités révolutionnaires : la Bastille et le patriote Palloy*.

Palloy donne une pierre pour y inscrire l'épitaphe des citoyens Julien et Auvry, victimes de la malheureuse affaire de la Chapelle, le 24 janvier 1790. Il envoie aux tribunaux des pierres avec inscriptions recommandant aux juges l'intégrité et l'impartialité. Il fabrique des bornes-frontières pour marquer les limites du territoire de la liberté. En avril 1791, il fait inscrire le nom de Rousseau sur une plaque fournie par lui, au coin de l'ancienne rue de la Plâtrière. Au mois de mai suivant, il fait présenter à Louis XVI, par le bataillon des vétérans, son portrait gravé sur la pierre de l'autel de la Bastille, tandis que le bataillon des enfants offre au Dauphin un jeu de dominos, travaillé avec beaucoup d'art et enfermé dans une boîte que décoraient une inscription et un quatrain. Palloy fils récita le quatrain écrit en lettres d'or sur la boîte, et l'apôtre Joly un discours auquel répondit la gouvernante du Dauphin.

« Hier, vers les dix heures du matin, dit Gorsas, les grenadiers de la section Grange-Batelière se rendirent chez ce brave frère d'armes. Une scène touchante les récompensa de leur démarche patriotique. Ils trouvèrent dans la maison de leur ami Palloy les jeunes élèves de Henri IV, réunis au bataillon des enfants.... Palloy fit embrasser les chefs, et ces élèves intéressants de la nature et de la liberté promirent de ne former qu'une même famille, toujours unie pour une cause commune. Les yeux mouillés des larmes que faisait couler un spectacle aussi touchant, Palloy remit à ces aimables enfants un *domino;* il était destiné à leur colonel (l'héritier présomptif de la couronne). Ce *domino* est un véritable chef-d'œuvre de l'art : la boite est d'une seule pièce et les dés sont faits avec des chambranles des marbres de la Bastille (nous croyons qu'ils ornaient la cheminée de de Launay).

Cette offrande fut sans doute accueillie avec reconnaissance par le Dauphin.... Qu'elle est énergique cette leçon! Qu'il doit être fier celui qui l'a conçue[1]!.... L'amour et l'estime du peuple acquitteront envers le patriote Palloy la dette de gratitude que les bons citoyens lui doivent. Sa première récompense est dans les vertus civiques de sa famille. On aime surtout à les retrouver dans Mlle Palloy[2]. »

Et il cite des vers adressés à cette jeune personne, dont son père s'efforçait avec un orgueil paternel de faire ressortir les charmes et les vertus, par M. Delaune, grenadier du bataillon de la Trinité.

Le 19 mai, la société des Amis de la Constitution reçoit une pierre sur laquelle est gravé le plan de la Bastille. C'est encore une députation du bataillon des enfants qui la présente, et le citoyen Joly qui prononce la harangue : « Je viens déposer, dit-il, dans le sanctuaire de la liberté des débris de ces cachots odieux où le despotisme égorgeait les victimes dévouées à sa haine ou à ses vengeances.... Daignez accepter l'hommage pur d'un citoyen qui, toujours ardent à poursuivre les tyrans, à perpétuer l'opprobre dont ils sont flétris, a multiplié sous mille formes, dans nos départements, les monuments de leur honte et de son civisme. »

Les sociétés affiliées de province ne furent pas plus

[1] Ce n'est pas tout à fait l'avis de l'auteur des *Anecdotes du règne de Louis XVI* (VI, 407) : « Sur le revers de chaque dé il y a une lettre d'or, et, en jouant, l'enfant héréditaire trouve toujours : *Vive le roi, vive la reine et M. le dauphin!* Pas un mot pour la nation. Ainsi, ce n'est qu'une flatterie bien étonnante dans un excellent patriote, et qui a gâté par là ce que sa leçon avait de sublime. »

[2] *Courrier* du 16 mai et du 22. Le couvercle de la boîte, retrouvé seul aux Tuileries, après le 10 août, fut gardé par Mme Campan, et acheté plus tard, à sa vente, par Fr. Barrière.

oubliées que la société mère. Le *Moniteur* de Palloy a longuement raconté l'offrande, en décembre suivant, d'une pierre aux Amis de la Constitution de Versailles, assemblés pour signer une adresse énergique à Louis XVI, au sujet des prêtres séditieux. Il semble que la ville de la royauté voulût, par l'éclat et la chaleur de cette cérémonie, protester contre sa réputation aristocratique. La pierre, déposée dans la salle de la société, fut recouverte par les dames d'une écharpe tricolore et, après un discours du président Couturier, que saluèrent des applaudissements *extatiques*, portée en triomphe par quatre gardes nationaux, au milieu d'un nombreux cortège, au bruit des tambours, des acclamations, des instruments et des voix qui chantaient le *Ça ira*, jusqu'à l'hôtel de l'administration. Les membres du Directoire vinrent au-devant « de la précieuse relique.... Il seroit difficile de peindre l'enthousiasme du public, lorsque les administrateurs eurent découvert et exposé la pierre aux yeux de leurs compatriotes. Toutes les bouches répétoient à l'envi les noms de *nation*, de *patriotisme* et d'*égalité*. Le peuple ne pouvoit se lasser de contempler cet affreux monument de la tyrannie. » Fourcade porta la parole au nom des apôtres de la liberté, et prononça un long discours empreint de toute l'éloquence particulière du temps, qui se terminait par le serment de se rassembler autour des ruines de la Bastille si le sort était assez aveugle pour favoriser la cause de l'iniquité, et, les yeux fixés sur ce souvenir du despotisme, de mourir « comme les derniers des Romains [1]. »

Quelques mois après, le 7 avril 1792, vingt apôtres de la liberté revenaient à Versailles pour y inaugurer une

[1] Gorsas, XXIV, 311 ; *Législative*, III, 338-343.

pierre de la Bastille dans le local même des Amis de la Constitution. Il paraît que la tenue des apôtres avait laissé à désirer dans la circonstance précédente, comme dans plusieurs autres, si l'on en juge par les inquiétudes peu flatteuses, mais tout à fait d'accord avec ce que nous savons déjà, exprimées dans les deux lettres suivantes :

« Nous vous attendons seulement dimanche matin avec vos apôtres, lui écrivait l'ex-président Couturier. Prenez garde qu'ils viennent en *va-nuds-pieds* et *sans-culottes :* ce seroit une mascarade qui feroit tort à la belle cause de la liberté que nous deffendons. »

Et le lendemain matin, Gorsas lui écrivait encore ce billet : « Mon ami, je te préviens que le procureur-syndic de la commune de Versailles tremble que tu n'exécutes un projet bizarre : de faire porter la pierre par de *véritables sans-culottes*. Evitons, mes bons amis, les parades ridicules : *simplicité* et point d'affectation, voilà le cri du patriotisme. Il ne faut point ici prêter le flanc aux aristocrates.

» Arrange-toi pour partir avec la députation des quatre-vingts et le patriote Santerre, qui doit se mettre en marche à six heures du matin avec des *Ça ira* en musique.

» Bonjour, je pars. »

Est-ce tout? Non. L'infatigable Palloy envoyait aux ministres nommés en décembre 1791, à Duport, Narbonne, Bertrand, Delessart, etc., une médaille frappée exprès pour eux seuls; des pierres de la Bastille aux 544 districts de France, avec une lettre écrite à l'évêque de chaque département et, dans chaque district, au procureur, au président, au tribunal, au maire, au curé, au commandant de la garde nationale, etc. Le curé de Sainte-Geneviève, aumônier des vétérans, et le curé de

Chaillot, Pastoret, plusieurs membres et les huissiers de l'Assemblée, étaient également favorisés de pierres avec des inscriptions. Il en expédiait une au camp de Verberie et annonçait solennellement cette mille et unième munificence par une multitude de lettres à l'aumônier, au commandant général, au capitaine des volontaires, aux lieutenants et sous-lieutenants, au fourrier Delaune, que nous avons vu plus haut et que nous verrons encore adresser des vers à Mlle Palloy, au patriote Gorsas et à ses concitoyens du camp. La pierre devait leur être remise par le brave Boyer.

Ce Boyer avait acquis alors quelque renom en s'instituant le champion des patriotes. A la suite du duel de Ch. de Lameth avec M. de Castries, il avait écrit aux *Révolutions de Paris* une lettre de bravache : « J'ai fait serment, y disait-il, de défendre les députés contre tous leurs ennemis. Je jure que la terre s'agrandiroit en vain pour soustraire un homme qui auroit blessé un député ; je fais le même serment de venger la mort des patriotes qui, pour soutenir la bonne cause, auroient eu une affaire dont ils seroient victimes. Que le vainqueur tremble ! l'insulte faite aux bons concitoyens est reversible sur moi ; je veux sa tête ; je veux que les ennemis du bien public tremblent devant un vrai patriote ; je ne veux pas que des scélérats jouissent du succès de leur scélératesse. Que les ennemis de la liberté me regardent comme leur plus grand ennemi ! J'irai partout où la patrie m'ordonnera d'aller. J'ai des armes que les mains du patriotisme se sont plu à me fabriquer ; elles ne peuvent manquer leur coup : toutes me sont familières ; je n'en adopte aucune ; toutes me conviennent, pourvu que le résultat soit la mort. Le patriotisme vous a inspiré beaucoup de choses. Moi, j'accomplirai tout ce que vous écrirez. » Ne croirait-on pas lire une lettre de Cyrano de Bergerac? Il faisait publier plus tard dans le même journal qu'il était à la tête de cinquante *spadassinicides* et il donnait son adresse : passage du bois de Boulogne, faubourg Saint-Denis [1]. Palloy ne pouvait manquer d'entrer en relations intimes avec un citoyen d'un zèle aussi bouillant et de se l'attacher : ce capitan et ce hâbleur étaient faits pour s'entendre.

[1] *Révolutions de Paris*, nos 77 et 82. Cette compagnie de *spadassinicides* fait songer à la légion de 1,200 *tyrannicides* dont Jean Debry devait proposer la levée et l'organisation le 28 août 1792.

VII.

Nous nous sommes laissé entraîner jusqu'à la fin de 1791 et même un peu au delà : il nous faut maintenant revenir sur nos pas et reprendre dans leur ordre chronologique les principaux faits et gestes de notre héros, au point où nous les avons laissés, pour grouper en quelques pages tous les envois de l'année. La mort de Mirabeau va nous montrer sous une autre face l'empressement et l'adresse de Palloy pour mettre la main sur tous les événements de nature à agiter l'opinion, et les exploiter à son profit.

Bien que quelques-uns des derniers discours de l'éloquent tribun eussent commencé à le rendre suspect et qu'on eût même crié par les rues *la grande trahison du comte de Mirabeau*, sa maladie lui avait réconcilié tous les cœurs, et l'explosion de la douleur publique fut immense quand on apprit sa mort (2 avril 1791). On ne vit plus en lui que l'homme qui avait été la plus grande force et la plus grande voix de la Révolution. Les sociétés patriotiques, la municipalité et le département prennent le deuil ; l'Assemblée décrète qu'elle se rendra en corps à ses funérailles ; les artistes moulent sa figure, exposent son buste, représentent son apothéose ; les théâtres ferment le jour de sa mort, puis se hâtent de donner des pièces de circonstance : la *Mort de Mirabeau*, l'*Ombre de Mirabeau*, *Mirabeau aux Champs-Elysées*. La foule enlève les écriteaux de la rue de la Chaussée-d'Antin, où il demeurait, et les remplace par cette inscription sur une plaque en fer blanc : Rue Mirabeau, le patriote. Dans chaque carrefour, un chanteur ambulant célèbre sa mémoire en vers de complainte, et du haut de la borne voisine un homme du peuple lit son oraison funèbre à un groupe sans cesse renouvelé de citoyens, de femmes et d'enfants. Toutes les fêtes sont suspendues, et le peuple s'emporte jusqu'à vouloir démolir une maison où l'on avait osé donner un bal quelques jours après sa mort. La plupart des villes de France, les corporations, les artisans même, jusqu'aux cordonniers, couvreurs, tailleurs de pierres, font célébrer des services mortuaires pour le grand orateur. Le 7 décembre suivant, un sieur Jeanson venait faire hommage à l'Assemblée d'une messe à grand orchestre en l'honneur de Mirabeau [1]. La religion n'était pas encore exclue des pompes funèbres de la révolution : dans le cortège, le clergé précédait le cercueil, et le corps de Mirabeau, avant d'aller au Panthéon, passa par Saint-Eustache, dont le curé et la fabrique renoncèrent à leurs honoraires [2].

Comment Palloy fût-il resté étranger à ce grand mouvement de deuil? Lisez les *Honneurs funèbres rendus à Mirabeau par M. Palloy et les ouvriers de la Bastille* : vous y verrez, en particulier, que « M. Palloy, en noir et en pleureuses, » se trouvait dans le cortège, derrière la Fayette, « entre M. Jurie, contrôleur, et M. Tinel, inspecteur des travaux de la Bastille. » Cela ne valait-il pas la peine d'être transmis à la postérité?

[1] *Chronique de Paris; Moniteur; Révolut. de Paris; Feuille du jour*, aux dates. *Catal. de doc. autogr.*, n° 134.

[2] *Inventaire des autographes* de M. B. Fillon, 1877; 3e et 4e séries, p. 43.

Le 12 mai, on célébra à Saint-Eustache, aux frais des apôtres de la liberté, qui consacrèrent à cette cérémonie « la rétribution légitime de leur excursion patriotique, » un service solennel dont le public ne manqua pas de lui attribuer généralement l'honneur.

L'apôtre Jommery convoqua au nom de ses collègues Palloy, qui lui répondit par une lettre pompeuse de félicitation. Ces messieurs se donnèrent beaucoup de mouvement pour recueillir largement l'honneur de leur sacrifice ; ils allèrent en corps inviter l'Assemblée et la municipalité ; ils envoyèrent une adresse aux quatorze cantons de Paris, en leur demandant de se faire représenter par une députation, et des lettres à l'évêque et aux curés, aux clubs, aux sections, aux tribunaux, aux commis des bureaux de police, aux théâtres, aux hommes de lettres et journalistes, etc. On lança trente mille invitations, et on en fit circuler dans les places et les marchés.

Le matin même, Palloy avait fait poser dans l'église, comme pendant au monument de Chevert, un mausolée, représentant Mirabeau de trois-quarts, modelé en relief avec une composition faite du mortier du cachot de la Bastille ; une couronne civique était suspendue sur sa tête par un aigle qui semblait s'envoler vers le ciel. C'est sans doute la reproduction de cette effigie qu'il offrit plus tard à l'Assemblée. Il la répandit par toute la France [1]. Palloy avait fait graver une longue épitaphe sur une pierre de la Bastille, « afin, disait ce

[1] Dans quelques lignes autographes où il avait tracé le projet du texte qui devait accompagner l'estampe, il esquissait à sa façon la vie de Mirabeau et ses relations avec lui : « Il a été dans les prisons de la Bastille, de Vincenne, toujours ennemi avec ces parrent, et il fut obligé de s'en [illegible] en Hollande pour travaillé sur la Révolution, c'est lui qui me le dit. Il n'avait pas plus grand plaisir quant il causait avec moi, me voyant sensible. » (DAUBAN, *Paris en* 1794, p. 388-389.)

morceau lapidaire qui n'est certainement pas de sa composition, de faire servir à la gloire de cet homme immortel les débris et les ruines du despotisme qu'il nous a montré à combattre et à vaincre. » M. Hervier, ci-devant augustin, prononça une oraison funèbre [1], et Mlle Palloy quêta avec tant de grâce qu'elle fit une abondante récolte et que, à l'issue de la cérémonie, la muse enthousiaste, mais intempérante, du citoyen Delaune se signala derechef en son honneur.

La cérémonie faillit être attristée par un nouveau deuil : l'échafaud où se tenait l'orchestre s'écroula ; les musiciens eurent leurs instruments endommagés ou brisés, et faillirent se rompre le cou : heureusement, une seule personne fut blessée [2]. « M. Palloy a tenu compte de *cette* accident, dit-il en une note rédigée de sa main et avec son orthographe de maçon, en donnant à chaque musicien une gravure et un *dessein* du *mosolé* de Mirabeau. » Les musiciens devaient être, eux aussi, d'ardents patriotes, s'ils se contentèrent de cette indemnité. On alla ensuite chanter un *De profundis* à Sainte-Geneviève, en déposant dans le caveau funèbre où reposait Mirabeau une couronne et un procès-verbal gravés par Palloy sur l'une de ses tablettes ordinaires.

Les funérailles de Mirabeau n'avaient précédé que de deux mois et demi la fuite de Louis XVI. La mort du puissant tribun qui, après avoir déchainé la Révolu-

[1] Le 20 janvier 1792, Palloy envoyait à Hervier non seulement une pierre, mais une porte de la Bastille sur laquelle était gravé le mot : LIBERTÉ ; à la suite de cet envoi, on lit dans le registre la mention suivante : « M. Hervier devait prononcer le discours de Mirabeau, mais il fut prononcé par l'orateur de la nation. » Est-ce un a[illegible] Si c'était une rectification pour la cérémonie funèbre, elle viendrait un peu tardivement.

[2] Gorsas, XXIV, 222.

tion, cherchait, dans les derniers temps de sa vie, à la contenir, allait précipiter l'exécution d'un plan depuis longtemps conseillé par lui à la royauté comme sa suprême chance de salut. Le 21 juin, Paris, en s'éveillant, apprit que le roi avait été *enlevé* pendant la nuit. L'Assemblée se déclare en permanence et prend toutes les mesures pour maintenir l'ordre et pour aviser au péril. A peine instruit de l'événement, Palloy ne peut se contenir. Quelle occasion de s'illustrer ! Quel service à rendre à la patrie ! Avec les courriers officiellement envoyés par l'Assemblée et par la Fayette, il s'élance à la poursuite du roi; il brûle de les devancer et de le reconquérir à lui seul.

« A la première nouvelle de l'évasion de Louis XVI, raconte Gorsas, je volai aux appartements; j'y rencontrai un des amis de ce bon citoyen, auquel je fis part des suites funestes que pouvait avoir cette fatale journée. M. Palloy monte à cheval et accourt chez moi : il m'y trouva occupé à faire partir quelques milliers de circulaires que j'avais fait imprimer. Sur-le-champ il conçoit le dessein de se dévouer lui-même et de courir après Louis XVI. Il rencontra, par hasard, M. Baudant, qui était envoyé par l'Assemblée nationale sur les traces des fugitifs; il n'avait pas de passeport; mais, par le plus étrange hasard, les mêmes circulaires que j'avais fait imprimer et d'un bon nombre desquelles il s'était chargé, lui en servirent. Enfin il fut assez heureux pour être, avec M. Baudant, le premier courrier qui eût atteint le roi [1]. »

Gorsas paraît croire ici que Palloy alla jusqu'à Varennes; mais il a accumulé, comme d'ailleurs la plupart des journaux, les erreurs, les bévues et les con-

[1] *Courrier*, XXV, 411-412.

tradictions dans le récit de l'événement, et il a pris au mot son ami sans rien vérifier. Il en est de même pour Camille Desmoulins, qui dit aussi que Palloy joignit le roi à Varennes [1].

Suivant la relation du duc de Choiseul, pendant la nuit de l'arrestation, Bayon, qui était arrivé de Paris en même temps que Romeuf, l'aide de camp de la Fayette, excitait le peuple « avec un M. Palloy et d'autres, qui arrivaient sans cesse de Paris. » Mais Choiseul n'a écrit son récit que longtemps après l'événement; sa phrase prouve qu'il ne connaissait pas Palloy, et il est le seul témoin qui mentionne sa présence. Naturellement, le *patriote* s'est arrangé pour y faire croire, en s'exprimant sur ce point dans des termes ambigus et calculés et en s'accrochant aux héros de l'arrestation; l'assertion est, d'ailleurs, si bien d'accord avec ce qu'on sait de son caractère et de son agitation perpétuelle, qu'on est porté à la prendre au mot. Mais, en y regardant d'un peu plus près, on s'aperçoit que, quelle que fût l'activité dévorante de Palloy, il lui eût été matériellement impossible de faire d'abord le voyage de Paris à Varennes (60 lieues), en partant assez tard dans la matinée, de manière à pouvoir être dans la nuit du 21 au 22 à Varennes; de repartir de Varennes pour Paris avec le chirurgien Mangin, et d'arriver derrière lui à la porte de l'Assemblée dans la séance du 22 juin au soir; enfin de reprendre, le lendemain, dans l'après-midi, le chemin de Varennes pour aller rencontrer le cortège à Clermont, comme nous le dit Gorsas dans un numéro subséquent [2]. Le rapprochement des dates ferait de tout

[1] *Révolut. de France*, n° 82.
[2] *Id.*, XXVI, 34. V. notre *Événement de Varennes*, CHAMPION, 1 vol. in-8°, p. 213, *note*.

cela un prodige digne des contes de fées ou des exploits d'Hercule.

Mais le citoyen très obscur en compagnie duquel Palloy quitta Paris, a publié un récit de son voyage qui nous donne le mot de l'énigme [1]. Bodan, et non Baudant, comme l'appelle Gorsas, raconte comment, envoyé à la poursuite du roi avec des centaines d'autres, il permit à Palloy de l'accompagner. Ce fut à Châlons, — à près de vingt lieues de Varennes, — qu'ils apprirent l'arrestation du roi, et c'est de cette ville que Palloy repartit pour Paris, chargé d'une lettre de lui pour le corps municipal. De Châlons aux portes de la capitale, Palloy fit le voyage en compagnie du chirurgien Mangin, qui avait été envoyé à l'Assemblée nationale par la commune de Varennes pour lui faire part de l'événement. Le patriote s'attacha obstinément à lui, afin de recueillir un peu de sa gloire. Mangin n'était pas homme à s'en laisser ravir la moindre parcelle : à Bondy, il usa de ruse et trompa sa vigilance pour le devancer, mais Palloy le rattrapa à la porte même de l'Assemblée nationale.

Dans la séance du 22 au soir, le président reçut et fit lire la lettre de la municipalité de Varennes, ainsi que les autres pièces recueillies par Mangin à son passage par Clermont, Sainte-Menehould et Châlons. Le lendemain seulement, à la séance de midi, Mangin fut admis à la barre, et l'Assemblée entendit de sa bouche le récit, d'ailleurs plein d'inexactitudes et de hâbleries, que sa fatigue l'avait empêché de faire la veille. Pendant ce récit, l'inévitable Palloy était dans la coulisse, brûlant de paraître à son tour et de recueillir sa part du triomphe. Ce que nous avons raconté donne toute

[1] *Compte rendu à MM. les officiers municipaux de Paris*, par Bodan.

sa saveur à cette petite scène, que nous copions dans les comptes rendus :

M. le président. M. Palloy, citoyen de Paris, que son patriotisme a dirigé sur les traces du roi et qui arrive également de Varennes, demande à être entendu. (*Oui! oui!*)

M. Palloy. J'ai à apprendre à l'Assemblée que M. Mangin a fait amasser seul douze mille hommes pour garder le roi, et son cheval, de la force avec laquelle il a été, est tombé mort sous lui.

M. Mangin. Il n'est pas mort.

M. Palloy. C'est vrai, il n'est pas mort; mais il est tombé sous mon brave camarade. (*Ils s'embrassent tous les deux. On applaudit.*)

« Nous avons fait partir à l'instant même, continue Palloy, différents courriers pour Verdun, Charleville et Mézières, pour que ces villes nous envoyassent des forces suffisantes. » Il ajoute encore quelques mots, couverts de bravos, après quoi le président, Alexandre Beauharnais, reprend la parole : « L'Assemblée nationale, par ses applaudissements, vous a témoigné les sentiments que vous lui avez inspirés. Elle ne peut qu'approuver votre patriotisme, sur lequel elle a de grandes espérances à former [1]. »

Palloy et Mangin se retirèrent bouffis d'orgueil, et au sortir de la séance, celui-ci écrivait à la municipalité de Varennes : « .... Je vais aujourd'hui dîner chez M. Pallois (*sic*), qui a déjà dépensé 100 mille écus pour faire des cadeaux à tous les départements. Il va, à ce qu'il m'a promis, envoyer une Bastille à Varennes.... Je lui donnerai vos noms; ils y graveront ensuite le mien, s'ils veulent; cela m'est indifférent,

[1] *Le Logographe,* séance du 23 juin.

pourvu que vous soyez tous connus [1]. » Je n'ai pas trouvé trace de l'accomplissement de cette promesse de Palloy. Mais il envoya du moins des médailles à ceux qui s'étaient distingués dans la nuit du 21 au 22 juin, et particulièrement à Drouet.

Après cette scène de haute comédie, Palloy, insatiable de gloire, s'élança de nouveau sur la route de Varennes, chargé, s'il faut en croire Gorsas, de plusieurs dépêches de l'armée parisienne (ce qui est bien vague) et d'une mission pour porter les ordres de l'Assemblée aux commissaires envoyés à la rencontre du roi [2]. Cette fois encore, évidemment, Palloy s'est vanté : les commissaires avaient emporté leurs ordres, et l'Assemblée n'en eut point à lui confier. Ils étaient partis le matin, vers quatre heures, et atteignirent, le soir, la voiture royale à Boursault, entre Epernay et Dormans. Parti longtemps après eux, Palloy ne put sans doute rejoindre le cortège que dans cette dernière ville, où il passa la nuit. A Paris, et particulièrement dans le jardin des Tuileries, nous le retrouvons, paradant à cheval en tête de ce convoi funèbre qui ramène la royauté captive et déjà morte.

Les gardes nationaux qui avaient arrêté le roi à Varennes fermaient le défilé dans un char couronné de branchages en guise de palmes. Palloy se hâta de les accaparer; il se fit leur hôte et leur cornac; il les pilota, les hébergea, les exhiba, et ces naïfs héros, grisés de leur triomphe et tout fiers des attentions du patriote, ne s'aperçurent pas qu'il s'imposait à eux par sa protection bruyante, qu'il ne mettait tant de zèle à leur dresser un piédestal que parce qu'il y montait à leurs

1 *Archives* de la ville de Varennes.

2 *Courrier* du 24 juin.

côtés, qu'il les confisquait pour ainsi dire à son profit. Quatre jours après la rentrée du roi, le 29 juin, à l'occasion de sa fête, il les réunit dans un grand banquet civique, et Déduit, le chansonnier populaire, « volontaire du bataillon de Nazareth, » adressa à Palloy des couplets dont il suffira sans doute de citer le suivant, d'une poésie toute pédestre :

Vainqueur de la Bastille,
Il lui faut un laurier :
Bon père de famille,
Partout il doit briller !

On paraît avoir festoyé fort gaiement à ce banquet. Nous avons encore d'autres couplets patriotiques, sur l'air de la *Fanfare de Saint-Cloud*, qui furent entonnés au dessert et dont un passage nous pose une petite énigme historique :

Chez Palloy le patriote,
Que d'objets intéressans !
Vive l'homme qui tient note
Des faits les plus importans!

Ses soins, son ardent courage
Des ennemis sont l'effroi ;
C'est être un grand personnage
Que de défendre la loi.

Il nous faut exalter l'âme
D'un de nos Montmorency ;
Si sa famille le blâme,
Chacun le chérit ici.
Nous connaissons son civisme,
Et quoiqu'il fût calotin,
Chez lui le patriotisme
L'emporte sur le latin [1].

[1] Un abbé de Montmorency venant fêter l'arrestation de la famille royale à la table du maçon Palloy, cela ne manque pas de piquant, et nous voudrions pouvoir éclaircir ce petit fait. C'était peut-être l'abbé de Montmorency-Boutteville, membre et orateur de la L∴ *la Parfaite Egalité*, à Versailles, dans les années qui précédèrent la Révolution. (V. abbé Davin, la *Loge de la Candeur*, dans le *Monde* des 5 et 6 avril 1883.)

Vivent les gens de Varennes;
Clermont, Sainte-Menehould,
Qui, pour éloigner nos peines,
Ont fait manquer un beau coup!

Quelques-uns, grisés par leur gloire subite, que le cours des événements allait bien vite faire oublier, restèrent à Paris; Palloy les fit figurer dans ses fêtes, et se hâta de les enrôler au nombre de ses apôtres de la liberté. Parmi ceux qu'il envoya, au mois de décembre suivant, porter une Bastille aux amis de la Constitution de Versailles, Gorsas n'oublie pas de citer, avec une mention spéciale, Paul Leblanc, « le citoyen qui s'est trouvé le premier auprès de la berline du roi » à Varennes.

VIII.

La fuite et le retour de Louis XVI étaient venus détourner les esprits de la fête qui se préparait depuis quelque temps pour l'apothéose de Voltaire. Le 30 mai, anniversaire de la mort du philosophe, l'Assemblée nationale avait décrété que ses restes, déjà transférés de l'abbaye de Sellières, qui venait d'être vendue, dans l'église de Romilly, seraient transportés solennellement de cette dernière église dans celle de Sainte-Geneviève, métamorphosée en Panthéon. Sur un rapport de M. Charron, officier municipal, commissaire chargé des opérations préliminaires à la fête, celle-ci, quelques jours à peine avant la fuite du roi, avait été fixée au 4 juillet par le directoire du département. Elle se trouva naturellement reculée par suite des événements. Tout en traitant à sa table, tout en produisant dans les sociétés patriotiques ses braves frères d'armes de Varennes, tout en remplissant les tribunes populaires et la feuille à Gorsas du récit de son exploit, Palloy n'oublie pas la nouvelle et brillante occasion qui s'offre à lui d'afficher son zèle, pas plus qu'il ne négligera de prendre part, quelques semaines plus tard, à la fête champêtre organisée en l'honneur de Rousseau par les Amis de la Constitution de Montmorency. Il s'ingénie, se remue, offre ses services, obsède de ses plans tous les organisateurs, se fait charger d'aller au-devant du cortège, avec une lettre de créance délivrée par Charles

Villette au « brave Palloy, qui va chercher les Rois et les Dieux. » Il revient apporter des nouvelles de l'itinéraire et presser les préparatifs. Il avait été réglé qu'à son arrivée à Paris, le sarcophage contenant les restes du philosophe serait déposé sur l'emplacement de la tour qui lui avait servi de cachot. Cette disposition assurait à Palloy une part prépondérante dans la cérémonie : la Bastille était sa propriété exclusive. Le citoyen Cellérier, spécialement chargé de la décoration, avait fait disposer sur le terrain une allée de peupliers et de chênes, reliés par une charmille et des guirlandes de fleurs, à l'extrémité de laquelle s'élevait en forme de rocher un amas de ruines, laissant jaillir de toutes parts des lauriers, des roses et des myrtes. C'est là, sur une plate-forme, au bruit d'un roulement de tambours et au milieu des drapeaux agités en tous sens, que le sarcophage fut porté par les citoyens du faubourg qui l'avaient enlevé du char, et recouvert en un instant de fleurs et de couronnes. L'emplacement de la Bastille fut illuminé toute la nuit.

Le lendemain, 11 juillet, entre trois et quatre heures de l'après-midi, le cortège qui était venu chercher Voltaire s'ébranla le long des boulevards. Après un détachement de cavalerie, un corps de sapeurs, le bataillon des élèves militaires, la députation des collèges, précédés d'un corps de musique, les clubs et sociétés patriotiques, qui marchaient aux sons des tambours, et la députation de la garde nationale, venait le groupe de la Bastille, en tête duquel Palloy recevait de toutes parts, dit Gorsas, des applaudissements mérités, qu'il rendait avec usure. Ce groupe, qui tenait la principale place dans le défilé, était spécialement son œuvre, et il l'avait composé avec toute son entente de la mise en scène. On y remarquait cinquante compagnons maçons, ayant pris part à la démolition de la Bastille, et autant de forts de la halle, qui allaient partir pour les frontières ; une compagnie de braves du faubourg Saint-Antoine armés de piques, ayant au milieu d'eux le drapeau enlevé sur les tours du despotisme, et accompagnés d'une femme portant la bannière, — c'est-à-dire une pique avec l'inscription : « La dernière raison du peuple ; » — des veuves de citoyens morts pour la liberté, des maires des environs de Paris, dont aucun n'échappa au cadeau de la fameuse pierre sur laquelle était gravé le plan de la forteresse ; « les frères d'armes de d'Assas et les frères d'armes de Nancy, » chargés de rappeler par leur présence la munificence de Palloy envers les mânes du chevalier et de Desilles ; les volontaires de Varennes, Clermont, Sainte-Menehould, Reims, qui avaient escorté le retour de Louis XVI à Paris, enfin les apôtres de la liberté.

De distance en distance, au milieu du cortège, apparaissaient les portraits en relief de Desilles, Mirabeau, Rousseau et Voltaire, le plan de la Bastille, sur un brancard, le procès-verbal des électeurs de 1789 et *l'Œuvre des Sept-Jours* de Dusaulx, des chaînes, des cuirasses, des boulets rouillés trouvés dans les décombres, un buste de Mirabeau fait avec du mortier des cachots et porté par les citoyens d'Argenteuil, à qui Palloy l'avait donné ; enfin, sur un coussin, une couronne murale fabriquée de la même matière. Devant la représentation de la Bastille, marchait un groupe de Vainqueurs, où l'on se montrait une amazone blessée dans la mémorable journée du 14 juillet. La Bastille était portée tour à tour par des bourgeois, d'anciens gardes-françaises en uniforme et des *bonnets de laine* du faubourg Saint-Antoine. Bref, ce groupe était une exposition vivante de tout ce qu'il avait fait, de tout ce qu'il avait donné, et il semblait combiné en l'honneur de Palloy plus encore que de Voltaire [1].

Cette apothéose concordait presque avec la date de la deuxième fédération. Notre héros ne manqua pas non plus de figurer dans le nouveau cortège, avec l'exhibition sans laquelle il n'y avait plus de solennité révolutionnaire. Il avait demandé l'autorisation de célébrer une fête locale à la municipalité, qui la lui accorda, à la condition formelle de ne pas dépasser 300 livres. Déjà l'on sentait la nécessité de se tenir en garde contre les surprises de son imagination ardente et magnifique. Mais Palloy ne put se contenir, et il doubla les frais [2].

Le 18 septembre suivant, nous le retrouvons à la fête de l'acceptation de la constitution. Chargé des divertissements qui devaient avoir lieu sur son domaine, il forma, avec des branches d'arbre illuminées, des salons de danse et des avenues, dont l'une conduisait à un théâtre tout décoré de feuillages, où les acteurs de la salle Molière, connus par leur patriotisme, devaient représenter deux pièces civiques, tandis qu'un ballon s'élevait aux Champs-Elysées. La fête fut gâtée par la turbulence de la foule, qui brisa les barrières, prit les portes d'assaut et envahit le théâtre. Des clameurs étouffèrent la voix des comédiens, et l'on fut même obligé d'enlever les bustes de Rousseau, de Voltaire et de Mirabeau, de peur qu'ils ne fussent brisés dans la

[1] *Ami de la Révolut.*, t. IV, p. 57. Gorsas, XXVI, 123, 170 (*note*), 187-188. Carra et Mercier, *Annales patriot.*, VIII, 1682. *Moniteur* du 13 juillet. V. dans son registre-répertoire (p. 524-528) tout le mouvement qu'il se donna et toutes les invitations qu'il lança pour cette fête, dont le mémoire de dépense s'élève à 3,912 l. 8 s.

[2] *Catal. de doc. autogr. sur la Révolut.*, n° 203. On voit dans son registre que ces frais s'élevèrent à 608 livres. Tallien prononça un discours sur les ruines de la Bastille.

bagarre. Après un moment de calme, pendant lequel on tira le feu d'artifice, le tapage reprit de plus belle, et la populace se remit à pousser des cris sauvages et à bousculer tous les préparatifs de Palloy. « Le despotisme et son cortège impur, se demande tristement Gorsas, témoin de ces désordres, étaient-ils sortis de leurs noirs cachots pour troubler cette fête, ou bien le peuple de 1791 n'est-il plus ce peuple docile et aimable qui respectait ses jouissances et s'honorait jusque dans le délire de ses plaisirs ? » Palloy, le jour suivant, recommença sur nouveaux frais. Cette fois, les illuminations, la musique et les danses ne furent troublées par aucun désordre ; mais, ajoute Gorsas avec amertume, dans une petite note où l'on reconnaîtrait volontiers l'inspiration de Palloy, nous prévenons le patriote qu'il n'a affaire qu'à des ingrats : « Si quelques honnêtes gens lui savent gré et l'honorent, les *aristocrates* et les *intrigants* cherchent à lui ravir l'estime publique. Il ne lui restera pour toute récompense de son civisme que sa conscience et *ses sacrifices.* » Ce cri du cœur et surtout la précaution prise par le journaliste de souligner les derniers mots semblent indiquer que Palloy avait déjà éprouvé maints déboires pour l'approbation de ses comptes et qu'il en craignait de nouveaux [1].

Après avoir donné la Constitution à la France, la première Assemblée nationale était arrivée au terme de sa carrière. Elle siégea pour la dernière fois le 30 septembre et l'on entoura d'une certaine solennité cette séance de clôture. Le roi, qui avait retrouvé une ombre de popularité en acceptant la Constitution, vint fermer les délibérations de l'Assemblée par un discours

[1] Gorsas, XXVIII, 306, 327. La dépense, qui ne devait pas excéder douze à treize cents livres, s'éleva pour les 18, 19 et 20, à 3,175 l. 5 s. 6 d. — plus du double, comme toujours.

que saluèrent des acclamations prolongées durant plusieurs minutes. Il avait déjà reçu sa récompense par une lettre de félicitations du citoyen Palloy, qui envoya également à tous les représentants une circulaire pour « les remercier de leurs pénibles travaux. » Ce n'était pas assez. L'Assemblée ne pouvait se séparer sans recevoir elle-même l'hommage de Palloy : elle le reçut sous forme d'une pierre de la Bastille portant l'effigie du roi jointe à celle de Bailly, — le maire de Paris et le premier président de la Constituante, — avec des inscriptions diverses. Il avait eu soin d'y joindre six dessins encadrés reproduisant les monuments élevés par lui « en l'honneur de la liberté. » A la tête des apôtres, rappelés de toutes parts pour la circonstance, il se proposait de prononcer solennellement *les adieux du citoyen Palloy et de ses coopérateurs à l'Assemblée nationale;* mais il fallut se borner à les déposer sur le bureau et à lire une lettre d'envoi [1]. Il fut bien consolé de ce petit mécompte, en entendant Regnault de Saint-Jean d'Angély parler ainsi au milieu des applaudissements : « Messieurs, je demande à l'Assemblée nationale la permission de lui observer que, parmi tous les artistes qui ont consacré leurs talents à la Révolution, il n'en est point qui ait donné plus de marques de désintéressement que celui-ci. Je requiers donc qu'il soit fait une mention honorable et particulière de lui au procès-verbal, et que M. le président soit chargé, par une lettre spéciale, de lui témoigner la satisfaction de l'Assemblée. » La mention fut adoptée à l'unanimité.

Le lendemain, la pierre du patriote, placée au milieu

[1] Est-ce la lecture de cette lettre qui est mentionnée dans son registre (p. 546) comme un discours de M. Palais, apôtre?

de la salle, reçut les hommages des nouveaux députés. Sans leur laisser le temps de respirer, il les accabla de lettres emphatiques et, dans la séance du 7, il se dédommagea amplement du silence qu'il avait dû garder à la clôture de la Constituante, en prenant prétexte d'un portrait de Mirabeau, gravé sur une pierre de la Bastille, qu'il venait offrir à la Législative, pour se livrer devant elle à toute la fougue de son éloquence.

« Représentants d'un peuple libre, s'écria-t-il, traitant pour ainsi dire d'égal à égal avec les législateurs, je salue la majesté de la nation que vous représentez. J'ai fait mes adieux. J'ai rendu les derniers honneurs aux législateurs qui vous ont précédés. Ils sont rentrés dans la classe des citoyens. Retirés dans leurs foyers, au sein d'une famille chérie, ils vont y recueillir les fruits de leurs travaux et jouir de la récompense que la patrie accorde à ceux qui ont bien mérité d'elle.... J'ai consacré chaque époque de la révolution par des trophées élevés à la liberté.... J'ai semé sur la surface de l'univers, et surtout de cet empire, le despotisme expirant sur les débris de la Bastille. » Comment n'eût-il point parlé de lui en ces termes naïvement dithyrambiques, puisque ses paroles, prises au sérieux, recueillaient de toutes parts des témoignages d'estime et d'admiration où on allait jusqu'à exalter son désintéressement! Cette fois encore, « M. le président eut l'attention de rappeler dans sa réponse tous les services rendus à la liberté par le patriote Palloy, » qui s'en revint chez lui de plus en plus convaincu qu'il était un grand homme, et rêvant à de nouveaux triomphes [1].

[1] PRUDHOMME, *Révolutions de Paris*, X, 48; GORSAS, *Législative*. I, 8, 126-127. *Moniteur* (*Réimpression du*), X, 51, 55. Le *Moniteur* parle d'une effigie de Jean-Jacques Rousseau présentée en même temps.

Quelques jours après, le 8 octobre, la Fayette donnait définitivement sa démission de commandant général de la garde nationale parisienne, et les soldats citoyens lui votaient une épée d'honneur. Une épée! excellente occasion d'utiliser une partie des décombres qui avaient jusque-là reçu peu d'emploi. Palloy accourt : « au nom de la patrie » il offre aux commissaires deux lames forgées avec quatre verrous de la porte du trésor de Henri IV à la Bastille. Le cadeau fut accueilli avec toute la gratitude séante; on décida que les lames seraient adaptées à l'épée et recevraient des emblèmes et des inscriptions patriotiques. Les verrous furent réduits en deux barres d'acier à Londres, sous les yeux de douze députés, s'il faut en croire Palloy, très inventif en formalités propres à rehausser ses dons. Les barres furent frappées en lames à Paris. Sur une face on grava l'inscription suivante : *Elle épargna le sang;* sur la deuxième : *Elle fut le salut du peuple;* sur la troisième : *Elle fit respecter la loi* [1]. Mais les travaux traînèrent en longueur, et les lames ne furent prêtes que dans les premiers mois de l'année suivante.

[1] *Catal. de doc. autogr. sur la Révolut.*, n° 43. GORSAS, *Législative*, II, 21-23. *Prise et démolit. de la Bastille*, mss., p. 572-576.

IX.

A cette même date, la tâche laborieuse entreprise par Palloy touchait à sa fin. Il avait fallu deux années et demi de travaux pour purger de la forteresse du despotisme le sol de la liberté. La grande œuvre de la démolition de la Bastille ne s'était pas accomplie sans difficultés et péripéties de tout genre, même dans l'ordre purement administratif. Dès le 2 octobre 1789, Jallier de Savault priait instamment Palloy, la ville se trouvant débordée, d'ordonner une suppression d'ouvriers, en gardant de préférence ceux qui avaient des droits par leur ancienneté et qui étaient chargés de famille. Le 16 janvier 1790, deux des ingénieurs-architectes nationaux nommés le 16 juillet précédent pour diriger les travaux, MM. Montizon et de la Poize, étaient remerciés par le bureau de la ville. Le 4 octobre de la même année, l'Assemblée ordonnait la cessation des travaux dans la huitaine [1]. Palloy protesta avec véhémence devant la Commune, qui prit sur elle de les laisser continuer, sauf à en supporter désormais les frais, jusqu'alors à la charge de la nation [2]. Mais le 28 août 1791, la municipalité elle-même rendit un arrêté con-

[1] *Procès-verbaux de l'Assemblée*; séance du 4 au soir. Par décret, la somme de 568,143 l. 13 s. 3 d. devait être payée à la municipalité en remboursement des dépenses faites pour les travaux, sauf déduction de 41,243 l. 17 s. de recettes provenant de la vente des matériaux.

[2] On voit, par un projet de discours biffé dans son registre, qu'il

forme à celui de l'Assemblée, portant que l'atelier de la Bastille serait fermé et que tout travail y cesserait à partir du 8 mai suivant.

L'ordre fut notifié le 4 mai seulement à Palloy, qui se plaignit de la situation difficile où le mettait ce retard vis-à-vis de ses ouvriers, brusquement congédiés. Ils étaient venus lui porter leurs doléances et il les avait calmés de son mieux. Sans doute, « cet atelier ne doit pas toujours durer, puisqu'il est de la tolérance et de la bonté de la municipalité de l'avoir laissé subsister depuis le décret de l'Assemblée nationale.... Mais je vais solliciter ces messieurs pour le prolonger huit jours, à moins qu'il n'y ait sur-le-champ un atelier libre pour les recevoir. » La lettre de Palloy se termine par cette sentence : « Nous sommes dans un temps, sans nous sacrifier néanmoins, à avoir soin des malheureux. »

Les ouvriers avaient pris la douce habitude de cette occupation peu fatigante, qui était presque une sinécure, qui plaisait à leur orgueil patriotique, qui leur donnait une certaine importance, qui leur assurait une sorte de place d'honneur dans les cortèges des fêtes nationales et qu'ils entremêlaient de manifestations aussi agréables pour leur paresse que pour leur amour-propre. Ils protestèrent donc. Palloy recevait d'eux, le même jour, la lettre suivante, couverte d'une trentaine de signatures — peut-être n'y en avait-il pas beaucoup plus parmi eux qui fussent capables de signer :

voulait d'abord donner sa démission *ab irato;* mais il se ravisa prudemment, et dans la séance de la commune où il devait prononcer ce discours, il protesta, au contraire, qu'il ne retirerait pas ses équipages tant qu'il resterait une pierre de la Bastille : son courage, sa probité et son patriotisme sauraient, dit-il, confondre et précipiter dans l'abîme les monstres qui osaient le présenter comme un malhonnête homme, « enrichi de sang humain. »

« MONSIEUR ET NOTRE MAITRE,

» Ce n'est point la nécessité présente qui nous a fait recourir à vous ; de tous temps nous avons éprouvé les bontés de votre cœur. Nous vous supplions donc, dans le désespoir où nous sommes d'être à la veille de nous voir dispersés dans les travaux de secours, après avoir exposé notre vie à la démolition de ce redoutable fort du despotisme, et avoir bravé toutes les terreurs que l'on a voulu nous inspirer : que deviendra donc de malheureux pères de familles, et nombres de gens à talents, qui n'ont pour toute ressource que cette journée modique qu'on leur veut ôter? Nous espérons de votre patriotisme et de ce tendre empressement à secourir les malheureux, de nous arracher à la mort que nous préférons plutôt que d'abandonner le serment que nous avons prêté, d'arracher jusqu'à la dernière pierre de la Bastille, ce qui était le vœu de toute la France. Voilà, Monsieur, le vœu de tous vos ouvriers qui sont prêts à répandre tout leur sang pour la constitution, ainsi que pour leurs subsistances. »

Palloy se hâta de faire afficher, sur tous les murs de Paris, cette lettre à laquelle on peut croire, en voyant l'heureux choix d'éloges qu'elle contient à son adresse, qu'il n'était pas resté absolument étranger, et il la fit suivre de sa réponse, où il étale, dans son plus beau style, les sentiments les plus généreux, en couvrant les ouvriers d'éloges peu en rapport avec tout ce qu'il en a dit ailleurs, et en ayant soin de rappeler ses propres services :

« Mes amis, le même esprit qui vous a fait prendre les armes pour assiéger la Bastille, vous a fait également prendre les instruments nécessaires pour en opérer la démolition : avant la révolution beaucoup d'entre vous n'étaient ni soldats ni ouvriers, et tous le sont devenus pour être citoyens et libres. Des ordres émanés du roi ont ajouté à votre ardeur, à votre zèle et à votre courage ; vous êtes devenus infatigables, incorruptibles, et inaccessibles à toutes les tentatives des ennemis du bien public; vos travaux ont été aussi constants que tranquilles....

» Je sais que vous tenez au serment que vous avez fait d'arracher jusqu'à la dernière pierre du monument de l'esclavage des Français; j'ai fait le même serment.... Mais il est un autre serment que nous avons fait avec tout l'empire français : c'est d'obéir à la Loi. Le premier serment fait n'est plus qu'un serment qui nous est personnel et particulier; il suffit qu'il n'ait pas dépendu de nous de le remplir, pour nous excuser et nous laisser tout l'honneur de l'avoir prêté; ce sera même pour nous un nouvel honneur de l'avoir sacrifié au serment prêté pour la nation entière, et que nul citoyen ne peut enfreindre sans se rendre coupable et criminel.

» Vous voyez que, depuis le décret rendu, j'ai observé de m'écarter des travaux de la Bastille, n'y étant placé que par la nation ; et obligé de me retirer par ses ordres, j'ai bien voulu fournir les gros ustensiles d'équipages et laisser ceux que j'y avais ; j'ai signé aussi les feuilles de paye, puisqu'on l'exigeait [1], et le tout pour maintenir le calme et le bien général. Lorsque j'y suis entré avec vous les armes à la main et en ai chassé les satellites qui y étaient retirés, c'était pour ma patrie, et sans aucun but d'intérêt, sinon que le souvenir de lui avoir été utile. »

Il leur faut donc obéir et attendre que la municipalité, touchée par leurs observations, autorise la reprise

[1] On ne voit pas trop comment Palloy, dans ces conditions, pouvait dire qu'il s'était retiré, et quelle différence essentielle séparait sa position nouvelle de l'ancienne.

des travaux, mais en se souvenant toujours qu'ils n'ont que le droit de pétition. C'est ainsi qu'ils se montreront « les vrais enfants de la patrie et de la liberté, et les dignes compagnons de Palloy. » Il finit en promettant un certificat sur parchemin à tous ceux qui auraient travaillé depuis trois mois à la Bastille et seraient reconnus pour honnêtes par leur chef d'atelier [1]. Ce fut seulement après le 21 qu'il cessa d'apposer ses acquits sur les ordonnances de paie [2].

Par le fait, le chantier de la Bastille était devenu une véritable succursale des ateliers de charité, où le gouvernement et la ville occupaient de leur mieux, dans un but de sécurité publique, des ouvriers sans emploi. Ces ateliers recueillirent naturellement la plupart des travailleurs congédiés de la Bastille. On les employa surtout pendant quelques semaines, à des travaux sur les quais. Mais, dès le 16 juin, l'Assemblée votait la dissolution, pour le 1er juillet, des ateliers de charité. Ce décret jeta le trouble et le désespoir parmi ces malheureux, dénués pour la plupart de toutes ressources. Il se forma des rassemblements tumultueux sur la place Vendôme et à la Grève; des désordres assez graves se

[1] Toutes ces pièces, suivies de l'ordre définitif de suppression des ateliers (6 mai), furent réunies par Palloy en un grand placard à trois colonnes fait pour être affiché. Dans le registre *Prise et démolition de la Bastille*, le modèle du certificat en parchemin suit ce placard. Il est intitulé *certificat d'artiste et d'ouvrier en bâtiment*, et donne le signalement, comme un passeport, de la personne qui l'a obtenu. Les ouvriers s'empressèrent de venir retirer ces titres de civisme. C'était encore une manière de se ranger parmi les vainqueurs de la Bastille. Mais Palloy se plaint (p. 569 de son registre, déc. 1791) que, parmi ceux qui se présentent, beaucoup n'ont aucun titre, toujours comme pour les Vainqueurs.

[2] *Discours pour la reddition de ses comptes*. Dans son registre, sa démission au conseil de la Commune est inscrite, en effet, à cette date, et diverses lettres aux administrateurs des travaux publics et à M. Champion la confirment. La quatre-vingt-seizième et dernière paie est datée du même jour.

produisirent sur divers points, et l'on pouvait en redouter de plus graves encore, car déjà les plus exaltés a[illegible]nt mis la main sur l'artillerie du Petit-Saint-Antoine, qu'on avait eu beaucoup de mal à leur reprendre, et la garde nationale, exaspérée, parlait de faire feu sur ces rassemblements. Un certain nombre d'ouvriers furent conduits à l'Abbaye et à Bicêtre, ce qui redoubla l'agitation au lieu de la calmer, et, de concert avec le directoire, la municipalité arrêta qu'une somme de 96,000 livres, bien faible pour tant de besoins, serait répartie entre les 48 sections, afin de venir en aide aux plus nécessiteux [1].

En allant, après le retour du roi, prêter comme tout le monde leur serment à l'Assemblée, les ouvriers des travaux publics n'oublièrent pas leur intérêt particulier dans l'intérêt général, et réclamèrent un sursis à l'exécution du décret. Puis un groupe d'anciens démolisseurs de la Bastille adressa aux représentants une pétition pressante, au nom de l'*humanité*, de la *justice*, de la *sagesse* et du *patriotisme*, d'un tout autre style que la protestation adressée à Palloy lui-même.

« ....Quand on a suspendu nos travaux à la Bastille, le département nous a transportés sur les quais, en nous disant qu'après les réparations urgentes le long de la rivière, la démolition des églises vacantes nous occuperait pendant deux ans ; et le département de Paris a comme retenu et loué nos bras pour deux ans. D'ailleurs la nature doit nous nourrir, parce que nous sommes des hommes ; le département de Paris nous doit du pain, parce que nous sommes pour la plupart domiciliés à Paris et pères de famille, parce que nous sommes enfants de la patrie. Il nous doit du pain parce que nous le

[1] *Révolutions de Paris*, t. VIII, 663.

payons avec nos bras, à moins qu'on nous dise qu'il ne nous doit pas de pain parce que beaucoup d'entre nous ont contribué à prendre la Bastille, et tous à la démolir.

» Et dans quel temps les ouvriers qui manquent de travail peuvent-ils implorer avec plus de confiance l'humanité et la justice de l'Assemblée nationale que lorsqu'en transportant à la nation les biens de l'Eglise, l'Assemblée n'a voulu que donner des administrateurs moins infidèles à ce patrimoine des pauvres? Elle ne peut pas oublier qu'une partie de ces assignats dont elle a les mains pleines, est affectée au soulagement de l'indigence et est l'héritage de ceux qui n'en ont point. »

Après ces considérations d'un socialisme avancé et d'une logique révolutionnaire irréfutable, les signataires développaient les périls de la mesure, en indiquant qu'elle favorisait les desseins sinistres des fauteurs de complots, et en rappelant que Louis XVI, avant sa fuite, était allé faire visite aux ateliers, où il avait dit : « Mes enfants, on ne vous renverra pas; » la mesure prise n'était donc propre qu'à détacher les ouvriers de l'Assemblée et à leur mettre aux lèvres le cri de *Vive le roi!* « Si nous devons périr, concluait la pétition, que ce soit plus glorieusement, et si nos bras sont inutiles à la ville de Paris, armez-les pour qu'ils soient utiles à la nation sur les frontières. »

Mais les ouvriers étaient importuns. Le ton de leur pétition déplut : le président de l'Assemblée en refusa la lecture publique et l'opinion se prononça vivement contre eux. Camille Desmoulins fut presque seul à publier la pièce et à la soutenir, en ce sens du moins qu'elle devait être discutée, et qu'on fomentait les troubles en leur donnant lieu de crier au déni de justice [1].

[1] *Révolut. de France et de Brabant*, n° 83.

X.

Au mois de février 1792, Palloy écrit aux 82 départements, aux 547 districts, aux 6,000 cantons, à tous les députés patriotes de la Constituante, en leur envoyant une médaille de fer ; aux sociétés populaires départementales, aux présidents et secrétaire perpétuel des électeurs de 1789, ainsi qu'aux cinq cents électeurs, afin de les prévenir que, le 12 mars suivant, il présentera ses comptes [1]. Dans les premiers jours de mars, il envoie au président de l'Assemblée législative, à tous les députés et même aux huissiers, au roi et à ses ministres, l'invitation de venir l'entendre. Il écrit, en outre, dans le même sens aux électeurs de 1791, à tous les tribunaux, au président et aux membres du département de Paris, aux districts de Sceaux et de Saint-Denis, aux quatorze cantons et aux dix-sept communes rurales, au corps municipal, au procureur de la Commune, au maire, aux quarante-huit sections de Paris, à l'état-major et aux commandants de bataillons de l'armée parisienne, au corps des vétérans, aux invalides, aux élèves de la patrie, à la société des Jacobins et à celle des Cordeliers, dans la personne de leurs présidents et de chacun de leurs membres, aux architectes, inspecteurs et commis, chefs et sous-chefs, entre-

[1] Il leur adressait en même temps une médaille de plomb et la gravure d'un projet de pyramide en l'honneur de la Révolution pour le musée de la rue Dauphine.

preneurs et fournisseurs des travaux de la Bastille, enfin, aux académiciens, journalistes et hommes de lettres, aux curés des trente-trois paroisses du département, aux quatorze théâtres, à tous les architectes qu'il avait employés, à ses amis et à ceux qu'il soupçonnait d'être ses ennemis. Nous reproduisons, en l'abrégeant, cette énumération homérique, d'après le relevé qu'il en a fait lui-même [1], pour donner une idée de l'étendue de sa correspondance et de l'importance solennelle qu'il attachait à la reddition de ses comptes.

En même temps, il adressait à ses chers camarades, les Apôtres, une lettre dont nous citerons les dernières lignes, où se peignent, avec une expression d'une gaieté familière, l'enthousiasme et la sensibilité de Palloy :

« Nous conviendrons encore du jour où nous pourrons nous rassembler, afin de nous connaître tous, et nous donner le baiser de paix et d'union. Je me propose pour ce beau jour, qui terminera l'époque de nos travaux apostoliques, de vous donner à dîner au milieu de ma cour, sur le grand couvert qui servait d'atelier à mes ouvriers, qui ont travaillé aux pierres et bastilles que j'ai envoyées et que vous avez livrées. J'aurai au moins le plaisir de dire : « J'ai dîné avec mes Apôtres réunis : ce dernier lien par lequel je les ai tous unis sera aussi indissoluble que le premier. » Nous ferons plusieurs libations en l'honneur de la Liberté conquise, nous chanterons des hymnes à sa gloire, et après le dîner nous abattrons cet (*sic*) hangar qui me servait

[1] *Deuxième lettre de Palloy à ses frères de la Société républ. de Sceaux-l'Unité;* maison d'arrêt de la Force, 6 ventôse an II. On peut lire bon nombre de ces circulaires, qui varient beaucoup d'étendue et de ton, suivant la catégorie à laquelle il s'adresse, dans le recueil *Bastille.* (Bibl. nation., t. II.)

d'atelier, voulant cesser mes offrandes [1]. Je préviens que tout apôtre de la Liberté qui n'apportera pas avec lui un air riant, un cœur gai, qui n'amènera pas avec lui un parent, un ami et une dame, sera réprimandé par le corps entier. Tels sont les décrets de l'assemblée apostolique. »

Le 11 mars, Palloy se présentait à la barre de l'Assemblée, entouré de ses apôtres qui lui formaient une couronne, et il prononçait son apologie, vantant le courage avec lequel, au milieu de tous les périls, il avait poursuivi la destruction de « ce repaire de la tyrannie, » et ajoutant que les frais n'étaient pas « aussi considérables que la malveillance le suppose, » comme le prouverait le compte dont il déposait un exemplaire sur le bureau. Par la même occasion, il faisait hommage à l'Assemblée du plan d'un monument à élever, sur les ruines de la Bastille, à la gloire de la liberté, afin d'épurer le terrain comme les matériaux de l'abominable prison, demandant que, si l'on ne jugeait pas à propos d'exécuter son plan en entier, on l'autorisât du moins à construire, avec les pierres de la forteresse, une pyramide imposante et peu coûteuse.

« J'apporte à l'Assemblée, ajouta-t-il, les restes des fers qui ont enchaîné tant de victimes. Je les ai fait purifier au feu, et j'en ai fait fabriquer des médailles représentant la Liberté. Ces médailles, placées sur le cœur des députés, leur rappelleront l'ancienne servitude et le courage dont ils ont besoin pour résister aux embûches des despotes. »

Au milieu des plus vifs applaudissements, le président Guyton lui répondit que « l'idée de ce rapproche-

[1] Il n'en eut pas le courage, et on les verra reparaître aussi bien et plus longtemps encore que ses apôtres.

ment ne pouvait naître que dans une âme embrasée du plus pur patriotisme, » et lui accorda, ainsi qu'à ses *dignes coopérateurs*, les honneurs de la séance. Plusieurs orateurs se succédèrent à la tribune pour le combler d'éloges, et le représentant Dumas, en réclamant le renvoi de son projet au comité d'instruction publique, demanda formellement, sans rencontrer aucune opposition, que ce comité fût chargé de proposer un témoignage de la reconnaissance nationale en sa faveur [1]. Les médailles furent distribuées sur-le-champ. Palloy en avait fabriqué aussi pour les huissiers [2], qui reçurent l'autorisation de les substituer aux leurs, en les suspendant à un ruban tricolore. Si les membres de l'Assemblée acceptèrent avec plaisir les médailles de Palloy, quoiqu'il se soit plaint que beaucoup d'entre eux négligeassent de les porter, les huissiers les reçurent avec ivresse, et le patriote, par cette adroite prévenance, se fit des amis chauds dont la protection ne devait pas lui être inutile pour ses fréquents rapports avec l'Assemblée. Ils lui adressèrent une lettre collective de remerciements, et le lendemain le doyen des huissiers lui écrivait encore :

« Permettez que, vivement pénétré d'un témoignage aussi flatteur de votre amitié, je joigne pour *post-scriptum* à cette lettre la certitude qu'après mon exi...

[1] *Procès-verbaux de l'Assemblée législative*, à la date. *Moniteur* du 13 mars 1792.

[2] Il proposait en même temps que la dénomination d'huissier fût remplacée par celle d'*officier du Sénat français*. Cette médaille, en fer et en cuivre doré, surmontée par un bonnet phrygien et l'anneau d'une clef, dont l'autre extrémité la dépassait à la partie opposée, présentait l'inscription circulaire : *Huissier d'honneur à l'Assemblée nationale*. Les huissiers de l'assemblée législative continuèrent à la porter, et aussi ceux mêmes de la Convention, jusqu'au 13 octobre 1793. V. Hennin, *Hist. numismat. de la Révolut.*, p. 66.

tion la postérité la plus reculée apercevra dans mes cendres des signes distinctifs de la reconnaissance que grava au fond de mon cœur votre fidèle et généreux patriotisme.

» Votre frère, serviteur et citoyen,

» ARMAND [1]. »

Enfin Palloy fit distribuer à ses apôtres, en souvenir de leur mission, qu'ils pouvaient considérer comme achevée, une médaille fabriquée avec les chaînes du pont-levis de la Bastille et portant leur devise : *La liberté ou la mort* [2].

Nous reviendrons tout à l'heure au monument dont il proposait l'édification sur la place de la Bastille. Mais il nous faut d'abord en finir avec ce qu'il appelait la reddition de ses comptes. Le 12 mars, au lendemain du jour où il avait comparu à l'Assemblée, il se présenta au corps municipal, après avoir eu soin d'envoyer ses apôtres dans les places et marchés pour y annoncer sa démarche. Mais la municipalité et le conseil général de la commune, considérant qu'il n'avait pas eu de maniement des deniers publics, se refusèrent à recevoir ses comptes. Palloy se rejeta alors sur l'assemblée générale des citoyens et du peuple, réunis en la salle de l'évêché : « On achevait la lecture de la déclaration des droits de l'homme et du citoyen, dit le

[1] *Documents inédits*. La lettre est datée du 10, soit par erreur, soit parce que les huissiers avaient été avisés d'avance. On peut voir aussi, à la Bibliothèque de la ville, une lettre de l'huissier Delplanque à celui qu'il appelle *le patriote sans égal, le grand et célèbre patriote*. Le 14 juillet 1792, Palloy fit également don d'une médaille civique, formée, comme la plupart de ses produits en ce genre, de deux plaques de fer minces réunies par un bord en cuivre, aux *huissiers de la maison commune*.

[2] HENNIN, *Hist. numismat. de la Révolut.*, p. 236.

procès-verbal [1], lorsque sont entrés les élèves défenseurs de l'Autel de la Patrie, les citoyens du faubourg Saint-Antoine et plusieurs autres citoyens du marché, les électeurs de 1789. Les forts de la Halle portaient une pierre de la Bastille où était gravé le monument du musée; M. Palloy était à leur tête avec les vainqueurs et les apôtres de la liberté. Le patriote Palloy a pris la parole au milieu d'applaudissements mérités, et ce qui a paru plus rare encore que l'exposition de la pierre de la Bastille et du plan qui y était gravé, ce fut que le patriote Palloy venait donner l'exemple d'un fonctionnaire public rendant des comptes au peuple assemblé. »

En cette occasion il déploya toute son éloquence : « Est-il un jour assez grand, s'écria-t-il, pour l'homme intègre qui demande à rendre des comptes? Est-il un auditoire assez nombreux? Il sait que les rayons de lumière dont il s'environne deviennent les rayons de sa gloire. — Je parais ici, ajoutait-il en un autre passage de son discours, avec le même costume que je portais au 14 juillet 89 [2]. » Palloy était sans doute un entrepreneur qui venait étaler ses livres, mais c'était aussi et surtout, on le voit, un *vainqueur* qui demandait les honneurs du triomphe. Le président Mathieu ne manqua pas de les lui décerner avec empressement : « Partout, dans le royaume, dans nos colonies, chez les nations étrangères, vous avez répandu des débris et des plans de la Bastille. Ce sont là des pamphlets dont les despotes ne s'étaient point avisés d'interdire l'importation dans leurs Etats. Nouveau Deucalion, avec des pierres

[1] *Bibl. nation.*, Lb.39 10470.

[2] Cette phrase d'un naïf orgueil plaisait à Palloy, car nous la trouvons répétée textuellement dans un autre de ses projets de discours pour l'Assemblée législative, le 31 juillet 1792.

vous ferez renaître chez eux une race d'hommes libres. »

Palloy reprit alors la parole pour lire un exposé de ses actes et une apologie de sa conduite, en faisant connaître tous les obstacles et les périls qu'il avait dû surmonter [1], et finit en déposant ses comptes sur le bureau. On nomma, pour les vérifier, des commissaires choisis parmi les électeurs de 1789, les nouveaux électeurs et les forts de la Halle ; l'évêque Fauchet faisait partie des premiers et Dufourny des seconds. Mais l'opinion de l'assemblée se trouvait engagée d'avance par ses applaudissements et par les termes mêmes du procès-verbal où on lit : « Il a été arrêté que mention honorable serait faite de la conduite courageuse et véridique du patriote Palloy et du nom de ses illustres coopérateurs, apôtres de la liberté [2]. »

[1] En dehors des soulèvements de ses ouvriers, il mentionne plusieurs fois dans son registre des faits de ce genre, dont sa hâblerie naturelle exagère sans doute l'importance. Tantôt c'est une provocation en duel qui lui est adressée au bois de Boulogne, ainsi qu'à un grenadier, par deux aristocrates ; les *provoqueurs*, heureusement pour eux, n'osèrent se trouver au rendez-vous. « A ce trait, on connaît l'aristocratie, » ajoute le bouillant Palloy, qui laissa un *billet d'honneur* au bois, à l'adresse de ces *polissons*, et qui assure que le patriotisme de sa fille « fut signalé en cette occurrence. » (8 janv. 1791.) Tantôt ce sont des attentats de nature assez vague, enregistrés sous cette désignation énergique : *Assassinats exercés contre M. Palloy* (20 déc. 1791). Le brave citoyen allait même faire désarmer, bâtonner et chasser, le 6 février 1791, six hommes qui s'étaient présentés à sa maison, « le jour d'un repas et d'une assemblée de fameux patriotes, » se disant « porteurs d'ordres de police pour tuer les chiens de M. Palloy. »

[2] *Procès-verbal*, etc. La pierre de la Bastille qu'il remit aux électeurs de 1789, avec promesse du même cadeau « à ceux qui en seraient dignes par la suite, » dit naïvement le rédacteur du procès-verbal, ne fut pas le seul souvenir de cette journée : il fit frapper une médaille ; il semble même qu'il en fit frapper deux : l'une représentant le siège de la Bastille, dont chaque électeur reçut un exemplaire (elle a été décrite et gravée par Hennin) ; l'autre représentant le serment du jeu de paume, qui fut envoyée particulièrement aux députés. (V. à la *Bibl. nat.* la pièce Lb39, 10468.)

Le 16 mai suivant. Laffite, homme de loi, chargé du rapport, en donna publiquement lecture, devant les citoyens convoqués encore par Palloy, soit pour lui accorder leurs suffrages, soit « pour faire les observations qui appartiennent à l'homme libre. » Après avoir constaté, comme l'avait fait le corps municipal, que Palloy n'avait pas eu le maniement des sommes inscrites dans son registre, qu'il n'était que le *témoin* des paiements opérés par le trésorier de la maison commune sur les feuilles fournies par lui et signées par les administrateurs, ce rapport obligeant ajoutait qu'il fallait déduire de la somme totale de 943,768 livres, d'abord 200,000 livres (suivant l'estimation de Palloy) pour la construction de plusieurs corps de garde et quelques démolitions, réunies mal à propos au compte de la Bastille, puis le produit encore inconnu de la vente des matériaux [1]; et alors la dépense se rapprocherait des 600,000 livres indiquées tout d'abord à l'Hôtel de ville comme le total probable de la démolition. C'était Thouin, de l'Académie des sciences, qui avait désigné ce chiffre, en prenant pour base les frais des travaux exécutés sous ses yeux pour l'agrandissement du jardin du roi. Palloy s'était aussitôt mis en avant, promettant de ne pas dépasser la somme de 60,000 livres, selon Thouin; de 100,000 selon le patriote, qui assurait que la mémoire du savant botaniste était en défaut sur ce point. Même en admettant cette dernière version, le résultat démentait singulièrement la promesse. Mais, ajoutait le rapporteur, la municipalité, sans accepter l'offre de Palloy, avait vainement essayé

[1] Dans l'*Aperçu et reliquat de compte général*, annexé à son registre, on voit notées deux acquisitions de matériaux et pierres de la Bastille, l'une au 15 [illegible] 2,201 l. 17 s. 4 d.; l'autre le 23 nov. 1791, pour 9,870 l. 19 s.

de mettre les travaux en adjudication, et après l'échec de cette tentative, « il fallut en revenir à payer à mesure et par semaine comme auparavant; de sorte que la Bastille n'a pu être démolie que de la manière la plus défavorable pour la maison commune, et que, dans ce malheur, on n'a eu de dédommagement que la satisfaction de donner du travail aux indigents qui n'en avaient point; ce qui était alors un point bien important. »

Palloy réclamait en outre une somme de 80,000 livres pour ses équipages, et demandait l'appui de l'Assemblée auprès du corps municipal pour cette réclamation. Sans se prononcer catégoriquement sur ce chapitre, qu'il n'était pas à même de vérifier, le rapporteur estimait que la demande devait être prise en considération, et la réunion arrêta, en effet, « qu'on nommerait des commissaires pour accompagner et appuyer le patriote Palloy partout où besoin serait [1]. » Ainsi se termina, par une approbation aveugle et un appui

[1] *Procès-verbal de ce qui s'est passé à l'assemblée générale des citoyens et du peuple réunis en la salle de l'évêché*, 12 mars 1792, suivi de la *Séance du* 16 *mai* 1792. On peut voir également, sur les frais de cette démolition, que les *malveillants* évaluaient à 1,500,000 livres, la deuxième lettre de Palloy à ses frères de la Société républicaine de Sceaux l'Unité, 6 ventôse an II. Sur le total de 943,000 et quelques cents livres, le Trésor paya, jusqu'au 16 octobre 1790, la somme de 595.787 l. 19 s. 5 d., et la municipalité, à la suite du décret d'octobre par lequel l'Assemblée se déchargeait, celle de 347,981 l. 8 d., jusqu'au 21 mai 1791. On trouvera le détail dans le *Tableau général des sommes payées par le Trésor national aux ouvriers employés tant à la démolition de la Bastille, construction de plusieurs corps de garde, qu'à différentes démolitions et autres travaux* (par exemple, Palloy, en novembre 1789, avait reçu l'ordre de dresser des plates-formes à la place Henri IV pour y établir une batterie de canons, avec les ouvriers et les matériaux de la Bastille; le 20 avril 1791, quarante de ses ouvriers avaient été détachés pour déposer les bornes et grilles des barrières, etc.), suivi du *Tableau des sommes payées par la municipalité*, qui fait partie du ms. *Bastille*, t. I. (Bibl. nat.)

complaisant, cette prétendue reddition de comptes, qui n'était qu'une parade, ce qu'il appelle lui-même « un compte moral, plutôt que monétaire [1] ; » et il se hâta naturellement de faire part du résultat à la France entière [2].

[1] *Deuxième lettre à ses frères de Sceaux.*

[2] A peu près au moment où il montait ainsi au Capitole, le 16 mars, le procureur de la Commune, Desmousseaux, lui écrit pour lui rappeler qu'il doit une patente, et que, s'il continue à ne pas tenir compte des avertissements à ce sujet, son ministère l'obligera à le poursuivre; mais, comme cela serait d'un mauvais exemple et très affligeant pour un patriote tel que lui, il croit devoir le prévenir, *en bon frère*, d'avoir à s'exécuter, ou tout au moins de lui déduire ses motifs. Le 24 mai suivant, par délibération du bureau municipal, attendu que Palloy laisse ses matériaux encombrer un terrain particulier dont un locataire réclame la jouissance, il est arrêté que sommation lui sera faite de les transférer ailleurs, en payant tant le prix de ces matériaux que les frais de transport et de garde, dommages-intérêts, etc. Si Palloy s'était rendu adjudicataire de la presque totalité de ces matériaux, du moins il ne les avait pas payés à cette date. Les paya-t-il plus tard? Bien d'autres faits encore démontrent combien il en prenait à son aise, car son registre mentionne fréquemment des réclamations ou sommations semblables. Il ne se soumettait guère plus aux règlements dans ses travaux particuliers. En 1786, il avait acquis un terrain sur la place du Palais-Bourbon, au coin de la rue de Bourgogne, et il y fit bâtir avec une extrême lenteur une maison qui venait à peine d'être achevée en 1806. Dès le 10 juillet 1790, le département des travaux publics lui ordonne de faire enlever « la très grande quantité de recoupes » qui proviennent de ce bâtiment. s'il ne veut les voir enlever à ses frais; le 12 novembre 1791, les administrateurs de la police lui enjoignent de clore son bâtiment. Chaque année, ces injonctions se renouvellent; il est en correspondance continuelle à ce propos avec Delaville-Leroux, Champion, Boucher d'Argis. Le 24 messidor an VII, on lui écrivait encore du bureau de la voie publique, au sujet de ses matériaux qui gênaient la circulation; l'année suivante, on lui ordonnait de suspendre cette construction, où il ne s'était pas astreint, comme il le devait, à suivre le plan symétrique de la place; puis on lui donnait l'ordre de démolir, et ses réclamations étaient repoussées par le préfet de la Seine Frochot (28 ventôse an VIII). Il ne la démolit pas cependant : dans sa brochure de 1806, *Un Français à sa patrie,* il s'appuie sur le récent achèvement de cette maison pour insinuer que, après avoir ainsi contribué à l'embellissement de la place du Corps législatif, il serait juste qu'on le chargeât du reste de

XI.

Dans l'intervalle entre la reddition de ses comptes et le rapport de la commission, l'infatigable patriote avait pris une part très active à la fête des Suisses de Châteauvieux [1], dont il avait été nommé l'un des commissaires, avec Tallien, Collot d'Herbois, David, Hubert et Marquet. Grâce surtout au patronage ardent de Collot d'Herbois, les quarante soldats du régiment de Châteauvieux condamnés à trente ans de galères à la suite de la sédition militaire de Nancy, et qu'on avait d'abord refusé de comprendre dans l'amnistie décrétée après l'acceptation de la Constitution par le roi, venaient d'être remis en liberté. Ils s'avancèrent en triomphe

cette place. Sous la Révolution, il parle toujours en maître, dans ses fréquentes discussions avec le département des travaux publics; il ne ménage pas les reproches, contre lesquels on se défend sur un ton respectueux; il arguë de son patriotisme, des services qu'il a rendus, et, même en le rappelant à l'ordre, on use de longanimité, on fait preuve d'égards, on le ménage comme une puissance.

[1] Il est impossible de s'arrêter à chaque fête, petite ou grande, à laquelle Palloy prit part, car il faudrait les mentionner toutes. Ainsi, à la fin du mois de janvier précédent, on avait célébré la commémoration des victimes de la Chapelle, tuées le 24 janvier 1791, dans une rixe populaire, par quelques employés de la ferme, — les *chasseurs de barrières*, comme on les appelait, « amas impur de brigands et de coupe-jarrets, » dit le *Journal* de Prudhomme, plus détestés encore que nos douaniers actuels. Cette affaire avait fait grand bruit. Marat et le club des jacobins s'en étaient bruyamment emparés. Palloy n'eut garde de manquer ni au cortège ni au service, et il fit graver [illegible] sur l'inévitable [illegible] de la [illegible].

vers la capitale, où l'on avait ouvert en leur honneur une souscription, à laquelle on fit participer le roi et sa famille, comme membres de la section des Tuileries, digne prélude de l'humiliation que le 20 juin allait infliger à Louis XVI en le coiffant du bonnet rouge !

Le projet de les fêter à Paris paraît avoir germé tout d'abord dans la tête de Palloy. Le 20 février, il envoyait pour eux à Gorsas 19 livres 5 sous, produit d'une souscription de ses apôtres — ce qui faisait juste cinq sous par personne, car ils étaient alors soixante-dix-sept, — et le 2 mars, ceux-ci écrivaient aux Suisses de descendre chez Palloy, parce qu'ils se préparaient à leur faire une réception solennelle.

Dès le mois de mars, l'*Idée générale d'une fête civique pour la réception des soldats de Châteauvieux* réservait au patriote et à ses moellons une place d'honneur dans la cérémonie :

« Un cortège particulier, conduit par Palloy, sortira avec eux de la Bastille et portera quatre pierres tirées des débris, sur lesquelles seront gravées des inscriptions relatives aux quatre événements principaux de Nancy, Vincennes, la Chapelle et le Champ de Mars, où le sang des patriotes a coulé.... L'autel de la patrie sera entouré de citoyens et de citoyennes déplorant le dernier événement qui a souillé ce champ de la liberté. Le drapeau national, entièrement couvert d'un crêpe noir, flottera au-dessus. La ville de Paris et les officiers municipaux monteront seuls à l'autel. Palloy les accompagnera ; il leur présentera les quatre pierres provenant des cachots de la Bastille. Ces pierres étant déposées sur l'autel, des parfums seront brûlés en abondance dans des vases déposés autour de l'autel, et répandront une fumée épaisse, destinée à purifier le champ de la Fédération. »

Cette partie du programme excita notamment une protestation véhémente, comme injurieuse pour le rôle qu'avait joué la garde nationale parisienne, avec la Fayette et Bailly, dans la journée du 17 juillet, au Champ de Mars. En transmettant au directoire cette protestation, signée Bayard, le commandant général Aclocque, — brasseur du faubourg Saint-Antoine, comme Santerre, qui avait embrassé avec ardeur les idées de la Révolution, mais n'en voulait accepter ni les excès ni les crimes, — s'exprimait de la sorte, en faisant simplement allusion peut-être aux pierres de Palloy et aux inscriptions qu'elles devaient recevoir : « Le bruit court que des tableaux allégoriques doivent humilier la garde nationale. Je prie M. le procureur général d'observer que l'honneur est plus cher à la garde nationale que la vie et de vouloir bien peser cette observation [1]. » Le directoire répondit que cet avertissement, où il trouvait une nouvelle preuve de la vigilance du commandant général, fixerait toute son attention, et protesta que si le projet d'humilier la garde nationale parisienne pouvait exister, la répression de cette entreprise contre-révolutionnaire serait pour lui un besoin et un devoir. Cette correspondance excita furieusement la bile du rédacteur des *Révolutions de Paris*, qui proposa de livrer aux flammes la lettre d'Aclocque, avec la réponse du directoire et le libelle de Bayard, en guise

[1] Ce qui avait encore irrité une grande partie de la garde nationale, c'est que plusieurs sections ou sociétés populaires, entre autres la section de la Fontaine de Grenelle, avaient demandé qu'on enlevât de l'Hôtel de ville le buste de la Fayette, son commandant général, pour épargner aux braves militaires qu'on fêtait la vue douloureuse d'un homme « qui, par erreur sans doute, parut être l'un des agents de leurs malheurs. » La Fayette était le parent de Bouillé, et l'avait encouragé dans la répression du soulèvement militaire de Nancy. (*Catal. de doc. autogr. sur la Révolut.*, n° 207.)

d'holocauste aux mânes outragés des patriotes de Nancy et du Champ de Mars. Palloy ne manqua pas non plus de répliquer à la protestation d'Aclocque et à celle du directoire.

Le 13 avril, l'avant-veille de la cérémonie, de Rubigny, électeur de 1789, qui avait gémi dans les cachots de la Bastille et qui tenait à tirer tout le parti possible de cette glorieuse circonstance, écrivait à Palloy pour lui rappeler ses titres :

« Dites-moi, patriote, pourquoi les anciens prisonniers de la Bastille n'ont point été invités de prendre place des premiers dans le cortège de la cérémonie. J'ai dépensé plus de 15,000 livres dans la Révolution pour avoir réclamé la liberté de plus de 80,000 familles du royaume qui étaient sous le joug de l'oppresseur, depuis 1774 jusqu'à 1790. Dois-je espérer d'aller à cette cérémonie et quel rang dois-je y prendre, porter une chaîne au col, le livre de la Constitution, ou toute autre place ? »

Nous ignorons si cette requête fut accueillie ; elle méritait de l'être : Palloy et l'ex-comédien Collot d'Herbois étaient hommes à comprendre tout ce que la vue d'un ancien prisonnier de la Bastille, la chaîne au cou, eût ajouté d'éloquence au cortège [1]. Les vain-

[1] Ce de Rubigny ou Derubigny était un personnage fort remuant, quoiqu'il n'ait jamais pu sortir de l'obscurité, et il ne paraît pas avoir eu beaucoup plus de fixité dans les opinions que Palloy lui-même. Il a publié un grand nombre d'écrits de circonstance, entre autres des *Observations... sur l'abus et les devoirs des représentants du peuple*, signés Derubigny-Berteval, *tanneur à Paris ..., ancien prisonnier de la Bastille et du Luxembourg...., pour avoir fait, au nom du peuple souverain, l'ouverture de la première église, Médard, à Paris, pour le rétablissement du culte décrété libre, et réclamé par les cahiers aux États généraux*. Sur le titre d'une autre brochure : *Appel à la religion catholique*, écrite vers 1796 ou 1797 ; il signe : *tanneur de Paris, ancienne victime des comités révolutionnaires, après l'avoir été du despo-*

queurs et les apôtres y figurèrent du moins, ceux-ci décorés d'une marque *apostolique* qui les désignait aux [illegible] d'entre eux prirent part au banquet organisé en l'honneur des Suisses par Palloy et Boursault dans la salle du théâtre Molière, dont ce dernier était directeur [1]. Le jour de la fête, quand le cortège se présenta sur la place de la Bastille, le patriote prononça une courte harangue, où, non content de son offrande ordinaire, il annonçait aux gardes nationaux du Finistère qui avaient accompagné les Suisses libérés à Paris, qu'il faisait transformer « en des signes d'alliance, d'union et de fraternité, » les chaînes envoyées par le président des Amis de la Constitution de Brest [2].

Cette solennité impudente, qui couronnait l'indiscipline et la trahison, souleva de tous côtés une indignation dont André Chénier se fit dans ses ïambes le plus éloquent interprète. Palloy en eut à supporter sa part. « On connoît, écrivait-il plus tard [3], les différentes productions du fanatisme royaliste pour empêcher l'exécution de cette fête. Les murs de cette capitale et les supplémens au *Journal de Paris* à cette époque

tisme ministériel; restaurateur du culte catholique dans l'église paroissiale de Saint-Médard. Ces titres nous le montrent en une autre *posture*, comme on dit aujourd'hui, que sa lettre à Palloy. (V. P. Lacombe, *Essai de bibliogr. des ouvrages relat. à l'hist. relig. de Paris sous la Révolut.*, 1884, p. 75.)

[1] *Catal. de doc. autogr. de la Révolut.*, n° 207, p. 143.

[2] *Discours prononcé le 15 avril, l'an IV de la liberté.* Bibl. nat., Lb[39], 10532. Outre la médaille frappée avec les chaînes, et qu'il envoya d'abord à la Société de Brest, Palloy en fit fabriquer, avec les carcans de la Bastille, une autre portant pour devise : *La liberté a rompu mes fers; l'égalité m'a élevé*, que reçurent les Suisses, le jour où ils furent présentés à l'Assemblée par Collot (9 avril), malgré l'opposition énergique d'un grand nombre de membres.

[3] *Lettre du 9 pluviôse an II.*

présentèrent des obstacles puissans que la persévérance patriotique seule pouvoit surmonter. Ma lettre d'invitation à la section des Plantes y fut condamnée au feu : il n'y eut que Henriot qui s'y opposa. Le citoyen Milet connoît les risques que nous avions à courir. Il a entendu dire dans un café de l'île Saint-Louis qu'on nous empêcheroit d'entrer au Champ de Mars; que je serois assassiné. Eh bien, je couchai la nuit sur le sol de la Bastille. J'en prévins le citoyen Fournier, président des vainqueurs de cette abominable forteresse : il me donna une garde. » Puis il arrive à un point qui lui tenait encore plus au cœur : « Je n'ai rien réclamé pour la dépense que cette fête m'a coûté. On a dit plus, que je vendois des médailles : j'ai, en effet, donné permission au citoyen Ferrandine [1], artiste intelligent, d'en distribuer, mais d'une autre forme que les miennes. Je n'ai rien exigé pour les verrouils que je lui ai donnés à cet effet. » La double générosité dont se targue ici Palloy est bien invraisemblable, et son apologie nous montre que, déjà à cette époque, malgré ses grands airs et ses belles paroles, bien des gens l'accusaient de faire de son patriotisme un objet de trafic.

A la fête de la Liberté, comme on avait appelé cette apothéose des Suisses arrachés aux galères, le parti constitutionnel résolut d'opposer la *fête de la Loi*, en l'honneur du maire d'Etampes, Simoneau, massacré le 3 mars précédent, dans une émeute causée par la cherté des subsistances, pour avoir résisté aux injonctions des rebelles, qui exigeaient impérieusement un

[1] C'est Ferrandine qui a frappé presque toutes les médailles de Palloy. On trouve dans son registre (28 févr. 1792) un marché avec M. Ferrandine, marchand bijoutier, au sujet de 2,016 médailles, et un reçu de 4,200 livres du même.

rabais sur la taxe légale du blé. Cette idée fut accueillie avec empressement par les modérés, avec défiance et colère par les Jacobins. Ceux-ci cependant ne pouvaient la combattre formellement sans proclamer ainsi leur goût exclusif pour le désordre et la rébellion. Ils essayèrent même de donner le change, en faisant croire que Simoneau partageait leurs opinions et en écrivant à son fils qu'ils avaient appris en frémissant l'horrible attentat que « des brigands soudoyés par les ennemis du peuple » venaient de commettre sur un organe de la loi. Dans la séance du 8 mars, un membre de l'Assemblée réclama un deuil de trois jours sur toute la face du royaume; dans celle du 18, on vota l'érection d'un monument en son honneur. Le 6 mai, une députation des citoyens de Paris venait déposer sur le bureau une pétition couverte de huit cent trente-six signatures pour demander qu'on ne retardât pas plus longtemps les honneurs civiques qu'attendait la mémoire de Simoneau. Enfin l'Assemblée adopta, le 18 mai, sur le rapport de Quatremère, le décret relatif à cette cérémonie nationale, en fixant les frais à 6,000 livres. Mais la souscription ouverte par la municipalité avait déjà produit une somme assez considérable. Malgré la résistance du parti avancé, l'entraînement était général, et l'on avait même vu se présenter à la barre une députation de femmes réclamant, par l'organe d'Olympe de Gouges, l'honneur de précéder le sarcophage, couvertes de crêpes et portant une bannière [1].

Le 3 juin, — c'était un dimanche, — le cortège partit de la place de la Bastille, suivant un usage qui aurait suffi pour assurer à Palloy l'une des premières

[1] *Moniteur*, aux dates. *Révolutions de Paris*, n° 150.

places dans l'organisation de toutes les cérémonies de ce genre. Il avait fait disposer sur le terrain une plantation d'arbres représentant un bosquet, et y avait placé sur un monticule le modèle de la forteresse, derrière laquelle on voyait la Déclaration des droits de l'homme. Au pourtour s'élevaient six statues colossales [1]. Au fond de la décoration le mât de la liberté, haut de quatre-vingt-seize pieds comme les tours de la Bastille, était surmonté du bonnet phrygien.

A l'arrivée de la famille Simoneau, Palloy prononça un discours, en offrant à la veuve une pierre sur laquelle était gravée la lettre où le président lui transmettait le décret rendu en l'honneur de son mari. Il avait invité, comme toujours, les vainqueurs et les apôtres de la liberté à lui former une escorte d'honneur, mais ils n'étaient venus qu'en petit nombre. Le *Courrier* de Gorsas prétend même que Palloy ne figurait pas dans le cortège. Le patriote réfuta vivement cette erreur par une lettre adressée au *Courrier français*, et que ce journal a insérée dans tout le désordre pittoresque de son style :

« Je fis partir cette châsse, dit-il (le modèle de la Bastille, qu'il appelle la *châsse de la liberté*), ainsi que la table renfermant les droits de l'homme et la dalle honorable sur laquelle j'avois tracé la lettre du Président.... dont j'ai fait hommage à la famille de ce vertueux maire.... après un discours que je prononça (*sic*) sur le lieu même, dont je vous joins copie....

» Je fus ensuite prendre le costume militaire, et ai

[1] Dans la description qu'il nous a donnée lui-même (*Courrier français* du 6 juin, supplément), Palloy ne s'explique pas plus nettement sur ces statues ; mais le compte rendu fort revêche des *Révolutions de Paris* nous apprend que celles de l'entrée étaient simplement peintes à la détrempe comme des décorations de théâtre.

rejoint le cortège rue de Bourgogne, où je me plaças (*sic*) entre la famille Simoneau et devant la pierre dont j'avois fait hommage, et fis le tour du champ de la fédération, moi et ma famille. En me portant sur l'autel de la patrie, je me suis trouvé entre les représentants de la nation, le département et la municipalité, où j'ai chanté en cris de joie : « Vive la nation! vive le respect dû aux lois décrétées par l'Assemblée nationale! vivent tous les patriotes de l'empire françois! »

Mais de l'extrémité du faubourg Saint-Antoine à la rue de Bourgogne il y a loin, et on conçoit qu'on ait pu croire à l'absence de Palloy en ne l'apercevant pas pendant plus des deux tiers du trajet. Ce ne fut pas sans motif assurément qu'il rentra chez lui pour y prendre le costume militaire. Lui-même l'a fait entendre quelques lignes plus haut : « Je me suis aperçu, d'après l'invitation que j'avois faite à de bons patriotes, que cette fête, exécutée au nom du respect à la loi, n'étoit pas dans les principes de beaucoup de personnes, ainsi que la fête de la liberté. Je n entre point dans la diversité des opinions; elles sont libres. Mais je peux dire ici que ces solennités n'ont fait que m'attirer des disgrâces, tant l'esprit de parti étoit divisé, jusqu'à inculper des soupçons sur mon civisme, me faisant agir et mouvoir sous tous sens, moi qui n'étois que l'exécuteur des ordres supérieurs. » Palloy ne dit pas absolument la vérité : il avait eu plus d'initiative qu'il n'en convient, car il avait écrit à l'Assemblée pour lui soumettre une proposition tendant à donner plus d'éclat à cette fête [1]. Si nous comprenons bien sa dernière phrase, on l'accusait de versatilité pour s'être prêté avec le même zèle à fêter la révolte et l'obéis-

[1] *Catal. des doc. autogr. sur la Révolut.*, n° 208.

sance à la loi. Pauvre patriote! On était bien injuste à son égard! Il était disposé à fêter tout ce qu'on voudrait, pourvu qu'il pût faire porter ses pierres en triomphe et parader à la tête de ses apôtres devant les citoyens! Mais sa personnalité remuante, ses hâbleries et ses exhibitions monotones commençaient sans doute à agacer les personnes nerveuses. Les organisateurs de la pompe funèbre de Simoneau paraissent avoir saisi avec empressement l'occasion de témoigner à Palloy ce que les gens raisonnables pensaient de lui et le cas qu'ils faisaient de ses mascarades. Cette blessure lui était restée au cœur; s'il la dissimule de son mieux dans la lettre à Gorsas, il s'en est exprimé plus nettement dans un document postérieur : « Je ne rappellerai pas la vexation que j'ai essuyée à la fête de la Loi, en m'opposant que le modèle de la Bastille marchât sans moi. J'ai enduré du département d'alors, et des artistes qui le dirigeoient, toute l'insolence de pareils êtres [1]. »

Loin de refroidir l'ardeur de Palloy, les injustices de ses ennemis ne firent que l'échauffer encore. L'année 1792 est encombrée par sa turbulente personnalité. On ne voit, on n'entend que lui. Il inonde la France de ses dons. C'est d'abord une pierre de la Bastille aux forts de la Halle, avec une inscription destinée à rappeler « leurs devoirs et leur attachement à la Constitution. » Avant de placer cette pierre à la Halle neuve, les forts allèrent la promener dans le faubourg Saint-Antoine. On fraternisa, et, le 25 mars, une fête civique les réunissait côte à côte avec les hommes du 14 juillet, aux Champs-Elysées, dans un banquet présidé par Santerre et auquel Pétion, Thuriot et Fauchet, ainsi que

[1] Lettre du 9 pluviôse an II.

plusieurs députés, étaient venus s'asseoir. Des *bonnets de laine* du faubourg s'étaient rendus d'abord de la place Royale à celle des Innocents, et de là, musique et tambours en tête, le cortège s'achemina aux Champs-Élysées. On porta des toasts innombrables au milieu du plus vif enthousiasme. Au nom de l'Assemblée, de Pétion, de Robespierre, « dont la vue seule fait peur aux scélérats, » de Manuel, de Palloy, « dont le patriotisme est plus solide que n'était la Bastille, » un orateur, juché sur un tabouret, jura que si les vertus civiques venaient à se perdre, « elles se retrouveraient toutes dans le cœur des vainqueurs de la Bastille et des Forts pour la patrie. » La cérémonie se termina par un baptême civique administré en grande pompe, dans l'église Sainte-Marguerite, par l'évêque Fauchet, à la fille d'un tambour, dont Thuriot et la femme de l'imprimeur patriote Tremblay furent les parrain et marraine, et à qui, aux cris de *Vive la nation*, et sous la voûte d'acier que formaient au-dessus de sa tête plusieurs dames du faubourg armées de sabres, on décerna les noms de *Pétion-Nationale-Pique* [1].

Puis vinrent une autre pierre portant la Déclaration des droits de l'homme, offerte au tribunal de commerce pour la salle de ses audiences ; d'autres aux tribunaux d'arrondissement, au directoire du département, aux chefs-lieux de canton de la Seine, au Comité d'instruction publique, aux Invalides, avec deux médaillons pour le plus âgé et pour le plus jeune, sans parler des gravures ou des tableaux ; aux amis de la Constitution,

[1] Gorsas, *Courrier* (*Législative*, t. VI, p. 409, 422, 440, 455). On rêverait un mariage entre la citoyenne Pétion-Nationale-Pique et le citoyen Victoire-du-Peuple, qui, né le 10 août 1792, pendant l'assaut des Tuileries, en pleine place du Carrousel, fut porté triomphalement par les patriotes à la Commune, et en reçut le nom que nous venons de dire.

à la Société fraternelle des deux sexes, aux Ennemis du despotisme, aux Vainqueurs, à l'Amérique du Nord par l'intermédiaire de M. de Gouvion, et non seulement aux clubs, aux districts, aux communes, aux bureaux, mais encore aux patriotes, aux particuliers notoires. Des propriétaires lui en réclamaient de toutes parts pour décorer leurs jardins ou sanctifier leurs maisons. Parmi ceux qui lui en commandent une, après la fédération de 1792, je rencontre le nom de Cambacérès. On lui demande également des médailles, qu'il envoie en les accompagnant d'exhortations civiques, sous une forme tantôt austère, tantôt plaisante et gaillarde. A la libératrice de Latude, Mme Legros, devenue Mme Gellain, il répond, en avril 1792, qu'il a le regret de ne pouvoir satisfaire à sa demande, mais qu'il aura le plaisir de lui présenter un autre « vestige de ce repaire d'iniquité. » Des inventeurs réclament son patronage. Le citoyen Leroux, physicien, « qui a fait tant d'ouvrages et de dons patriotiques depuis la Révolution, » en lui envoyant une pièce de vers pour son « vaste cabinet patriotique, » lui annonce de ses étoffes qui résistent au feu, à l'eau et à tout air contagieux, ainsi qu'une autre étoffe « qui garantira des balles les soldats armés de piques. »

Il fabrique, avec les feuilles des registres de la Bastille, un nouveau jeu de cartes, où les rois sont remplacés par des sages, les valets par des braves, les dames par des vertus. Il décerne des certificats de civisme écrits sur le revers des ordres d'emprisonnement. Ses vignettes patriotiques s'envolent d'un bout à l'autre du pays. Rien ne tarit, rien ne fatigue son imagination toujours en fièvre. Il occupe toute une légion d'ouvriers, de dessinateurs, de graveurs, de rédacteurs, de poètes. Il harcèle de ses mémoires, de ses lettres de sollicitation, d'exhortation, de congratulation, tous les personnages en vue, tous les pouvoirs administratifs, politiques et civils. Les journaux sont remplis de ses communications ; les murs de Paris se couvrent de ses affiches ; le moindre bourg, grâce à ses envois, retentit de son nom.

En correspondance active avec les sociétés populaires de province, il invite à « venir partager la soupe d'un vrai républicain » leurs membres de passage à Paris, et fait dresser de ces agapes patriotiques des procès-verbaux où sont consignés ses toasts et les couplets chantés au dessert. Pour reconnaître ses libéralités, on le comble d'hommages en prose et en vers [1]. Il ne manquait pas d'adresser aux départements et aux sections de Paris, ainsi qu'aux communes rurales de la

[1] J'ai eu sous les yeux une multitude de reçus, de lettres de demandes ou de remerciements, datés de 1791, de 1792, de 1793, de 1794, et signés de Fauchet, de Boileau, de dom Gerle, de Drouet, d'Anacharsis Clootz, de Portiez de l'Oise, de Geffroy, — le *sauveur* de Collot d'Herbois lors de l'attentat de Ladmiral, — de Collot lui-même, de François de Neufchâteau, de Lemaire, l'un des deux *Père Duchesne*, de Millin, auquel il envoyait des articles et des notes personnelles pour son journal et qui le flagornait dans ses lettres. « Monsieur et cher concitoyen, lui écrit le comité d'instruction publique, le 14 avril, nous avons reçu, avec tous les sentimens du plus pur patriotisme, votre honorable cadeau ; il nous sembloit le tenir des mains mêmes de la liberté, car le nom de Palloy se trouve maintenant confondu dans tout le royaume avec celui de liberté : comme elle, il a pris naissance parmi les ruines de la Bastille ; comme elle, il vivra tant qu'il existera des hommes, ou du moins des Français. Vous avez associé, en quelque sorte, toutes les villes de l'empire à la gloire de la prise de la Bastille, et dans cent ans, vous électriserez encore tous les esprits par l'aspect de ces décombres, qui rappelleront l'affreux séjour de la tyrannie.... » En 1791, un enthousiaste lui envoyait cette épitaphe anticipée en style lapidaire : BASTILLE. *Ci-gît Palloy. — Qui, — Jeune encore, — L'assiégea, — La démolit, — Et — Dispersa — Les membres — De — Ce monstre infernal — Sur — La surface du globe. — Homme libre, arrête-toi.* (*3e lettre à ses frères de Sceaux.*) Hum ! cela ressemble bien à du Palloy. Mais tous les révolutionnaires écrivaient de ce style.

Seine, toutes les pièces qu'il recevait des divers corps administratifs ou des sociétés populaires de France, pour leur faire connaître « l'esprit de leurs frères éloignés, » de même qu'il envoyait à ceux-ci les discours patriotiques, les détails sur les fêtes civiques et les inaugurations, « afin, dit-il, que les uns et les autres se *tinssent toujours* au pas. On voit quel foyer de propagande patriotique était le cabinet de Palloy. Ce qui subsiste, dispersé çà et là, de sa correspondance et de sa paperasserie est un océan sans fond et sans rivage où l'on ne tarde pas à perdre pied, et qui donne une idée stupéfiante de la fécondité, de la fièvre, de l'activité brouillonne de ce touche-à-tout révolutionnaire. On s'explique, devant un si prodigieux amoncellement, la haute opinion qu'il avait de sa personne et qu'il avait fait partager à tant d'autres.

Il fallait à Palloy bien des auxiliaires pour mener de front tant de besognes. Son ignorance lui rendait ces collaborateurs plus nécessaires encore que l'étendue de ses relations, le nombre d'affaires auxquelles il était mêlé et de personnages avec qui il se trouvait en rapports. Ses manuscrits autographes seuls nous le montrent absolument tel qu'il est, avec toute la saveur de sa vanité naïve, tout le gonflement bouffon de sa prétentieuse nullité. Dans ses discours et les écrits qui ne sont pas entièrement de sa main, c'est toujours lui sans doute, par les idées, le mouvement, l'allure et la physionomie générales, mais ce n'est lui qu'à moitié. C'est pourquoi nous avons donné et nous donnerons quelques échantillons du style et de l'orthographe de Palloy abandonné à l'aimable simplicité de la nature, avant que l'un de ses secrétaires eût passé par là.

Parmi ces secrétaires, le patriote comptait même des personnages politiques, d'une importance assez médiocre, il est vrai, comme le représentant Mathieu de l'Oise [1]. Il en eut beaucoup d'autres, au nombre desquels nous citerons, d'après le livre curieux d'un contemporain, un homme qui avait joué un rôle dans la nuit du 5 au 6 octobre, mais dont il ne nous donne pas le nom : « Il était officier dans Royal-Comtois, et il devait passer en Amérique, lorsque, pour le bonheur de la liberté, il eut le malheur de se casser une jambe. C'était à la veille de la Révolution ; il lui consacra tous ses travaux, empêcha plusieurs massacres avec onze hommes qui le suivirent à Versailles. Il en imposa même à tous les officiers de Flandre, à qui il fit peur en les menaçant de la grande armée parisienne qui s'avançait derrière lui. Il arrêta une voiture destinée pour le départ du roi, fut témoin de l'apparition de d'Orléans, et après tant d'exploits il s'attacha au C. Paloi qui, charmé de son mérite et de son zèle, lui confia la rédaction de tous ses discours patriotiques et de ses envois. Mais l'officier, étant moins sûr de son éloquence que de son épée, avait l'art d'emprunter la plume des autres. Enfin tous deux se quittèrent à regret, quand ils n'eurent plus rien à faire en commun ; l'un, pour se livrer à la fabrication des farines (et, comme dit le proverbe, c'était bien d'évêque se faire meunier), l'autre, pour continuer son état de maçon ; et tout n'en a été ni mieux, ni plus mal [2]. »

[1] *Catal. de doc. autogr.*, n° 383, p. 249. Serait-ce ce Mathieu qui présidait l'assemblée de citoyens devant laquelle Palloy s'était présenté pour rendre ses comptes, et qui lui avait répondu par de si pompeux éloges ?

[2] *Anecdotes de la fin du dix-huitième siècle*, ch. IV.

XII.

Le 16 juin 1792 fut peut-être le plus grand jour de la vie de Palloy, celui où il put se croire le plus près du but de son ambition et de la récompense due à tant de travaux. On se rappelle que, le 11 mars précédent, l'Assemblée, sur la demande de Dumas, avait voté le renvoi de son projet au comité de l'instruction publique, chargé en même temps de lui proposer le moyen d'accorder à Palloy un témoignage de la reconnaissance nationale. Dans la séance du 16 au soir, Pastoret vint présenter son rapport au nom du comité. Il approuvait la création d'une place de la Liberté, ornée d'une colonne simple et majestueuse, sur l'emplacement de la Bastille, mais demandait que, tout en chargeant le patriote des préparatifs pour poser la première pierre le 14 juillet, on mit le monument au concours. Sur le second point, il proposait, comme la récompense la plus simple et la plus honorable, le don d'une portion des terrains de la Bastille, dont l'étendue devrait être déterminée plus tard par un décret particulier. L'Assemblée vota conformément aux conclusions du rapport, en se réservant de statuer sur la vente ou l'emploi du reste des terrains, et en décidant que la démolition des tours serait incessamment achevée jusque dans leurs fondements, pour ne laisser aucune trace de ces monuments honteux de servitude et de vengeance.

Ainsi, par la loi du 16 juin, qui reçut quelques jours plus tard la sanction royale, Palloy se trouvait placé au rang des bienfaiteurs publics, de ces grands hommes qui honorent leur époque et qu'un pays juge dignes d'une récompense nationale. Ah! ce fut une heure de triomphe et d'ivresse! Malheureusement le décret particulier qui devait déterminer sa concession de terrain ne fut jamais rendu, et nous le verrons réclamer à ce sujet jusqu'à la fin de sa vie, avec une persévérance aussi stérile qu'opiniâtre. La loi du 16 juin n'eut pas plus de suite en ce qui concernait le monument de la Liberté. Le 3 juillet suivant, Palloy, qui n'abandonnait jamais une idée lorsqu'elle pouvait devenir productive, revint présenter à l'Assemblée quatre-vingt-trois copies de son plan, qu'il destinait aux départements pour servir de base au concours. Mais « le traître Roland et ses successeurs » se jetèrent à la traverse.

Le projet d'un monument semblable s'était fait jour bien des fois depuis les origines de la Révolution. Au mois de mai 1789, lors de la réunion des états généraux, le tiers état de Paris avait demandé que « sur le sol de la Bastille détruite et rasée on établît une place publique, au milieu de laquelle s'éleverait une colonne d'une architecture noble et simple, avec cette inscription : *A Louis XVI, restaurateur de la liberté publique* [1]. » Au lendemain de la grande victoire populaire, en plein Hôtel de ville, M. Ethis de Corny, procureur du roi, renouvelait la proposition devant Louis XVI, aux applaudissements universels. Un peu plus tard, l'auteur des *Idées d'un citoyen au sujet de la Bastille* émettait un projet différent : « Je pense qu'il faudrait

[1] Réimpression de l'*Ancien Moniteur*, introduct., p. 573.

conserver les premières assises jusqu'à la hauteur de douze à quinze pieds, et tenir cette grande base à découvert de tous côtés. Mon avis serait de ne rien ériger sur elle, mais d'en faire une belle plate-forme, où les amis de la liberté viendraient respirer à l'aise.... Un arc triomphal, une pyramide, un colosse quelconque, parleraient bien moins à l'imagination que le tronc de la Bastille devenu tombeau d'elle-même. » Sur ce tombeau, on inscrirait l'épitaphe suivante : *Ci-gît le despotisme, tué en deux heures le 14 juillet 1789*. Un concours avait été affiché au Palais-Royal sur la question du monument qui devrait remplacer la Bastille, et les idées les plus saugrenues s'étaient fait jour à ce sujet.

Dans son numéro du 9 septembre 1789, Prudhomme suggérait de prendre, pour le monument de la Bastille, le bronze et le marbre des statues de Louis XIV et de Louis XV. « Des débris de ces monuments et de tous ceux qui rappellent le despotisme, élevez-en un à la patrie et à ses défenseurs. Que sur un vaste piédestal de marbre se dresse un cénotaphe de bronze servant de support à une statue de la Liberté, un glaive dans une main et dans l'autre un code. Sur un des côtés du tombeau, gravez en bas-relief la prise de la Bastille ; sur l'autre, l'entrée de Louis XVI dans la capitale après l'événement, et qu'à chaque bout cette inscription soit écrite en caractères à l'épreuve du temps :

NOUS AVONS COMBATTU POUR LA LIBERTÉ
14 JUILLET 1789.

En 1790, Gatteaux, graveur des médailles du roi, proposait d'élever, avec les matériaux de la démolition, une colonne immense formée d'autant de lances qu'il y avait de départements, reposant sur un piédestal environné de tables d'airain où serait gravée la Constitution [1]. Au mois de juin de la même année, Cathala, « architecte et inspecteur de la démolition de la Bastille, » publia un *Projet de gare, de pont, de greniers à bleds et d'une place* sur les mêmes terrains. Le mois suivant, Davi-Chavigné, auditeur des comptes, « soldat-citoyen, » faisait annoncer dans les journaux la colonne de la Liberté, « monument projeté sur l'emplacement de la Bastille, à la gloire de Louis XVI, restaurateur de la liberté française, dédié à la patrie, à la liberté, à la concorde et à la loi [2]. »

Mais l'auteur du *Nouveau tableau de Paris* (1790) déclarait humiliant pour la nation tous ces plans d'un monument à la gloire de Louis XVI qui circulaient dans Paris et, à l'encontre, il suggérait un autre projet empreint du plus pur esprit révolutionnaire : « A la place même où cette horrible forteresse exista, j'éleverois un fantôme revêtu du manteau royal, dont les fleurs de lys abaissées représenteroient l'avilissement de la maison de Bourbon. Ce fantôme seroit Louis XVI, dont le nom seul indiqueroit la qualité. Pour le former je ne confierois pas au ciseau ni le marbre poli, ni l'agate et le porphyre. Les mêmes pierres que Charles V employa pour former ce temple effroyable de la mort me serviroient pour cet usage. Je n'emploierois pour la couronne ni l'or ni les pierreries : une couronne d'airain déposée sur sa tête indiqueroit le siècle malheureux où ce monument auroit été élevé à la vérité, et le sceptre de

[1] *Courrier* de Gorsas, 21 mars 1790. On peut voir aussi le projet du sculpteur Gois, professeur à l'Académie, tout à l'honneur de Louis XVI, daté du 7 février 1790 : *Projet de monument et fête patriotique*, pièce in-8°. Mais Gois ne proposait qu'un monument provisoire, qu'il voulait faire ériger par le peuple même sur la place du Carrousel, au mois de juillet.

[2] Réimpression de l'*Ancien Moniteur*, V, 227. V. son *Projet d'un monument sur l'emplacement de la Bastille*, publié en 1789 (Bibl. nat., Lb³⁹, 1825), et la gravure, par Taravel, de son dessin (mai 1789).

fer que je placerois dans sa main seroit le symbole de l'illégitime emploi de sa grandeur et de sa puissance. A ses pieds, une corne d'abondance renversée abandonneroit les richesses d'un royaume fertile aux flammes dont une Furie couronnée, armée d'un flambeau, les rendroit la proie. »

Aux quatre coins du piédestal, il voulait mettre les statues de Saint-Florentin, Sartines, Lenoir, enchaînés par la Liberté et vomissant parmi des flammes des monceaux de lettres de cachet, puis du premier président d'Aligre, aux traits animés par la rage et le front ceint du bandeau d'infamie. Samson, le bourreau, leur présenterait les fers destinés à les flétrir, et Necker, le charlatan des finances, fuirait le fantôme royal, tenant entre ses mains le masque imposteur dont il se couvrait le visage [1]. L'auteur ne nous dit pas quelle place eût occupée Necker dans ce monument un peu compliqué, ni où Samson eût dû prendre place afin de pouvoir présenter les fers à la fois aux quatre figures d'angle. Mais il faut passer quelque chose à l'irréprochable pureté de ses intentions.

De nouveaux plans surgirent de toutes parts lorsque la démolition fut arrivée ou toucha à son terme, en attendant l'Eléphant d'Alavoine sous le premier empire, puis la colonne de Juillet. Il fut question d'un Prytanée, dont on publia le projet gravé en 1791, puis d'un temple dédié à la Liberté, » proposé par souscription, l'*autheur* renonçant à toute espèce d'*honhoraires* et contribuant pour sa part de la somme de 300 livres. » Ce dernier projet était de Prieur, qui occupe une certaine place dans l'iconographie révolutionnaire [2] et qui en exposa

[1] Ch. I, p. 11.

[2] V. Renouvier, *Histoire de l'art pendant la Révolut.*, p. 159-160.

le modèle au Salon de 1793 : c'est une colonnade circulaire et couverte, surmontée d'une pyramide avec une statue allégorique, reposant sur des débris où se voient des chaînes avec une pièce de canon, et qu'entoure une balustrade historiée de quelques figures. D'autres proposèrent d'établir sur les ruines un jardin public, ou une foire perpétuelle. Le citoyen Marnois demanda par la voie de la presse une place de la Nation, où s'élèverait une colonne pareille à celle de Trajan, qui porterait une statue de la France foulant aux pieds les abus de l'ancien régime, désignés par des emblèmes tels que le code des droits féodaux, la liste des pensions, etc., et qui serait ornée de bas-reliefs retraçant les principaux événements de la Révolution [1].

L'idée qui dominait, on le voit, était celle d'un monument commémoratif, colonne ou pyramide. Ce fut aussi l'idée de Palloy, qui s'inspira sans doute de quelques-uns des projets antérieurs, dont nous n'avons pu signaler qu'une faible partie. Il proposait, après avoir extirpé du sol les fondations des tours et nivelé l'emplacement, d'y créer une place longue de 80 toises sur 60, ayant dix issues, bordée de bâtiments d'un aspect varié et présentant le plan de la forteresse abattue retracé en pavé noir sur le sol. La colonne, haute dans son ensemble de 164 pieds, et supportant une effigie de la Liberté, reposerait sur un modèle de la Bastille, décoré d'une statue sur chacune des huit tours, avec les tables de la loi dans les entre-deux. L'amas de rochers servant de base à tout le monument serait recouvert de plantations. Au sommet et dans sa masse on pratiquerait deux corps de garde. Enfin sur les côtés devaient

[1] *Révolutions de Paris*, 7 avril 1792.

s'ouvrir deux fontaines [1]. « Si l'Assemblée nationale décrète l'exécution de ce monument, disait Palloy dans son programme, j'écrirai aux 83 départements de m'envoyer quatre ouvriers, dont deux tailleurs de pierre, un Limousin ou maçon et un garçon, afin que chaque département contribue par *leurs* citoyens à l'érection du monument. »

Le projet de Palloy ne se bornait pas là : il embrassait tout un ensemble d'embellissements et de travaux à exécuter sur les terrains non seulement de la Bastille, mais de l'Arsenal et de l'île Louviers : une salle de spectacle et d'instruction publique, un égout couvert, des magasins à blé, un jardin national avec les statues des grands patriotes, la continuation du boulevard, un quartier neuf, des ports, la construction du quai de la Gloire (on sait que le fauboug Saint-Antoine avait été surnommé le faubourg de Gloire) et du pont de la Liberté (à la jonction des faubourgs Saint-Antoine et Saint-Marceau), sous lequel il proposait d'installer une machine hydraulique, des aqueducs, etc. Il voulait qu'on entourât d'un mur l'île Louviers, pour y centraliser les magasins de poudre et de salpêtre, les ateliers d'artillerie et tous les établissements analogues. Il s'agissait de peupler, de vivifier des quartiers déserts, de créer des débouchés et des voies de communication, de dé-

[1] Il va sans dire que cette Bastille et ces rochers eussent été faits avec de véritables pierres de la forteresse, et il paraît évident, même d'après la lecture du *projet général* de Palloy (p. 5 et 9), que le motif de cette conception bizarre était le désir d'écouler d'un coup la plus grande quantité possible des matériaux gênants dont il s'était rendu acquéreur. Une médaille offerte par lui aux *législateurs*, et portant en exergue : *Sur les ruines du despotisme s'est élevée la liberté*, porte une image de sa colonne, qui ne repose point sur une Bastille, mais sur un double soubassement, accosté de statues accroupies. Elle a été reproduite dans la *Prise de la Bastille*, par G. Lecocq, p. 169.

truire des inégalités choquantes, afin que Paris fût « le même d'un bout de la ville à l'autre. » On trouve d'ailleurs plus d'une idée juste et utile dans ce vaste plan où Palloy avait lâché la bride à son imagination d'entrepreneur, et qui le classe parmi les précurseurs de M. Haussmann [1].

Le jour même où il avait appo[illegible] Assemblée les quatre-vingt-trois copies de son plan, Palloy obtint d'en faire hommage à Louis XVI. Admis en sa présence, il lui adressa un discours pour l'inviter à la cérémonie et demander que l'exécution du monument lui fût confiée. Puis il profita de la circonstance pour offrir à ce roi, « digne par ses vertus d'être aimé des Français, » une médaille civique, suspendue à un ruban aux couleurs nationales, où il avait fait graver sa colonne, et dont Louis XVI se para aussitôt, en lui témoignant avec affabilité toute sa satisfaction et en chargeant le ministre de l'intérieur de lui expédier les ordres nécessaires [2].

La pose de la première pierre se fit solennellement le matin du 14 juillet, avant la cérémonie du Champ de Mars. Tous les instruments dont on se servit étaient

[1] *Projet général d'un monument à élever à la gloire de la liberté, sur le terrain de la Bastille, Isle Louviers et dépendances*, par Palloy, in-4°. V. aussi l'*Adresse et projet général dédié à la nation*, par Palloy, présenté le 11 mars 1792 à l'Assemblée.

[2] *Récit des détails qui ont précédé, suivi et accompagné l'introduction de Pierre-François Palloy, le patriote, dans le conseil du roi, le 3 juillet 1792*. Tel est le titre général. Celui qui est en tête de la première page porte : *le 2 juillet*, et à la page suivante, on lit : « Le 5 juillet, Palloy a été introduit dans le conseil du roi. » On voit qu'il est difficile de savoir exactement à quoi s'en tenir. Ce qui pourrait faire croire que cette dernière date doit être la vraie, c'est la lettre adressée par Palloy au président de l'Assemblée le 6, pour lui faire part de l'approbation du roi et le prier de consulter l'Assemblée sur le chiffre de la députation des membres à la cérémonie

fabriqués avec les débris de la forteresse : les outils en fer avec les verrous et les serrures; les outils en bois avec les arbres du jardin; le mastic avec les cendres des anciens titres de noblesse. Les ouvriers portaient un costume approprié à la circonstance. On plaça dans une boîte, à la base de la colonne, la Déclaration des droits gravée sur une table d'airain, une copie authentique de la Constitution, des médailles fondues avec les métaux provenant de la Bastille, des assignats et des monnaies, la liste des patriotes tués au siège de la forteresse, et Palloy ne manqua pas, on le pense bien, de prononcer un beau discours, qui fut suivi de deux autres harangues, par le président de la députation et par l'orateur des hommes du 14 juillet. Parmi les personnages de marque présents à la cérémonie, on remarquait Thuriot, Dussaulx, Fauchet, Talleyrand. Palloy comptait si bien sur la présence de Louis XVI qu'il l'avait fait mentionner sur la pierre servant de couvercle; on dut effacer la mention, et il en garda rancune au roi. Puis le cortège se forma et se mit en marche vers le champ de la Fédération. Entre la municipalité et le département s'avançait le détachement des Vainqueurs, rangés sous les plis de leur drapeau et portant, comme toujours, *l'arche de la liberté* [1].

Palloy vécut assez pour voir, avant de mourir, son

[1] *Procès-verbaux* de la cérémonie par Palloy, et par Daunou pour l'administration du département de Paris. Le 25 avril 1793, la Convention décrète « que le coffre de fer déposé et enfermé le 14 juillet dernier, dans une des pierres fondamentales de la colonne de la Liberté qui doit être élevée sur les ruines de la Bastille, en sera retiré; que les monuments qu'il contient, qui présentent des caractères contraires au système général de la liberté, égalité, unité et indivisibilité de la république française, seront brisés en présence des citoyens Cambacérès, Charlier, Ruhl, Legendre, et qu'il ne pourra en être substitué d'autres que ceux qui auront été désignés par le comité d'instruction publique, et décrétés par la Convention. »

projet repris sous une autre forme. En 1830, on posa sur la place de la Bastille la première pierre de la colonne de Juillet, qui devait être inaugurée seulement en 1840. Mais son propre plan n'eut pas de suite, ni sa cérémonie de lendemain. Il n'a jamais existé, de la colonne imaginée par Palloy, que la description, la gravure et la médaille. Elle avait soulevé de vives objections dont on trouve particulièrement trace dans une lettre publiée par le *Moniteur* du 29 juillet 1792 :

« M. Palloy, qui est certainement un fort bon patriote, écrit le correspondant, n'est pas à beaucoup près un aussi bon artiste. Autorisé par les applaudissements de l'Assemblée nationale, qui s'occupe légèrement de ces objets, il s'est approprié l'emplacement de la Bastille, se charge d'y élever le monument qu'on veut consacrer à la Révolution française, et a déjà commencé quelques travaux. Son plan est mesquin et indigne à la fois de notre Révolution et de la perfection où les arts sont portés en France.... Ce n'est point là le style sévère et grand qui doit caractériser l'édifice destiné à parler aux générations futures.

» Les artistes et tous ceux qui sentent quelque passion pour les beaux-arts se réuniront sans doute, et demanderont que l'entreprise soit confiée à des hommes de génie. Ils ne sont pas morts, ceux qui ont dessiné l'autel de la patrie et l'arc de triomphe de la fédération ; nous ne sommes point retombés dans la barbarie, et le ministre de l'intérieur aussi bien que le comité d'instruction publique seront responsables des dépenses qu'occasionnera un projet absolument manqué, et indigne de la nation française et de la liberté. »

Ces objections ne furent pas étrangères sans doute à l'inexécution du projet. Mais l'ingénieux Palloy, qui, en parlant sans cesse de son désintéressement et de ses sacrifices, n'en enflait pas moins savamment ses comptes, parvint à se faire payer une grosse somme pour sa petite fête. Le 25 avril 1793, la Convention votait, pour les frais causés par la pose de cette première et unique pierre, la somme invraisemblable de 34,474 l. 4 sous 6 deniers, qui devait être remise à Palloy, à la charge par lui de présenter d'avance les comptes acquittés par les ouvriers qu'il avait employés à ce travail [1].

Palloy ne s'était pas contenté de la place glorieuse que la pose de la première pierre de sa colonne lui avait faite dans la fédération de 1792. Il donna sur l'emplacement de la Bastille, où il avait construit un vaste portique surmonté du mât de la liberté, et qu'il avait décoré de statues allégoriques, de mais, de lustres, de girandoles, de lampions, une fête de nuit qui fut très brillante et très gaie [2]. Le 26 juillet suivant, il convoqua par affiches [3] les fédérés et tous les

[1] *Moniteur* du 26 avril 1793. Palloy avait touché pour cette cérémonie une première somme de 4,014 livres, par arrêt de la municipalité (26 sept. 1792), et dans la publication du décret de la Convention, contresignée Gohier, la somme totale est portée à 38,614 livres. (*Catal. de doc. autogr. sur la Révolut*, n° 10.) Encore n'est-ce pas tout, car, dans sa lettre du 9 pluviôse à ses frères de Sceaux, il se vante que « cette fête qui a été belle, n'a coûté que 45,000 livres, » votées sans doute tant par la municipalité que par la Convention. C'est juste le dixième des 450,000 fr. auxquels il évaluait la construction définitive. Le rapport de Baille constate qu'on est victime d'un oubli de l'Assemblée législative, qui a négligé, en votant la cérémonie, de fixer un chiffre. Les ouvriers de Palloy, non payés depuis huit mois, demandèrent que celui-ci ne pût recevoir la somme en question qu'après s'être acquitté envers eux et en fournissant leurs quittances, ce qui fut adopté (séance du 25 avril).

[2] On peut en lire la description dans le *Courrier* de Gorsas (*Législ.*, X, 325).

[3] *Avis aux quarante-huit sections de la capitale, à l'occasion d'un banquet civique*, etc. On voit dans ce placard que le banquet devait d'abord avoir lieu le dimanche précédent, et qu'il avait manqué. Palloy

patriotes à un banquet en plein air sur les ruines, « présidé par l'*Egalité*, dirigé sous les auspices de la Constitution, dans lequel le *Respect à la Loi* s'asseoira à côté des *Droits de l'homme.* » Ce banquet commença vers quatre heures et demie. Il fut simple et frugal. Chaque citoyen partageait son modeste repas avec les fédérés. On y chanta la *Marseillaise*, alors toute nouvelle. Aucun incident désagréable n'aurait troublé la réunion, sans la hardiesse d'un espion de la cour, qui osa s'y montrer déguisé. « On sera bien étonné, sans doute, dit Gorsas, de reconnaître dans cette *mouche* des Tuileries le nouveau ministre de l'intérieur Champion ; un chapeau rabattu couvrait ses yeux, une lévite merd'oie foncé cachait l'uniforme des Tuileries. Il aurait pu espionner tout à son aise, s'il n'eût voulu ajouter la parole aux habits, ce qui gâta toute l'affaire ; il fut reconnu et poursuivi. Réfugié dans une maison, il ne fit qu'un saut jusqu'au cinquième étage, d'où il fut ramené sur l'emplacement de la Bastille. Il allait être victime de son imprudence, sans l'intervention de Palloy et du portier de la Bastille. Il paraît qu'il reçut un grand nombre de coups de pied et de coups de canne, dont un sur la tête, qui lui fit jaillir le sang. Palloy se rendit sa caution, le retira à l'écart, lui fit ôter sa lévite, et ayant troqué avec lui son chapeau, le conduisit à sa voiture [1]. »

invite tous les citoyens à emmener leurs frères fédérés « avec leurs potages, tels soient ils. » Il y portera lui-même son dîner et le partagera avec ses frères.

[1] *Courrier* de Gorsas, *Législative*, t. X, p. 315, 411, 417-419. Dans le numéro suivant, Palloy écrit à Gorsas pour se défendre d'avoir rappelé au peuple, comme le disaient des *polissons de gazetiers*, ses obligations envers Champion, ancien administrateur à la ville, et Gorsas ajoute en note que c'est sur le récit de Palloy lui-même qu'il a raconté le fait en question, ce dont nous ne doutions nullement.

XIII.

A cette date, Palloy était encore royaliste constitutionnel; la déchéance du roi allait en faire un républicain ardent. Il suivait les événements avec la bonne foi d'une girouette, incapable de résister au plus léger souffle de vent. Dans la journée du 20 juin, qui fut la préface du 10 août, il n'avait pas manqué de marcher en compagnie des hommes du 14 juillet, toujours les premiers dans les mouvements révolutionnaires et se groupant, au point de départ, sur la place de la Bastille. Avec eux il défila devant l'Assemblée, où il était bien connu de tout le monde. S'il faut l'en croire, sa belle conduite en ce jour lui valut plus tard force persécutions. « En traversant le lieu des séances, dit-il, le président me fit appeler par l'huissier Courvol, pour que les ennemis du peuple pussent me remarquer plus facilement et me reconnaître [1]. » Il ne s'exprime pas plus nettement sur ce point. La part prise par Palloy à cette première invasion des Tuileries ne l'empêcha pas, comme nous l'avons vu, d'aller, quinze jours plus tard, inviter le *vertueux* Louis XVI à la cérémonie de la place de la Bastille, pas plus que cette démarche et les sentiments respectueux qu'il y avait manifestés ne devaient l'empêcher de se mêler activement à la journée du 10 août. Palloy eût cru à la fois manquer à

[1] Lettre du 9 pluviôse an II.

tous ses devoirs de patriote et trahir l'admiration de ses compagnons d'armes, leur confiance, le besoin qu'ils avaient de lui, en ne leur donnant pas l'exemple et l'encouragement de sa présence ; il eût craint de découronner une journée révolutionnaire en ne s'y montrant pas. Dans son livre sur le 10 août [1], Peltier le nomme avec Maillard, Santerre, Panis et Gonchon, parmi les agitateurs et les *directeurs* ordinaires du terrible faubourg. « Henriot, Landrieux et moi avons forcé que l'on marchât, dit Palloy lui-même. La section des Tuileries m'a vu agir. »

Sa participation aux événements de cette journée fut spécialement marquée par un crime dont on voudrait pouvoir douter, car jusqu'à présent Palloy nous était apparu comme plus intrigant et vaniteux que méchant, mais que plusieurs témoignages contemporains ne permettent guère de contester, et qui prouve jusqu'où l'exaltation et la fièvre révolutionnaires peuvent entraîner un homme né, ce semble, sans aucun instinct sanguinaire, et dont on eût certainement révolté le cœur sensible en lui disant qu'il tuerait un jour en pleine rue, d'un coup de pistolet, un ami qui implorait son aide.

Au moment où la Révolution éclata, il y avait sur le Pont-Neuf un orfèvre nommé Carl ou Carle, Allemand d'origine, dit-on [2]. Carl s'était mêlé avec ardeur aux premiers mouvements, et son zèle, en même temps qu'il en faisait un ami de Palloy, l'avait désigné aux honneurs civiques. Nommé d'abord électeur pour son quartier, puis commandant du bataillon de Henri IV, il était devenu une sorte de personnage et, par ses

[1] T. II, p. 267.

[2] G. Duval, *Souvenirs de la Terreur*, ch. I. V. aussi Montjoye, I, 168.

manifestations, ses banquets fraternels, ses offrandes patriotiques, avait acquis une véritable popularité. Un jour il donnait, dans la grande salle du Palais, en l'honneur de la prise de la Bastille, un magnifique repas où Palloy s'étalait à l'une des places d'honneur. Un autre jour, il faisait enlever l'inscription placée sur la grille de la statue de Henri IV, qui offusquait le peuple. Une autre fois encore, il offrait de lever cinquante hommes à ses frais, pour venir au secours de la patrie en danger. Néanmoins Carl avait fini par trouver qu'on allait trop loin. Peut-être les souffrances persistantes de l'orfèvrerie et de la bijouterie n'étaient-elles pas étrangères aux inquiétudes du citoyen. La chute de la royauté allait porter le dernier coup à une industrie déjà agonisante. Aussi, après être venu protester à l'Assemblée au nom de sa section contre l'adresse qui réclamait la déchéance de Louis XVI, Carl s'était-il rendu aux Tuileries pour y prendre part à la défense de la monarchie. En sa qualité de premier lieutenant-colonel de la gendarmerie à pied, il protégea l'exode de la famille royale. On le vit à côté d'elle, pendant une grande partie de la séance, dans la loge du *Logographe*, qu'il ne quittait que pour veiller à la porte. Tout à coup un grand bruit se fait entendre dans le passage des Feuillants; Carl sort pour s'informer. Mais à peine a-t-il paru dans les couloirs que le peuple et les soldats-citoyens, mécontents de sa conduite aristocratique, se jettent sur lui. On l'entraîne dans la cour des Feuillants, où ses gendarmes tirent à bout portant deux coups de fusil sur leur chef, et le manquent. Carl, l'épée à la main, se fait jour jusqu'à la rue Saint-Honoré. Excédé de fatigue et traqué par la foule, il aperçoit son ami Palloy et se précipite vers lui en le suppliant de le protéger. Pour toute réponse, Palloy, exalté par la situation, l'étend à ses pieds d'un coup de pistolet. L'historien du 10 août, Peltier, accuse même le maçon patriote d'avoir achevé *son ami* à coups de sabre ; mais un autre, Maton de la Varenne, attribue cette dernière partie de l'exploit à l'orfèvre Boyer, un confrère de la victime, peut-être un voisin et un concurrent du quai aux Orfèvres, et il est plus naturel de l'en croire [1].

Il était alors un peu plus de trois heures. En ce moment les bâtiments accessoires des Tuileries brûlaient. L'incendie n'était pas simplement le résultat de la bataille ; il avait été mis très volontairement, pour détruire le repaire de la royauté et peser sur les résolutions de l'Assemblée nationale. Le peuple s'opposait aux efforts de ceux qui voulaient l'éteindre ; il menaçait de jeter les pompiers dans les flammes, et comme ils ne s'arrêtaient pas, on tira sur eux et plusieurs furent tués : « Apprenez que le feu est aux Tuileries, déclarait un citoyen admis à la barre, dans la journée du 10, et que nous ne l'arrêterons que lorsque la vengeance du peuple sera satisfaite. » Après lui Chabot, délégué avec Goupilleau et Duhem pour rendre compte de la situation, fit entendre clairement la même chose : « Nous nous sommes transportés au château pour examiner l'incendie, qui est véritablement malheureux, car les Français se feraient la guerre à eux-mêmes s'ils ne respectaient pas les propriétés publiques. » Des torrents de fumée désignaient de loin l'emplacement du château, vers le-

[1] PELTIER, *Dernier tableau de Paris* ou *Récit historique de la Révolution du 10 août*, I, 137, 185. MATON DE LA VARENNE, *Hist. particul. des événem. qui ont eu lieu en France, pendant juin, juillet, août et septembre 1792*, p. 149. V. aussi le *Dictionnaire des hommes marquants*. (Londres, 1800.) — DESGENETTES, dans ses *Souvenirs*, nomme un certain Roussillon comme s'étant vanté à lui de cet assassinat. (II, 211.)

quel se dirigeait sans cesse une foule immense. Déjà le feu avait dévoré, parmi les constructions adjacentes au palais, les écuries de la garde à cheval, l'hôtel du gouverneur, les bâtiments, les masures et baraques de la cour ; il commençait à gagner les pavillons de Marsan et de Flore. « Le Carrousel était comme une vaste fournaise ardente. Pour monter au château, il fallait traverser deux corps de logis incendiés dans toute leur longueur ; on ne pouvait y pénétrer sans passer sur une poutre enflammée [1]. »

Dans ce pressant danger, on songe au patriote Palloy. Il avait fait partie de l'escorte qui accompagnait Chabot et n'avait pas négligé, on peut le croire sans jugement téméraire, de lui faire sentir combien son expérience et son dévouement pourraient être utiles en cette circonstance. C'est Palloy qui a soufflé à Chabot les paroles par lesquelles celui-ci le propose pour arrêter le progrès du feu : « Il faut un homme de confiance, et j'indique à l'Assemblée le patriote Palloy, qui est très propre par ses talents et par son civisme à nous rendre des services dans cette partie. »

La Législative adopta immédiatement la proposition de Chabot. Chargé par décret de prendre les mesures urgentes [2], Palloy se mit à l'œuvre aussitôt, et dans la nuit même il envoyait à l'Assemblée un rapport, qui fut lu dans la séance du 11, pour annoncer que les progrès du feu étaient déjà *apaisés*, qu'il serait éteint complètement dans la matinée, et qu'il s'occupait à faire les *tranchets* nécessaires.

En ce moment, la fortune politique de Palloy avait atteint son apogée. Son nom figurait parmi ceux des can-

[1] *Révolut. de Paris*, n° 161.
[2] *Moniteur* du 12 août.

didats à la Convention pour la ville de Paris [1]. Afin de remplacer la Bastille, dont il continuait d'ailleurs à écouler de son mieux les matériaux et à distribuer les reliques, il venait de trouver d'abord les travaux des Tuileries, et on pouvait se fier à lui pour en tirer tout le parti possible. Mais le peuple n'avait pas seulement abusé de sa victoire en mettant le feu aux bâtiments de la cour des Tuileries ; il s'était jeté sur les statues des rois pour les abattre. Dans la séance du 11, un membre, représentant que ces opérations, confiées à des mains inhabiles, pouvaient occasionner les plus grands malheurs [2], demanda qu'on envoyât des ingénieurs ou des architectes pour y présider. Il fallait « régler les mouvements du peuple, » selon l'expression de Fauchet. De son côté, Thuriot invitait l'Assemblée à montrer un grand caractère en ordonnant sans hésiter la suppression de tous ces monuments élevés à l'orgueil et au despotisme. Conformément à cette invitation, l'Assemblée rendit un décret qui est l'un des témoignages les plus significatifs, avant la Terreur, de ce vandalisme dont un apologiste de la Révolution a essayé de faire un fantôme inventé par les royalistes : « Toutes les statues, tous les bas-reliefs, inscriptions et autres en bronze ou toute autre matière, élevés dans les places publiques, temples, jardins, parcs, dépendances, maisons nationales, même dans celles qui

[1] *Révolut. de Paris*, n° 164, p. 389. Palloy n'était pas inscrit sur la liste des électeurs du département de la Seine, mais les représentants pouvaient être choisis parmi tous les citoyens actifs. Nous avons parcouru aux Archives les procès-verbaux des assemblées électorales de Paris : Palloy n'a obtenu qu'une seule voix, dans le 3e scrutin de la 19e séance, celui où Pache fut élu.

[2] Une crieuse publique, Reine Vi[illegible], qui s'était suspendue à la corde pour renverser la statue de Louis XIV, fut écrasée par elle dans sa chute.

étaient réservées à la jouissance du roi, seront enlevés à la diligence des représentants des communes, qui veilleront à leur conservation provisoire. Les représentants de la ville de Paris feront, sans délai, convertir en bouches à feu les objets énoncés à l'article précédent, existant dans l'enceinte des murs de Paris [1]. »

Elle décida ensuite que Palloy serait chargé de veiller à l'exécution du décret [2]. Mais il est probable qu'on n'attendit guère plus sa surveillance qu'on n'avait attendu l'autorisation de l'Assemblée pour jeter bas les statues de Louis XIII à la place Royale, de Louis XIV à la place des Victoires et à la place Vendôme, de Louis XV sur la place de ce nom, qui gisaient à terre dès le soir du 11 août, précédant ainsi de vingt-quatre heures celle de Henri IV au Pont-Neuf, devant laquelle la populace avait hésité d'abord, comme les assassins devant les cheveux blancs de Coligny. Sa tâche se borna sans doute à faire enlever, après leur renversement [3], et transporter soit au Louvre, soit à la Monnaie ou chez le fondeur, les bronzes des places publiques.

Il semblait vraiment que Palloy fût l'entrepreneur et le démolisseur officiel de la Révolution. Comment n'en

[1] *Moniteur* du 13 août. *Procès-verbaux de l'Assemblée*, t. XII, p. 212.

[2] *Révolut. de Paris*, t. XIII, p. 309, séance du 11. *Inventaire des autogr. et doc. hist. de M. B. Fillon*, séries III et IV (1877), n° 518.

[3] Trois curieuses gravures des *Révolutions de Paris*, n° 160, représentent le renversement des statues royales. Les unes sont abattues à coups de marteaux et de maillets; les autres sont levées par des machines; d'autres sont tirées la corde au cou, au milieu du peuple, qui fait cercle et applaudit. Le spectacle revit sous nos yeux dans ces naïves vignettes. C'est le 11 août, d'après les légendes de ces gravures, que la populace aurait abattu notamment les statues de la place des Victoires, de la place Vendôme et de la place Royale. Cependant on a la réquisition de Palloy, datée du 12 août, à la section de la place Vendôme (*Mém. de la société de l'hist. de Paris*, XV, 203); mais le peuple avait déjà fait à demi la besogne avant l'entrée en scène des ouvriers requis.

serait-il pas venu à croire que son patriotisme lui créait un titre inaliénable, que tous les travaux lui appartenaient de droit et qu'il y pouvait régner comme en pays conquis, à se considérer enfin comme le directeur suprême des ateliers nationaux? Longtemps Palloy eut sous ses ordres et dans sa main une véritable armée de séides dont un ambitieux plus capable eût pu tirer un dangereux parti, car il était pour eux le grand panetier, l'homme le plus utile et le plus important de l'Etat. Mais l'agitation où il vivait, les petites jouissances de la vanité, l'enivrement des parades, sans parler des profits espérés par l'entrepreneur, suffisaient à Palloy, que gonflait le sentiment de son importance lorsqu'il figurait dans un cortège patriotique à la tête de ses apôtres, qu'il était harangué par le président de l'Assemblée, ou qu'il distribuait des brevets de civisme et recevait des serments patriotiques. Concurremment avec tant de travaux, cet *ardelio* de la Révolution, dont le génie était toujours en mouvement, pour employer sa propre expression, menait de front ses besognes ordinaires. Plus que jamais il figurait aux premiers rangs dans toutes les fêtes, cérémonies et apothéoses. Il était, avec sa Bastille et ses apôtres, de la pompe funèbre en l'honneur des victimes du 10 août; mais, s'il faut en croire Prudhomme, qui ne le gâte pas comme Gorsas, la mesquinerie de l'obélisque qu'il avait élevé dans le jardin des Tuileries obligea de recourir à l'architecte Poyet, qui y substitua un monument plus digne de son but, en faisant reculer la cérémonie de deux jours. Il était de la pompe funèbre de l'officier municipal Meunier, tué par mégarde dans les visites domiciliaires noctures du 29 au 30 août, et qu'on voulut honorer, comme un soldat mort à son poste, en l'enterrant dans le sol sacré de la Bastille. Il fut même le principal organisateur de ces funérailles, qui se firent en partie à ses frais, dit-il, ce qui signifie simplement que, suivant son habitude, il s'en trouva payé d'une façon insuffisante [1].

Nommé commissaire du Temple avec MM. Paris, Lefèvre et Martin, Palloy fut désigné dans la séance du 13 août, par le Conseil général de la Commune, pour exécuter les travaux qui devaient, en isolant et fortifiant le vieux donjon, empêcher l'évasion ou la délivrance des prisonniers. Il était naturel que le destructeur de la Bastille, cette citadelle de la tyrannie, fût chargé de construire la prison du tyran. Pour la première fois sans doute, suivant la remarque de M. de Beauchesne, le peuple regretta d'avoir renversé la Bastille. Palloy, qui l'avait démolie, se chargea de la remplacer. Dans la journée du 14, il se présenta au Temple pour prendre connaissance des lieux. Puis l'enclos fut envahi par ses ouvriers. On abattit tous les édifices, les maisons et les arbres qui environnaient la grande tour, on éleva du double les murs de l'enceinte, on creusa dans le pourtour un large fossé, que de nouveaux ordres firent combler ensuite : on boucha hermétiquement plusieurs des fenêtres donnant sur la partie de l'enclos du Temple appelée la Rotonde et sur sa porte d'entrée. Outre ces travaux du dehors, il fallut en exécuter précipitamment à l'intérieur, tant afin de rendre *logeable* le séjour où la famille royale venait d'être envoyée à l'improviste, sans que rien fût préparé pour l'y recevoir, qu'afin de prendre les mesures de sûreté nécessaires. On pratiqua des escaliers, on établit des verrous, on colla des papiers, on peignit les boiseries. Palloy était chargé également

[1] *Palloy à ses frères de la Société des amis de la Constitution de Sceaux*, 9 pluviôse. Il énumère encore d'autres cérémonies analogues, sans importance. Son activité lasserait la patience de dix historiographes.

de meubler les pièces et de procurer au roi et à la reine, sur leur demande et conformément à l'avis de la Commune, les objets dont ils avaient besoin [1].

Tandis que la famille royale habitait la petite tour, on préparait la grande en toute hâte. Les croisées étaient garnies d'énormes barres de fer et masquées par ces abat-jour, nommés soufflets, qui ne laissent arriver la lumière que par le haut. Au rez-de-chaussée et au premier étage, qui servait de corps de garde, on ne fit que des appropriations insignifiantes. Le second fut affecté au logement du roi. On divisa l'unique pièce en quatre chambres. Sept guichets furent disposés dans l'escalier entre le rez-de-chaussée et cet étage, où l'on pénétrait par une porte de fer. Le troisième reçut la reine, sa fille et Mme Elisabeth ; il était distribué à peu près de la même façon. Entre le château et la tour, le patriote fut chargé d'élever, pour isoler le jardin, un mur épais percé d'une porte charretière et d'un étroit guichet, qui ne s'ouvraient l'un et l'autre qu'à l'aide de deux guichetiers différents [2].

La Carmagnole, ce produit anonyme de la muse populaire, fleur monstrueuse éclose dans les ruisseaux sanglants du 10 août, n'a pas manqué de consacrer une de ses strophes informes aux travaux exécutés par Palloy à la tour du Temple, et l'on peut juger par ce qu'elle dit du *patriote* à quel degré de popularité il en était venu :

Le patriote a pour amis
Tous les bonnes gens du pays.

[1] Fr. Hue, *Dernières années du règne et de la vie de Louis XVI*, 3e édition, p. 352. A. de Beauchesne, *Louis XVII*, l. VI. Gorsas, *Législat.*, XI, 227-228, 345.

[2] *Notice par un gardien de la prison du Temple, trouvée dans les papiers de Palloy*. De Beauchesne, *Louis XVII*, l. VI et VIII.

Palloy était auprès de Louis XVI, avec l'inspecteur du Temple et l'officier commandant de la garde nationale, le 3 septembre, lorsque les assassins de Mme de Lamballe se présentèrent sous les fenêtres de la prison, promenant la tête de la princesse au bout d'une pique [1]. Pour obéir au peuple, ces citoyens prévinrent le roi et sa famille du spectacle qu'on venait leur offrir, en mettant sous leurs yeux « le triste et fatal résultat de leurs conjurations et de leurs trames infernales. » Les ouvriers s'étaient mêlés à la douzaine de misérables, porteurs des dépouilles sanglantes, qu'on avait laissés entrer dans l'enceinte, guidés par les commissaires du Temple. Nous n'avons pas à peindre en détail cette horrible scène, l'une de celles où le caractère bestialement féroce de la canaille triomphante se montra sans aucun voile, dans toute sa nudité hideuse [2]. Nous regrettons de n'avoir pu recueillir que des renseignements vagues sur l'attitude particulière de Palloy en cette circonstance, et d'ignorer si le patron montra plus de décence et de dignité que ses ouvriers.

Ceux-ci, du reste, se signalaient en toutes circonstances par leur ardeur révolutionnaire. Ils se considéraient comme investis d'une mission patriotique en travaillant à la prison du despote Capet. Ils s'unissaient aux canonniers et aux gardes nationaux pour chanter le *Ça ira*, pour couvrir les murs d'inscriptions cyniques et sanglantes : *Nous saurons mettre le gros cochon au régime. — Mme Veto la dansera. — A bas la louve autrichienne! — Etranglons les petits louveteaux.* Puis ils dessinaient des guillotines, et y représentaient *Louis éternuant dans le sac.* Leur gaieté obscène, leurs dan-

[1] PELTIER, *Dernier tableau de Paris*, t. II, p. 309.

[2] Voir le récit du municipal Danjou, dans le *Louis XVII* de M. de Beauchesne, l. VI.

ses, leurs plaisanteries cruelles, épouvantaient la reine, Mme Elisabeth et les enfants. Pendant les promenades de la famille royale, les ouvriers qui travaillaient dans le jardin la poursuivaient de leurs ricanements, de leurs chansons, de leurs injures. Ils insultaient surtout l'Autrichienne, Médicis-Antoinette. Chaque fois qu'elle remontait dans sa chambre, ils fredonnaient d'une voix avinée : *Madame à sa tour monte*. L'un deux s'écria un jour devant Louis XVI, qui, au moins dans les commencements, descendait au jardin pour examiner les travaux, qu'il abattrait la tête de la reine avec son outil [1]. C'est ce que le journal de Prudhomme résume d'un mot, en avouant, par un aimable euphémisme, qu'ils « ne se gênent pas infiniment, » et il ajoute que Marie-Antoinette, ayant cru leur entendre dire, dans un de ces moments de *gaieté patriotique* : « Ah! voilà encore une tête! Bon, bon, cela! » elle alla en faire part, toute tremblante, à sa sœur, mais qu'elle fut rassurée par un des gardiens municipaux, qui lui fit observer qu'on ne coupait pas des têtes tous les jours : « C'est assez de temps en temps. »

Parmi ces ouvriers se distinguait le tailleur de pierre Mercereau, démagogue violent, qui pérorait sans cesse au milieu des groupes, et qui bientôt, élu membre du Conseil général de la Commune, allait revenir au Temple comme municipal de garde, conservant son habit de travail en lambeaux et son tablier de peau recouvert d'une écharpe, affectant de tutoyer Louis le Dernier, et de lui parler le chapeau sur la tête avec une grossièreté sauvage. Quant au guichetier Rocher, ancien apôtre de Palloy, il allait plus loin encore, et un

[1] Mme Royale, *Récit de la captivité du Temple*. Gorsas, *Législat.*, XI, 278. *Révolut. de Paris*, n° 163.

jour, une panique s'étant répandue dans la foule, affolée par la nouvelle que les ennemis marchaient sur Paris, il courut mettre le poing sous le nez du roi, en lui criant : « S'ils arrivent, je te tue [1] ! »

Palloy avait également sollicité les travaux de la salle de la Convention, mais il ne les obtint pas [2]. Le probe et rigide Roland, rentré au ministère de l'intérieur après la journée du 10 août, éprouvait une défiance instinctive de ce personnage et de ses comptes. Six semaines ne s'étaient pas écoulées qu'il était convaincu que les travaux avaient été conduits en dépit du bon sens et des principes les plus élémentaires d'économie. On pouvait prévoir déjà que l'aménagement du Temple coûterait peut-être plus cher encore, toutes proportions gardées, que la démolition de la Bastille. Palloy espérait, comme d'habitude, faire passer l'exagération de ses notes, ses erreurs, ses maladresses, ses empiétements, sous le couvert de son enthousiasme révolutionnaire. Il n'en fut rien. Le 15 septembre, Roland écrivait à l'Assemblée une lettre très sèche, où le *patriote* était particulièrement visé.

« Les dilapidations qui se font journellement dans les domaines nationaux, disait-il, me forcent de demander à l'Assemblée le moyen de les arrêter. Déjà M. Palloy, à la faveur d'un décret qui l'autorisait à

[1] BEAUCHESNE, *Louis XVII*, 4e édition, t. Ier, p. 307, 332, 387.

[2] On jugea sans doute qu'il était impossible de laisser tout accaparer par un seul homme, et peut-être aussi le souvenir de son échec, en 1789, pour l'aménagement de la salle de l'archevêché destinée à l'Assemblée constituante, ne fut-il pas étranger à ce refus. Chargé de ce travail par ordre du comité, il l'exécuta du 14 au 28 octobre, pour la somme de 324 fr. 40, non sans faire des observations sur l'extrême économie qu'on lui avait imposée. Dans la séance du 26 octobre, une portion de la galerie destinée au public s'écroula en blessant plusieurs auditeurs et trois ou quatre députés. (*Courrier français* du 24 octobre.)

couper court à l'incendie des Tuileries, a fait pour 300,000 livres de dommages.... Tous les jours de nouveaux visages se présentent avec l'écharpe municipale et des ordres d'enlever ou de briser les portes. Je ne dispute pas sur les droits de la Commune de Paris. Cependant, elle n'en a pas plus sur les domaines nationaux que les communes de Perpignan et de Gravelines. On fait beaucoup d'abus de l'écharpe municipale. »

Non content de cette première attaque, trois jours après, dans la séance du 19 septembre, il revenait tout aussi vigoureusement à la charge du haut de la tribune :

« M. Palloy a été chargé, par un décret du 10 août, d'arrêter l'incendie des petits bâtiments attenants au château des Tuileries. Au lieu de se borner à exécuter cette mission, il a fait des démolitions considérables. Il est parti pour les frontières à la tête d'une compagnie de la Bastille, sans laisser aucun compte, et même sans payer les ouvriers : ceux-ci réclament à grands cris le prix de leurs journées, et comme ils ne doivent pas pâtir de la faute de l'entrepreneur, et que leurs besoins leur donnent des droits à une indemnité, je demande à être autorisé à les payer. »

XIV.

Palloy était parti, en effet, ne laissant derrière lui que des aperçus de comptes, suivant l'expression du conseil général, qui nomma des commissaires à l'effet de les vérifier et de les apurer. Le besoin toujours nouveau de mouvement, de parades, de manifestations théâtrales, dont le patriote était possédé, peut-être aussi le dépit de n'avoir pu obtenir les travaux de la Convention, venaient de le pousser à la frontière, avec les bataillons de volontaires et de fédérés, particulièrement de Parisiens, qui, après avoir abattu la royauté et purgé le sol de la liberté des ennemis à l'intérieur, s'en allaient tumultueusement sauver la patrie en danger. Il avait, comme la plupart des révolutionnaires, l'amour des galons. Puis il n'était pas fâché d'échapper aux embarras de sa situation par un acte d'éclat qui, en le dispensant, il l'espérait du moins, de tenir ses engagements, ferait reluire sa popularité d'un nouveau lustre.

« Voyant les ennemis dans les plaines de Châlons, j'abandonnai (il voudrait faire croire que c'est de son plein gré et par désintéressement patriotique) le projet d'un monument pour les séances de la Convention, préférant partir pour aider les patriotes à repousser les vils esclaves des despotes. Je montai, par les soins et aux frais de la section des Sans-Culottes [1], une compagnie de 150 hommes, fiers-à-bras du port, plus une compagnie de canonniers. Nous promîmes de vaincre ou mourir. Notre serment ne fut pas en vain. »

Cependant, l'histoire ne mentionne aucune victoire remportée par Palloy, et il ne mourut qu'en 1835.

A la tête des volontaires de la première compagnie, Palloy alla promener son héroïsme à la section, aux Jacobins, où le président, Collot-d'Herbois, donna la réplique à son collaborateur de la fête de la Liberté [2], à la Commune, au corps électoral, à l'Assemblée, en prononçant des harangues dont le caractère, dit-il, imposa à ses ennemis, et en se faisant délivrer partout acte de son serment. (11 septembre 1792.)

Qui le croirait? Palloy sut faire tourner son enrôlement au profit de son idée fixe et y trouver un moyen

[1] C'était le nom de la section du Jardin des Plantes, sur laquelle il avait son atelier de la rue des Fossés-Saint-Bernard ou Publicola. On publia alors l'*Etat des dons faits par les citoyens de la section des Sans-Culottes pour les frais d'armement de deux compagnies de volontaires.* J'y remarque la mention suivante : « Saladin, un habit, veste et culotte, un fusil avec sa baïonnette, une giberne pleine de cartouches, un casque et 25 livres remis à l'instant à Pierre Simon, enrôlé du jour, et promet de lui envoyer 100 livres pour la première oreille qu'il coupera à un Autrichien, 50 livres pour celle d'un Prussien, sur un certificat de ses camarades. » Palloy figure sur la liste, comme habillant un volontaire à ses frais, « pour faire son service en son absence. »

[2] *Palloy à ses frères de Sceaux-l'Unité*, 9 pluviôse an II. — *Lettre inédite de Palloy à Collot*, 24 décembre 1792 : Bibl. de la ville. — Dans cette lettre curieuse, il se déploie sous un nouveau jour : « J'ai vu, dit-il, dans le calendrier de l'*Almanach de la République*, tous les saints remplacés par le nom des grands hommes et des philosophes. Ce changement fait honneur aux hommes libres qui, connaissant tous les abus du christianisme, n'ont pas hésité à remplacer ces noms *idéals* enfantés par la sainte Bible et autres livres remplis des mêmes absurdités. J'y ai vu, à la place de saint Pierre, qui renia Jésus, le philosophe Diogène : c'est le patron que j'adopte, et renie pour toujours et à son exemple mon ancien patron. »

de plus pour écouler son inépuisable réservoir de matériaux : « Je m'étois muni, dit-il dans son apologie, de débris de la Bastille que j'avais transformés en signes propagateurs de la liberté. Ils ont électrisé les endroits où nous avons passé. » Mais il avait eu aussi une idée bien autrement républicaine, et qui le peint mieux encore. Pareil à ce sultan qui, en venant combattre les chrétiens de la première croisade, avait emporté toute une provision de chaînes pour les prisonniers qu'il devait faire, mais qu'il ne fit pas, l'enthousiaste Palloy imagina d'emmener à la suite du bataillon des Sans-Culottes un caisson plein d'outils destinés à « démolir les forteresses qui seroient enlevées aux despotes. » Malheureusement, les despotes ne laissèrent prendre aucune de leurs forteresses par ce foudre de guerre.

Dans sa compagnie, Palloy avait enrôlé plusieurs de ses ouvriers ; mais, en partant avec eux à la rencontre de l'ennemi, il négligea de payer les autres. Le jour même où Roland dénonçait à la tribune son départ précipité, ceux-ci se présentaient à la barre dans la séance du soir, demandant qu'on leur assurât du pain par la continuation des travaux de déblaiement du Carrousel [1].

Il se trouvait à Epernay avec sa compagnie, quand la nouvelle de la dénonciation portée contre lui par le ministre de l'intérieur lui parvint. Elle le plongea dans une indignation véhémente. Rassemblant aussitôt ses sans-culottes, il les passe en revue et les harangue, en racontant à sa manière, avec un luxe intempérant d'hyperboles, la part qu'il avait prise à la grande insurrection parisienne et en mêlant, à l'éloge de son

[1] *Procès-verbaux de l'Assemblée législative*, XVI, 177.

caractère et de ses services, les plus violentes injures contre Roland et sa femme.

Nous trouvons dans une lettre que lui écrivait, le 26 septembre, son employé Quesnel, jadis l'un de ses apôtres, quelques détails sur les bruits qui couraient alors contre lui. On l'accusait, comme nous l'avons vu, d'avoir dilapidé cent mille écus, et le sieur Heurtier, architecte du ci-devant roi, ainsi que les entrepreneurs de la salle de la Convention, avaient débauché ses ouvriers par l'appât d'une forte augmentation et en leur faisant croire qu'ils ne seraient pas payés. Bien plus, on assurait qu'il avait emporté 300,000 livres afin de soudoyer ses soldats et de les faire passer de l'autre côté du Rhin, mais que ceux-ci, ayant découvert son complot, rapportaient sa tête au bout de leurs baïonnettes. Mme et Mlle Palloy résistèrent bravement à l'orage. La première, fidèle aux traditions de la famille, fit porter à la Convention la pierre de la Déclaration des droits de l'homme, escortée de citoyennes à la tête desquelles elle se proposait de prononcer un discours; mais elle se heurta contre un nouveau décret, qui venait de décider que les pétitions seraient admises seulement le soir. Cependant ces dames obtinrent les honneurs de la séance [1].

[1] *Papiers de Palloy*, Bibl. de la ville. Suivant Gorsas, Mlle Palloy devait lire une adresse intéressante qu'elle tenait à la main, mais elle ne put que prononcer ces mots avec la charmante ingénuité de son âge : « Maman, qui devait se présenter avec moi, est disparue. » Celle-ci s'était retirée, ajoute Gorsas, parce qu'on lui avait dit brusquement, à l'entrée de la salle, que l'Assemblée ne recevait plus de pétitionnaires et qu'elle avait cru, à la suite des calomnies répandues contre son mari, que ce refus lui était personnel. — « Je ne puis donc, citoyens, que vous offrir mes tendres hommages, en vous priant, au nom de mon papa, d'accepter cette table des Droits de l'homme gravés sur une pierre arrachée des cachots de la tyrannie. » Quesnel dit, dans sa lettre, que la pierre de la Déclaration des droits de l'homme était escortée par la

Mme Palloy ne se borna point à cette démonstration. D'après les instructions de son mari et avec l'aide de ses secrétaires habituels, elle publia une brochure : *l'Epouse de Palloy au peuple toujours juste.* Le patriote avait pensé sans doute que la voix d'une femme venant défendre son époux à la barre du peuple souverain serait d'un effet plus pathétique et plus irrésistible [1]. Elle écrivit aussi à Roland pour se plaindre ; mais, malgré d'adroites cajoleries sur la *conduite patriotique* du ministre, son *zèle* et son *amour pour la vérité*, elle ne le désarma pas et n'en reçut qu'une réponse dédaigneuse.

Il fallait que la popularité de Palloy eût déjà souffert de fortes atteintes pour qu'une accusation de banqueroute, de vol et de trahison dirigée contre lui rencontrât tant de partisans, et que de braves sans-culottes égarés allassent, dans leur indignation, couper l'arbre de la liberté qui était à sa porte.

Un entrepreneur, chargé des démolitions des Tui-

2e compagnie des volontaires sans-culottes, qui ne laissèrent pas perdre cette occasion de prêter leur serment avec pompe, et qu'un des volontaires ayant pris la parole, dans le feu de son zèle, pour offrir la pierre en leur nom, Mlle Palloy se précipita à la barre, pour l'empêcher de s'arroger un droit qui ne lui appartenait pas.

[1] Dans cette réplique à de *lâches calomniateurs* et à de *bas jaloux*, pour la défense du *grand citoyen* calomnié par eux, Mme Palloy expose assez nettement les faits. Pour les travaux des Tuileries, on s'était plaint des dépenses causées par la clôture de planches construite autour du château, mais il l'avait fait élever avec l'autorisation du commandant général Santerre, pour empêcher de nouvelles dilapidations. On prétendait aussi que, en rasant le bâtiment où était la pharmacie, il avait causé à la nation une perte de 100,000 écus : c'est ce bruit, répété par Roland, qui l'a fait accuser d'emporter une pareille somme et a failli occasionner le pillage de sa maison. Mais cette démolition était nécessaire, d'abord parce que ce bâtiment isolé eût nui à la régularité de la place, puis parce qu'il avait été attaqué par le feu. En partant aux frontières pour *couronner* tous ses actes, Palloy avait présenté sa femme à Roland et

leries et des constructions du Temple, qui, au lieu de continuer ses travaux, partait tout à coup, avec plusieurs de ses ouvriers, pour la frontière, en laissant les autres abandonnés à une direction subalterne, prêtait le flanc aux soupçons, convenons-en, et il était bien naturel qu'on l'accusât. Néanmoins Palloy, après avoir, comme nous l'avons dit, réfuté les accusations de Roland devant ses soldats, continua sa marche avec eux pour rejoindre l'armée de Champagne, vers laquelle se dirigeaient de tous côtés des bataillons de volontaires et de fédérés. Il ne l'atteignit qu'après Valmy. Palloy fut désespéré sans doute de n'être pas arrivé à temps pour prendre part à ce premier exploit de la Révolution. On avait vaincu l'ennemi, et, comme Crillon, il n'y était pas !

Mais nous avons le récit fait par lui-même de sa campagne, et nous allons le résumer, parce qu'il est très instructif et que, indépendamment de son intérêt biographique et pittoresque, il offre un certain

prié le ministre de conserver en son absence à celle-ci la surveillance du déblaiement des Tuileries Mais, quelque temps après, l'architecte du ci-devant roi, Heurtier, avait signifié à Mme Palloy l'ordre de ne plus s'immiscer aux travaux, et les entrepreneurs qui voulaient le supplanter, avaient offert une plus forte paie à ses ouvriers, en les engageant à réclamer leur dû. Les uns, indignés, s'étaient plaints à l'Assemblée d'une pareille conduite ; les autres, obéissant à ces suggestions, avaient exigé leur paiement, et Mme Palloy les avait satisfaits aussitôt, bien que son mari eût toujours eu l'habitude de ne payer qu'au bout du mois et qu'il ne leur fût dû que quatorze jours. « L'objet de ces hommes en place, dit Palloy, était de me perdre et de faire échouer le projet que j'ai donné d'un second *Museum*, parallèle à la galerie actuelle, en détruisant l'habitation du tyran, ouvrant une rue vis-à-vis le pont National, laquelle eût abouti rue Saint-Honoré et eût été bordée d'une grille, supprimant les maisons du Carrousel, et construisant, avec les matériaux de ces démolitions, une rotonde entourée de colonnes, qui eût été la plus belle enceinte de l'Europe, pour les séances du premier sénat régénérateur de la liberté. »

intérêt général pour l'histoire des volontaires de 1792 [1].

Après avoir prêté serment à l'Assemblée, le 12 septembre, en lui présentant sa compagnie de la section des Sans-Culottes, Palloy la conduisit jusqu'à Pantin, puis, après l'avoir confiée à son premier lieutenant, il revint pour deux jours à Paris, où il avait des affaires à terminer. Il la rejoignit à la Ferté-sous-Jouarre, et tous ensemble dansèrent, en chantant la *Carmagnole*, autour de l'arbre de la liberté. A Dormans, l'aubergiste voulut le faire coucher dans la chambre où avait logé Louis XVI à son retour de Varennes, mais le ton dolent avec lequel il lui fit cette proposition inspira au patriote le soupçon qu'il plaignait le parjure Capet, et il alla demander l'hospitalité au maire. On organisa un bal; le curé dansa toute la nuit, le vicaire se *travestit* pour s'enrôler; Palloy harangua ses volontaires, et les jeunes citoyennes chantèrent une chanson sur sa compagnie. Il fut si content des bons procédés des habitants, qu'il promit de leur envoyer « un monument, fruit de notre liberté conquise, » en témoignage de son éternelle reconnaissance.

A Château-Thierry, il fit don d'une pierre, qui fut remise en cérémonie, au milieu de la plus vive allégresse, avec échange de discours à l'église et fraternisation de sa compagnie et des habitants.

Jusque-là tout allait bien; mais, au sortir de la ville, les choses commencèrent à se gâter par l'étourderie du capitaine des canonniers, qui, emporté par sa jeunesse et par la boisson, voulut absolument lancer son artillerie au galop et provoqua ainsi une bagarre. A

[1] *Le patriote Palloy à ses concitoyens. Mémoire soumis à l'examen du peuple*, in-4°, s. d.

Epernay, il fit hommage d'une nouvelle pierre, et, de simple capitaine qu'il était d'abord, se vit promu au grade de colonel d'un bataillon formé de tous les volontaires arrivés dans la ville. Les tambours lui donnèrent une aubade; le bataillon se mit sous les armes, parada dans toutes les rues et sur toutes les places d'Epernay, se rendit au champ de la fédération, dans l'église, où Palloy prononça encore un discours, et au directoire. Un citoyen abreuva les volontaires de vin de Champagne.

Cette petite fête fut malheureusement troublée par l'arrivée d'une lettre anonyme et d'un journal qui l'accusaient d'avoir émigré et d'emporter 300,000 livres à la nation, ajoutant que les scellés étaient apposés chez lui et que sa tête était à prix. Grande rumeur : la ville ne savait plus que penser sur son compte; le bataillon lui-même était divisé; les aristocrates échauffaient les esprits contre lui. Un moment il se vit perdu, mais il monta en chaire, demandant le temps d'envoyer à Paris chercher les pièces qui pouvaient le justifier. Une partie des volontaires s'offrit à prendre la poste et à aller le défendre à la barre de l'Assemblée. Pendant qu'il travaillait à un Mémoire apologétique, il lui arriva une lettre de sa femme, qui disait, entre autres choses, dans le style de la famille : « Nous apprenons que tu as la tête coupée. Si cela n'est pas, et que ma lettre te parvienne, vois ce que tu dois faire pour venger la mort de ta femme et de tes enfants et le pillage de ta maison, car nous sommes désignés. » Il n'en était que cela heureusement, et Mme Palloy, quoi qu'elle en dît, n'était pas plus morte que son mari n'avait la tête coupée. « Vois, mon ami, où nous plonge la conspiration des scélérats. C'est Roland, le ministre, qui a juré notre mort. Si nous survivons, et que tu meures, il ne périra que de notre main. » Roland l'échappa belle, pour cette fois.

Son mémoire le justifia [1], et les volontaires brûlèrent le ministre en effigie. Mais le malheureux Palloy était déjà désenchanté des grandeurs, et regrettait amèrement d'avoir oublié sa parole, qu'il n'accepterait jamais ni place ni grade. Le lendemain, le bruit court que les ennemis sont à la porte de la ville, que Châlons est pris, le camp levé, le pont coupé. Les volontaires veulent absolument partir, mais pas du côté de l'ennemi : Palloy ne parvint à les retenir qu'après avoir envoyé au camp de Châlons (quartier général des nouvelles levées) un exprès qui rapporta les nouvelles les plus satisfaisantes. Mais ils ne consentirent à prendre le chemin du camp qu'après avoir reçu des cartouches ; rien ne parvint à les convaincre qu'il n'y avait pas de danger : « ils craignaient la trahison, » et persistèrent avec opiniâtreté. Enfin, grâce aux capitaines des canonniers, on put en distribuer quinze ou seize à chacun. « Ils m'ont paru être satisfaits, au point que leur reconnaissance me fit verser des larmes : » en homme sensible, Palloy avait les larmes faciles.

Enfin il arrive au camp, après une marche troublée par « l'insubordination » et « la fougue de la jeunesse. » Là, il reçoit du général Sparre l'ordre de partir le lendemain et en fait part au bataillon, qui

[1] Il l'a fait imprimer sous ce titre : *Discours prononcé en présence des bataillons de volontaires et citoyens d'Epernay, pour répondre aux calomnies répandues par le ministre Roland et autres contre le patriote Palloy* Il n'a pas moins de soixante-treize pages in-4°, et s'il a réellement *prononcé* tout ce *discours*, la séance a été longue. Il y répète, du reste, beaucoup de choses qu'on trouve dans ses autres brochures, en y ajoutant des traits comme celui-ci : « Ce sont les sans-culottes, la crapule et la canaille de Paris, je me fais honneur d'être de cette classe, qui ont vaincu les soi-disant honnêtes gens. »

témoigne son mécontentement, « disant qu'il ne vouloit pas aller à la boucherie, qu'il n'avoit pas assez d'exercice et qu'il y en avoit d'autres à marcher avant eux. — Leur raison étoit juste, » ajoute ce colonel extraordinaire, qui se fait leur interprète auprès du général et en obtient contre-ordre, non toutefois sans « une petite mortification que je fus obligé de recevoir. » Il s'en consola parce qu'elle ne lui était pas personnelle, car, en ce qui le concernait, il était prêt à marcher sur-le-champ. Il est d'ailleurs forcé d'avouer qu'il avait un lieutenant-colonel qui ne savait rien, ayant eu le tort de le choisir uniquement à cause de sa « tête à caractère. »

A Châlons, le désordre était prodigieux : des volontaires avaient coupé le cou à un prétendu espion; d'autres avaient massacré leur lieutenant-colonel et, après avoir traîné son corps sur les quais et l'avoir jeté à l'eau, avaient voulu lui voler ses effets [1]. Palloy acheta des épaulettes en laine, au grand déplaisir de son bataillon et particulièrement de ses officiers, qu'il dut laisser libres, après une discussion fatigante, d'en porter en or, car « la jeunesse a trop de gloire, » et il plaça à l'arbre de la liberté une inscription patriotique. Puis il fut envoyé au camp de Fresne, où il eut grand'peine à obtenir l'établissement des tentes selon les règles militaires. C'est là que les commissaires de la Convention apportèrent la nouvelle de la proclamation de la république et qu'il donna à sa troupe, qui s'appelait auparavant bataillon des apôtres de la liberté, le nom de *bataillon républicain*. Puis il alla rejoindre la grande armée au camp de la Lune, où il ap-

[1] On peut voir dans les historiens locaux, MM. Barbat, *Hist. de Châlons-sur-Marne*, et l'abbé Poquet, *Hist. de Château-Thierry*, le tableau des excès de tout genre commis par ces bandes, véritable horde de brigands.

prit la victoire de Valmy ; mais Palloy n'en est pas moins convaincu de la trahison de Dumouriez, qui a dîné avec Brunswick et le fils du roi de Prusse, et qui eût pu anéantir l'armée ennemie. Ses volontaires se conduisent de plus en plus en volontaires, discutant avec lui, refusant d'obéir aux ordres qui leur déplaisent, de creuser des fosses pour enterrer les chevaux dont les cadavres pourrissent, d'aller chercher de la paille dans l'armée de Kellermann, etc.

Il reçoit, le 2 octobre, l'ordre de partir pour Réthel, où il doit être le 4 [1]. Sur la route « l'insubordination augmente de jour en jour. » A chaque instant, ce sont des alertes, parce que le vent agite un buisson, parce qu'un volontaire crie *Aux armes !* parce qu'un autre prétend entendre le trot de l'ennemi, parce que le second lieutenant-colonel rejoint le corps, le visage égratigné et les vêtements déchirés, disant qu'il a été arrêté par quatre uhlans, tandis qu'il était simplement ivre ; parce qu'un soldat tire un coup de fusil sur un camarade qui s'est mis à côté de lui pour satisfaire un besoin. Des révoltes et des rixes éclatent sans cesse. Plusieurs blessent leurs compagnons de coups de feu ; celui-ci menace un sergent de sa baïonnette ; celui-là vole un anneau d'or à une fille ; un lieutenant commet des faux et des escroqueries, dérobe huit chemises, un autre, une paire de pistolets; un quartier maître dépose ses épaulettes et rentre dans le rang, parce que les soldats ne cessent de l'insulter, etc. J'en passe, et beaucoup. A une lieue de l'ennemi, on ne peut venir à bout de placer les factionnaires : « les deux tiers ne sont pas venus à leurs postes ; la moitié

[1] L'ordre du colonel-adjudant général figure dans son dossier, ainsi qu'un ordre de départ de Châlons, du 26 septembre, signé par le lieutenant général commandant A. Sparre.

de ce qui s'étoit présenté ne s'y est pas rendue à l'heure. Heureusement pour moi que je veillois. » Un peu plus tard, il s'aperçoit en route que deux compagnies manquent et que les autres sont incomplètes. Puis on entend un cri : « A nous ! Voilà l'ennemi ! On enlève et pille nos équipages. » Le désordre se met dans les rangs ; deux canons roulent dans un fossé, les charretiers détellent, se sauvent et se cachent ; les officiers eux-mêmes sont atteints par la panique.

Les volontaires imposent leur bon plaisir ; ils n'acceptent pas les campements qu'on leur indique dans un village voisin et veulent loger en ville ; au commandement de Palloy, personne ne bouge. « Tous les officiers et volontaires disent qu'ils étoient mal conduits et que le général (Chazot) les trahissoit.... Je n'eus d'autre parti à prendre que de faire ce qu'ils ont voulu (c'est une première édition du mot célèbre : « J'étais leur chef, il fallait bien leur obéir »), ayant été menacé le matin ; de plus, ajoute le perspicace Palloy, je vis réellement qu'ils avaient raison de soupçonner le général. » Et il n'avait même pas attendu ce moment-là pour s'en apercevoir, car auparavant il s'était dit, en réfléchissant à la marche de Chazot, qui était parti un jour et une nuit avant le bataillon républicain, en suivant l'ennemi, qu'il servait d'arrière-garde aux Prussiens, « et l'on ne me l'ôtera pas de l'idée. »

Il est inutile de poursuivre ce tableau, où les mêmes traits se répètent à l'infini. Ils sont pris sur le vif et, dans leur réalisme minutieux et trivial, ils donnent l'idée la plus saisissante de ce qu'étaient ces bandes sans discipline et sans cohésion. Palloy n'est pas suspect dans la question, il adoucit et laisse dans l'ombre tout ce qu'il peut ; après avoir gémi, il est toujours prêt à s'attendrir et à excuser ; il met tout sur le compte de la jeunesse, du vin, de l'inexpérience, et il donne ces détails dans un mémoire où il prend la défense de ses hommes en même temps que la sienne. Chef et troupe étaient dignes l'un de l'autre.

Turbulents, indisciplinés, exigeants, ces mauvais soldats ne voulaient ni riz ni pain de munition, réclamaient du pain blanc et une haute paie, criaient sans cesse à la trahison, pétitionnaient contre leurs officiers, prétendaient diriger la guerre à leur gré, alors que leur taille chétive, leur peu de force et leur peu de courage les rendaient incapables, pour la plupart, de supporter même les fatigues d'une campagne.

Pour savoir encore à quoi s'en tenir sur cette chimérique légende des volontaires de 92, il suffirait de lire dans une feuille du temps [1], qui n'est point suspecte de contre-révolution, les *nouvelles des armées*, à la date du 17 septembre 1792 :

« Plusieurs têtes ont été menacées encore hier soir par les volontaires parisiens, entre autres celles du maréchal (Luckner) et de ses aides de camp. On les croit des traitres. — Il faut dire que ce n'est pas la totalité des Parisiens qui pense ainsi, et l'on ne peut pas mettre en doute que, dans le nombre de ceux qui se sont engagés dans ces volontaires, il n'y ait des gens payés pour mettre le trouble et semer la discorde. Ce qui prouve encore qu'il y a des agitateurs dans cette armée, et que, s'y l'on n'y veille, ils seront très à craindre, c'est le fait que voici : des volontaires qui étaient partis pour rejoindre l'armée de Dumouriez (l'armée de Dumouriez intermédiaire) ont appris que l'ennemi était à six lieues. Ils sont revenus en disant qu'*on les menait à la boucherie*. Plusieurs reprennent, assure-t-on, la

[1] *Moniteur* du 21 septembre 1792.

route de Paris, où ils ne manqueront pas de crier à la *trahison*. Ils diront *qu'ils ont été poursuivis par l'ennemi; ils n'en ont pas vu un seul.* Les uns disent qu'ils ne sont pas assez instruits, qu'ils ne savent pas manier les armes, que leurs fusils sont rouillés ; enfin cela fait pitié, s'il y a lâcheté ; si de leur part, c'est l'envie de nous nuire, cela fait horreur. Nous n'avons point d'ennemis plus redoutables. »

Le bataillon de la République se trouvait à Réthel, dans les premiers jours d'octobre, avec un autre bataillon parisien qui portait le nom du quartier Mauconseil, au moment où quatre déserteurs prussiens venaient de se rendre dans cette ville. Les malheureux sont rencontrés par des volontaires de ces deux bataillons, dont le bouillant courage n'avait pu trouver encore l'occasion de se satisfaire. Aussitôt ils s'en emparent, et, malgré les efforts du général Chazot, ses ordres, ses supplications, ils les massacrent, quoiqu'ils fussent prisonniers de guerre, en le menaçant de *l'expédier* lui-même : « Il est impossible, écrivait le général à Dumouriez, dans son rapport du 7 octobre, d'entreprendre quelque chose avec de pareilles troupes, qui méprisent les lois, dévastent, ne connaissent ni discipline ni obéissance, et sont des *volontaires* dans toute l'étendue du mot.... Ils n'inspirent que l'effroi aux citoyens. Si la cavalerie légère me parvenait, je les enverrais aussitôt au feu, pour voir s'ils savent aussi bien se battre que massacrer [1]. » Ces sévères paroles n'étaient que trop amplement justifiées.

A la première nouvelle du crime, Dumouriez répond en donnant l'ordre à Beurnonville de désarmer et de licencier les deux bataillons parisiens, après avoir fait

[1] C. Rousset, *Les Volontaires*, ch. XI.

saisir les coupables, qui devront être conduits à Paris par une escorte de gendarmes, et comparaître à la barre de la Convention. Il déclarait ces troupes indignes de servir la patrie, car ceux qui ne s'étaient pas conduits en scélérats s'étaient conduits en lâches.

Dans un rapport au ministre de la guerre (19 octobre) fortement empreint de l'emphase du temps, Beurnonville rendit compte de la façon dont il avait exécuté les instructions du général en chef, en y mêlant la clémence et la rigueur.

« Vous blâmerez peut-être, monsieur, une épreuve téméraire, mais j'ai voulu connaître l'effet de l'empire de la loi à l'aurore d'une république.... Je me suis présenté seul, et, avec le ton qui convient contre des hommes prévenus de crime, j'ai lu les ordres dont j'étais porteur. J'ai sommé le bataillon de mettre bas les armes : à l'instant les armes sont tombées des mains des neuf cents citoyens, pleins de respect pour la loi ; les officiers se sont avancés pour me présenter les neuf criminels enchaînés. Tous m'ont dit que rien au monde ne pourrait les empêcher de périr dans la boue ; à l'instant des officiers, des volontaires se sont précipités, je n'ai plus entendu que cris, que gémissements. Vous le dirai-je, monsieur ? je n'ai pu résister à ce déchirant tableau, je n'ai pu retenir mes larmes, et je ne puis les retenir encore en vous le retraçant. Je les ai fait relever, je les ai consolés, j'ai accepté les neuf criminels que je vous envoie. Le crime fuit, monsieur, ou il se révolte et ne se présente pas ainsi. Touché de la soumission, de la franchise de ce bataillon, je lui ai annoncé que je prenais sur moi de suspendre le désarmement ; il m'a suivi dans le plus grand ordre et avec la meilleure discipline ; et je crois, monsieur, qu'en le mettant à même de justifier l'opinion qu'il désire mériter en se sacrifiant pour la cause de la liberté et le salut de la république, je pourrai être écouté par un ministre patriote et sensible. L'exécution sévère de l'ordre qui m'était intimé aurait pu rendre scélérats neuf cents citoyens déshonorés, et je jouirai bien délicieusement un jour, si j'ai pu rendre neuf cents bons citoyens à la république. Je sollicite son pardon [1]. »

Pache, qui, à la date de cette lettre, avait succédé à Servan depuis vingt-quatre heures comme ministre de la guerre, ne demandait pas mieux que d'accorder le pardon demandé, il l'eût étendu volontiers aux neuf criminels livrés par leurs freres d'armes dans le bataillon républicain, ainsi qu'à ceux du bataillon Mauconseil (ou Bon-Conseil).

Palloy n'eut garde de laisser échapper une si excellente occasion pour revenir à Paris. Il s'était montré aux armées, il y avait conquis en vingt-quatre heures le grade de colonel ; il avait affirmé une fois de plus son bouillant patriotisme en volant aux frontières, et il avait goûté aussi les amertumes de la gloire ; il s'était heurté de toutes parts à des difficultés et à des ennuis qu'il n'avait pas prévus, et ne se croyait plus en sûreté. Maintenant, son titre lui imposait le devoir d'aller prendre la défense de ses compagnons d'armes, persécutés par la réaction. Dumouriez prétend qu'il était le principal coupable, et qu'il avait fui pour se dérober au châtiment ; mais, suivant Palloy, cet intrigant et perfide général avait été offusqué de sa mâle franchise, et n'avait pu supporter de voir à un officier supérieur les épaulettes de sans-culotte et la couronne murale des vainqueurs de la Bastille. Palloy, laissant le commandement à son lieutenant-colonel en second, accourut à

[1] C. Rousset, *Les Volontaires*, p. 91.

Paris pour le démasquer, ainsi que Chazot, dans un Mémoire, et prendre la défense des soldats incarcérés, avec d'autant plus d'empressement qu'il prenait en même temps la sienne. Certes, il n'avait pas eu toujours à se louer d'eux : ils avaient fini, on l'a vu, par lui rendre la vie dure à lui-même. Mais le généreux Palloy, tout en rappelant ses propres griefs dans la mesure où il était utile de le faire pour sa justification et pour se rendre intéressant, passait définitivement l'éponge sur ces peccadilles, et sentait d'autant plus le besoin de se montrer magnanime envers eux, que leur cause était commune, et qu'il se trouvait personnellement compromis.

Le *Mémoire* de Palloy, auquel nous revenons pour en analyser la partie justificative, est évidemment son œuvre propre. Il n'a pas voulu cette fois abandonner à l'un de ses secrétaires habituels le soin délicat de sa défense, et s'il a subi une revision, elle a été bien rapide et bien sommaire. Il est d'une prolixité prodigieuse, écrit en un galimatias incorrect et souvent bouffon, avec un embarras visible qui ajoute encore aux gaucheries et aux obscurités ordinaires de son style. Il y a des endroits absolument incompréhensibles, et un mélange de naïveté, de jactance, de férocité, de sensibilité, de puérilité, de solennité, de trivialité, une espèce de hâblerie penaude, vantarde et contrite tout à fait typiques et qui, malgré le tragique du sujet et l'atrocité pour ainsi dire ingénue de certaines phrases, constituent un ensemble du plus haut comique.

En somme, son système de défense, très peu clair dans sa diffusion, consiste à dire que ces quatre prétendus déserteurs prussiens étaient des émigrés ; que s'il les a fait arrêter, c'était d'abord par devoir, parce qu'il voyait en eux des ennemis de la patrie, et, d'autre part, afin d'empêcher qu'on ne les massacrât sur-le-champ, sans les interroger ; que si les volontaires les ont égorgés, c'est un emportement juste en soi, qu'on ne pouvait prévenir : ils ont eu tort d'agir *sans la loi*, mais ils ont eu raison *en fait*, et le vrai coupable, c'est le général Chazot, chez qui il avait fait mener les prisonniers, et qui les a abandonnés en continuant sa route, — Palloy dit : *en fuyant*, et il lui reproche *sa lâcheté*. — Il a voulu *se mettre en otage*, mais les volontaires l'ont refusé ; il s'est jeté au milieu des sabres levés de toutes parts sur ces malheureux, et il a même eu sa redingote percée. Çà et là, il lâche bien quelques demi-aveux : ainsi, il a commis une imprudence en lisant au corps de garde des papiers saisis sur eux, lecture qui a échauffé tous les esprits ; il confesse en passant le manque d'expérience militaire. Mais d'un péché véniel il ne faut pas faire un péché mortel. Il ne connaît pas les volontaires qui ont frappé, et, d'ailleurs, il est à présumer qu'ils n'ont pas été seuls, car, en se retirant, il a vu en l'air plus de six cents armes, parmi lesquelles des fourches et des bâtons mêlés aux piques, aux fusils, aux sabres et épées. Les volontaires, d'ailleurs, étaient exaspérés, « se voyant près d'un mois en route sans montrer leur valeur. » C'était, en effet, leur première bataille, et ils tinrent d'autant plus à se signaler dans cette affaire. Quant à lui, il était condamné à une grande prudence, car il se trouvait entre la vie et la mort (un de ses amis, du même grade, venait d'avoir la tête coupée à Cambrai, en voulant *empêcher la rumeur* de ses soldats [1]). Il fallait, dit-il encore dans une

[1] Dans son dossier, à la Bibliothèque de la ville, figure une lettre, toute bâtonnée, au général, où il lui dit qu'il craint la *férossité* de ses volontaires et demande à se constituer prisonnier à Mézières, quoique son innocence soit son crime.

phrase peu d'accord avec celle où il se représente se précipitant au milieu des sabres levés, que j'eusse la prudence « d'apporter le plus morne silence, à l'effet de ne pas réveiller les habitants, la nuit, par une alerte inconsidérée (cette raison est admirable) : j'ai, en conséquence, présumé bien faire en m'occupant *seulement* à calmer les esprits, à serrer les effets que j'avais laissés à la garde de l'officier. » Un homme si soigneux avait nécessairement la conscience calme.

Mais, en regrettant que les coupables, — on comprend bien qu'il ne s'agit pas ici des volontaires, — n'aient point été punis dans les formes, il en revient toujours à d'innombrables variantes, en son style, du mot fameux : « Le sang versé était-il donc si pur ? — Les brigands immolés étaient des scélérats, à n'en point douter.... Pourquoi sont-ils quatre coquins ? C'est purger la terre que d'en ôter les insectes. Ils ont peut-être, à eux quatre, fait périr plus de deux cents hommes. Une pelote de fil, des pièces de l'empire, des assignats et papiers monnoyés de toutes les villes, un rossignol, différentes clefs, tout prouve que c'étoient des pillards. Ils parloient un jargon dans lequel on pouvoit entendre qu'ils se disoient entre eux : « Nous sommes f..... » C'est le pudique Palloy qui met les points. Et à ce dernier argument il faut rendre les armes.

L'affaire fit grand bruit, et elle le méritait, dans la presse, dans les clubs, à l'Assemblée, dans la rue, partout. Mais l'infortuné patriote avait éprouvé tout d'abord une grave déception : des gens sur qui il croyait avoir le droit de compter et qui semblaient désignés d'avance comme ses défenseurs naturels, Marat et Gorsas en particulier, tout en prenant parti pour ses clients, prirent parti contre lui. « L'intrigue, dit-il, a fait parvenir au législateur Marat une lettre qui me compromet. » C'est le 13 octobre que Marat s'occupe pour la première fois de cette affaire dans son journal; il y revient le 16, et plusieurs de ses numéros en sont ensuite entièrement remplis. Il voit dans cet assassinat une infâme machination de Chazot, dont il ne sait même pas le nom, car il l'appelle d'abord Duchaseau; mais les officiers du *Républicain* sont presque tous des contre-révolutionnaires et des scélérats, d'intelligence avec lui et avec Dumouriez. Palloy est un vil coquin, un boutefeu soudoyé, qui a menacé de foudroyer la ville en tournant ses canons contre elle, et qui a pris la fuite afin de dérober à la justice les preuves du complot des deux généraux. Autant qu'on peut se reconnaître dans ses incriminations à la fois violentes et confuses, il accuse cette âme damnée de Dumouriez d'avoir fait naître tout exprès, en soulevant les volontaires contre les quatre émigrés et en les poussant à des excès, le prétexte dont celui-ci avait besoin pour sévir contre eux. C'est une merveille de raisonnement à la Marat, et Palloy put voir en cette circonstance qu'un démagogue trouve toujours un plus démagogue que lui pour le convaincre d'aristocratie [1].

Ce n'était pas assez : Marat porta sa dénonciation aux Jacobins le 15 octobre, et se fit déléguer par la société, avec Montaut et Bentabolle, pour aller demander des explications à Dumouriez, qui était à Paris

[1] *Journal de la République française*, par l'Ami du peuple, surtout n[os] du 21 au 25 octobre 1792 et suivants. Le patriote fut outré de ces attaques, et il existe dans ses papiers, à la Bibliothèque de la ville, le brouillon d'une réponse très crâne et très rageuse, datée de.... novembre, qui a été publiée par l'*Intermédiaire*, 1884, p. 128. Mais fut-elle envoyée ?

depuis quelques jours et qui avait même reçu la veille une ovation au club, où Danton, président, l'avait harangué. Après avoir cherché le général aux Variétés, il le relança jusque chez Talma, rue Chantereine, qui donnait une fête en son honneur, et, sans se troubler de l'impression produite par son entrée imprévue, il lui fit subir un interrogatoire menaçant, dont il rendit compte à la société dans la séance du surlendemain. Il réclama la couronne civique pour les bons patriotes dont l'énergie avait déjoué le complot de ces quatre émigrés, servant dans le régiment des chasseurs impériaux russes et venus à Réthel sous prétexte de s'enrôler au service de France, mais en réalité pour espionner et trahir, de connivence avec les généraux, et Léonard Bourdon l'appuya, tout en faisant la même concession que Palloy et avec plus de désinvolture encore : « Il est certain qu'on a violé quelques formes en coupant le col à ces quatre prétendus déserteurs, mais il faut jeter un voile officieux sur ces sortes de choses [1].

Marat porta également l'affaire à la tribune de la Convention dans la séance du 18 octobre, où son impudente apologie des meurtriers et ses accusations contre les généraux soulevèrent l'indignation et les murmures violents des Girondins. Gorsas, dans son journal, accabla particulièrement l'Ami du peuple d'invectives et de sarcasmes. Et cependant, en son Mémoire, à l'endroit où il se plaint de Marat, Palloy dénonce également « la plume vendue de Gorsas, qui semble, dit-il, oublier tout ce qu'il me doit. » Jusqu'alors, en effet, et nous avons eu maintes occasions de le remarquer, Gorsas s'était fait fréquemment le

[1] *Journal des débats de la société des Jacobins*, n° du 19 octobre.

prôneur de Palloy ; il était dur, en une conjoncture si grave, d'avoir contre soi un ami sur qui l'on croyait pouvoir compter, et cela en même temps, quoique d'une autre façon, qu'un homme dont il était l'adversaire le plus déclaré. Non toutefois que Gorsas accuse nommément Palloy : du moins n'avons-nous trouvé dans son journal aucune trace d'incrimination personnelle ; mais, en prenant le contre-pied de la thèse de Marat, il ruine plus formellement encore celle du patriote, car il soutient que les quatre prisonniers massacrés, s'ils étaient bien Français, n'étaient nullement émigrés et qu'ils avaient été incorporés de force dans le régiment russe d'où ils sortaient, et il défend sans réserve Chazot aussi bien que Dumouriez [1]. La condamnation de Palloy était implicitement contenue dans cette justification des victimes et du général qu'il accusait, et dans la condamnation des volontaires dont il prétendait expliquer et presque justifier le crime.

L'affaire suivit son cours. Une instruction fut ouverte. Les soldats arrêtés eurent à subir de minutieux interrogatoires. Travaillés dans leur prison, s'il faut en croire le patriote, ils le chargèrent dans leurs réponses, et on profita de son absence pour le faire remplacer dans son commandement par un homme « inepte et bachique [2]. »

Le bataillon Républicain, revenu à de meilleurs sentiments et gagné par la conduite de Beurnonville, fut dès lors, assure Dumouriez, le modèle de l'armée : « Le général a appris, depuis qu'il a quitté la France, ajoute-t-il, que Marat a fait reprendre le procès des quarante-

[1] V. surtout le *Courrier des départements*, du 19, des 21 et 22 octobre.

[2] *Palloy à ses frères de Sceaux-l'Unité*, 9 pluviôse an II.

deux scélérats et de Palloy; qu'ils ont été déclarés innocents et rétablis dans leur bataillon comme ayant bien mérité de la patrie; que le procès-verbal de la municipalité de Réthel a été déclaré faux et calomnieux et que le général Chazot a été arrêté et mis en état d'accusation. Il ignore si le brave bataillon Républicain a pu se soumettre à recevoir son indigne lieutenant-colonel et ses assassins [1]. »

Dumouriez, qui écrivait à distance, ne s'exprime pas ici avec une exactitude bien rigoureuse ; mais il ne se trompe pas sur le fond. Deux mois s'étaient écoulés depuis la première dénonciation de Marat, lorsque Vardon, député du Calvados, vint lire à la tribune son rapport sur l'affaire (séance du 18 décembre). Ce rapport, entièrement favorable aux volontaires et pour lequel on pourrait croire qu'il s'était inspiré de Palloy lui-même, adoptait une version des faits qui en atténuait de beaucoup l'importance. Non seulement les prétendus déserteurs prussiens étaient des émigrés, mais encore, comme les patriotes de Réthel l'avaient déjà écrit aux Jacobins, ils ne s'étaient fait passer pour déserteurs qu'afin d'échapper au supplice en se voyant sur le point d'être surpris, et ils avaient été découverts dans les circonstances les plus propres à exaspérer la fureur des volontaires. Ceux-ci arrivaient excédés de fatigue et dénués de vivres ; ils s'étaient adressés à un aubergiste qui avait opposé à leurs demandes des refus obstinés. Pourquoi ? Parce qu'il logeait les quatre émigrés. On les découvre : Palloy les fait mettre au corps de garde; mais la foule s'assemble de toutes parts. Il régnait une grande fermentation à Réthel par suite de l'approche de l'ennemi, de l'affluence des troupes et

[1] *Mémoires*, ch. I. V. aussi sa lettre à Pache du 22 octobre 1792.

des habitants de la campagne qui venaient s'y réfugier. Le général ordonne que les quatre prisonniers soient conduits à Mézières; mais l'ennemi approchait de cette ville : on craignait leur impunité. Ils sont arrachés de leur prison.... La sensibilité du rapporteur s'épargne, à l'aide de ces points suspensifs, le récit d'une scène pénible. La lettre du général Chazot, continue Vardon, est dictée par la mauvaise foi la plus insigne; Dumouriez et lui ont moins voulu satisfaire l'amour de la justice que leur haine contre les volontaires. « S'il était permis de justifier un meurtre, » le rapporteur dirait qu'il ne s'est jamais trouvé un tel concours de circonstances pour excuser la mort de quatre coupables « que les organes de la loi *semblaient* vouloir épargner. » La criminelle condescendance de Chazot et des corps administratifs a tout fait. « C'est l'impunité qui provoque toujours les vengeances populaires. » D'ailleurs, « s'il y a des coupables, » ce ne sont pas seulement les deux bataillons de Paris, mais le peuple et les soldats de tous les autres corps de troupes présents à Réthel. En conséquence, Vardon propose un décret qui ne se bornait pas à absoudre les incriminés et blâmait la conduite de Chazot. Des murmures se font entendre, mais les tribunes applaudissent, ainsi que Marat et quelques membres.

Rewbell combattit énergiquement ces conclusions au nom du bon sens. D'après le rapport même, il est certain qu'il y avait eu la violation de discipline la plus incontestable, et « le chef de cette désobéissance est l'inquisiteur *(sic)* Palloy. » Avec de pareilles doctrines, il est impossible d'avoir une armée [1]. On pouvait pro-

[1] Une lettre autographe sans adresse, du mois de nivôse an II, que je trouve dans les papiers inédits de Palloy, et que je reproduis textuelle-

poser une amnistie ; mais décerner des éloges aux coupables et un blâme aux généraux, « c'est le comble de l'horreur ! » La réponse de Rewbell fut sans cesse troublée par les rumeurs d'une partie de la salle, les murmures et même les cris violents des tribunes. Au milieu du tumulte, Legendre, Marat, Billaud-Varennes, demandent à s'inscrire comme défenseurs officieux des bataillons. Albitte démontre que si les soldats ont péché *par la forme*, le général a péché par le fond, qu'on ne saurait punir les uns sans punir aussi l'autre *avec la plus grande sévérité*. Son discours avait été interrompu par un tonnerre d'applaudissements subits partis des galeries pour saluer Marat, qui se dirigeait vers la tribune. Mais l'Assemblée ferma la discussion et, sur la proposition de Thuriot, vota le projet, après l'avoir expurgé de tout blâme contre le général : « La Convention nationale décrète que les soixante volon-

ment, sauf les fautes d'orthographe, nous donne encore une idée de la manière dont il comprenait la discipline :

« Camarade, je te dois réponse aux deux lettres que tu m'as adressées les 29 brumaire et 23 frimaire derniers. La première m'apprend qu'à ton arrivée à Vitry tu eus le commandement de cent bons bougres d'hussards pour f..... le bal au satellite des tyrans. Tu me marques qu'il t'a été délivré soixante sabres dont les lames étaient de plomb. Si, comme tu me le marques, tu en as gardé un échantillon, je ne doute pas que tu aies dénoncé ce délit national, afin que les auteurs de ce crime soient punis. Il nous faut du plomb pour envoyer des dragées à nos ennemis, et du fer pour battre les soldats salariés par les tyrans coalisés. Les Français redoutables savent faire la guerre avec le canon, mais aussi l'arme blanche, qu'il sait faire usage, fait mordre la poussière à ces esclaves des despotes....

» Tu te plains avec raison de certains individus qui ont les premiers grades, et dont le patriotisme n'est pas bien prononcé. Il faut, camarade, les surveiller de près, tâcher d'avoir des notions bien précises, tant sur leurs talents militaires que sur leur civisme. Une fois bien convaincu des soupçons que l'on a sur leur conduite antipatriotique, il faut les dénoncer à l'opinion publique. Point de grâce : il n'y a que la fenêtre du célèbre Guillotin qui peut nous délivrer de ces scélérats.... »

taires des bataillons de *Bon-Conseil* et le *Républicain*, détenus relativement à l'affaire de Réthel, seront mis en liberté et réintégrés dans leurs grades respectifs; décrète que ces deux bataillons reprendront leur rang dans l'armée [1]. »

Malgré ce décret, qui toutefois ne le réintégrait pas personnellement d'une façon aussi formelle qu'il affecte de le croire, et malgré la protection de ses puissants amis de la Convention et des Jacobins, — Legendre, Billaud-Varennes, Vincent, Ronsin, — Palloy n'alla pas retrouver son bataillon. Il assure, en brouillant un peu les dates, qu'il était en route pour se rendre à son poste quand il apprit que Dumouriez, en dépit du décret, lui avait donné un successeur : « J'envoyai ma démission au ministre Beurnonville, qui l'accepta (Palloy ne s'était pas pressé, car Beurnonville ne fut ministre que le 8 février 1793). J'y joignis mon cheval pour le service de l'artillerie.... Cédant aux instances de ma femme, je m'occupai enfin de mes affaires personnelles, en jurant *(toujours!)* de rejoindre le plus tôt possible, comme soldat de terre ou de mer, les défenseurs de ma patrie contre les satellites des

[1] *Moniteur* du 20 décembre. On sait que Beurnonville avait d'avance rendu inutile cette dernière partie du décret. Il est question ici de soixante volontaires détenus; Dumouriez, dans ses *Mémoires*, parle de quarante-deux; Palloy, dans son apologie, de vingt et un. On peut croire que ce dernier chiffre ne s'applique qu'au *Bataillon républicain*, mais nous avons vu que Beurnonville n'avait parlé que de neuf coupables pour ce bataillon dans son rapport au ministre de la guerre. Il est difficile de mettre tous ces chiffres d'accord, à moins que les premières arrestations opérées n'aient été suivies de nouvelles. Chazot écrivit à la Convention pour se justifier, lui demandant la nomination de commissaires chargés de l'entendre. « Chazot oublioit sans doute que c'étoit Marat qui l'avoit inculpé; la Convention, qui s'en est souvenue, est passée à l'ordre du jour » (dans la séance du 31 décembre). *Le Patriote* de BRISSOT, n° 1238.

brigands couronnés, jusqu'à leur destruction. » La vérité est qu'au fond le terrible patriote avait les goûts les plus pacifiques du monde. Ces quelques semaines passées sous les armes avaient suffi pour épuiser sa fièvre guerrière, comme pour achever de jeter le trouble dans ses affaires.

XV.

Le 1er novembre, nous le retrouvons au Temple avec les commissaires de la Convention nommés pour vérifier les mesures de sûreté prises par le conseil général de la Commune à l'égard de la famille royale. Il se plaignit du retard qu'on mettait à régler ses mémoires et promit que tous les travaux seraient terminés dans un mois [1]. Mais le désintéressement et la capacité de Palloy étaient décidément en suspicion. Les bruits répandus contre lui ne faisaient que s'accroître de jour en jour. Les malintentionnés et les jaloux, dit-il, prétendirent qu'il dépensait un million. « Manuel eut l'effronterie de me demander au bout d'un mois de quel ordre je travaillais. » Voyant qu'on voulait l'évincer, il rendit ses comptes pour imposer silence à la calomnie, et abandonna la besogne. On nomma deux commissaires : Lépine et Talbot. Palloy en appelle à leur jugement : « La dépense totale, dit-il, ne s'est élevée qu'à cinquante-huit mille livres; et certes, si l'on avait laissé subsister le fossé au pourtour, les murs étaient inutiles. Que l'on demande le compte, et qu'il soit vérifié par des artistes véridiques et républicains, la nation verra que la dépense depuis a été à plus de deux cent mille livres [2]. » Ces assertions ne

[1] De Beauchesne, *Louis XVII*, 4e édit., p. 350.

[2] *Palloy à ses frères de la Société des Amis de la Constitution de Sceaux*, 9 pluviôse an II.

sont guère d'accord avec les accusations dirigées contre lui. Il est certain du moins qu'il avait soulevé bien des mécontentements, même dans la Commune, et qu'il finit par être remplacé au Temple, comme à la tête de son bataillon.

Au milieu de toutes ces tracasseries, Palloy n'oubliait aucun de ses devoirs civiques. En novembre, il faisait imprimer une *Adresse aux Brabançons composant la société des Amis de la liberté et de l'égalité de Mons, département de Jemmapes*, qui accompagnait l'envoi de l'inévitable pierre. Le 17 décembre, il publiait, en les présentant à la Convention, les *Seize commandements patriotiques*, par un vrai républicain. C'est une espèce de placard sur deux colonnes, qui semble fait pour être affiché dans les écoles, ou plutôt dans les salles d'assemblée et les sections, car évidemment il ne s'adresse pas à des enfants. Je détache de cette élucubration les extraits suivants, dont les idées et le style sont également caractéristiques :

II

L'or que tu possèdes ne t'appartenoit pas : secours tes semblables, comme s'ils ne formoient avec toi qu'une même famille, et n'aye jamais plus d'une ferme à cultiver.

III

Ton aisance est pour jouir sobrement : n'accapare pas; use de tout; contente tes goûts avec prudence : point d'excès en luxe, ragoût, vin, ni femme.

VIII

Méfie-toi de ceux qui se vantent beaucoup; sois bien circonspect en élevant aux emplois ceux à qui la Révolution a été préjudiciable.

IX

Garde-toi des perfides caresses de ceux que l'on appeloit autrefois grands, des sourdes menées des aristocrates et de ceux qui leur ont été attachés.

XV

Garde-toi de prendre les drapeaux de la licence pour ceux de la liberté; empresse-toi d'acquitter les contributions : c'est le devoir sacré d'un républicain.

XVI

Souviens-toi que tu as brisé tes fers, que les despotes sont sans humanité. Choisis bien tes législateurs, et surveille attentivement les ministres qui ont toujours fait le mal et qui peuvent encore le faire.

MEMENTO DU PATRIOTE

Citoyen, bénis l'Etre suprême de t'avoir fait recouvrer la liberté; et sois convaincu que, si tu n'observes pas ses commandements, tu rentreras sous le joug du despotisme, pour n'en sortir jamais.... Sois l'éternel rempart de la base fondamentale de la colonne de la Liberté, érigée sur la ruine d'une des tours de la défunte Bastille, dont les débris sont disséminés sur la surface de l'univers....

Brave Français, en jurant de vaincre ou mourir pour la Liberté, l'Egalité et la République, ne sens-tu pas comme moi le philtre de la Patrie se mêler dans ton sang et embraser ton cœur? C'est ce philtre qui fait les héros, les grands hommes et les vertueux citoyens; c'est lui qui m'inspire et qui ne peut jamais m'égarer.

Cependant les événements avaient suivi leur marche

logique. Louis XVI venait de porter sa tête sur l'échafaud. A cette occasion, un nommé Romeau publia un pamphlet de quatre pages, intitulé *la Tête ou l'oreille*. Dans ce factum, après avoir proposé de remplacer dans les familles les anciennes fêtes antirépublicaines par le 14 juillet, où figurerait sur chaque table une Bastille en pâtisserie, et par le 10 août, dont un dindon chargé de représenter *l'imbécile parjure* ferait les frais, il ajoutait : « Enfin, le 21 janvier serait partout caractérisé par la *tête* ou l'*oreille* de cochon, que chaque père de famille ne manquerait pas de mettre sur sa table, en mémoire du jour heureux où celle du parjure Louis XVI tomba et nous délivra de sa triste présence. » Il ne négligea pas de soumettre cette belle idée à Palloy, qui l'accueillit avec enthousiasme, en s'efforçant de se l'approprier. Elle était à sa hauteur.

On a la minute d'une lettre qu'il écrivit à Barras le 25 ventôse an IV, l'invitant à venir, avec les membres du Directoire, les présidents des deux conseils, les ministres, etc., manger une *tête de cochon farcie*, pour célébrer l'anniversaire de la mort du tyran. C'est un usage auquel il ne manque jamais ce jour-là, et qu'il a, dit-il, emprunté aux Anglais. Son habitude est d'inviter à cette petite fête, avec les chefs des autorités constituées, les républicains qui n'ont pas varié dans le cours de la Révolution, car Palloy a la prétention de s'être toujours maintenu inflexible et immuable sur le terrain des principes. Cette lettre est décorée d'une vignette représentant la royauté et le clergé foudroyés par le peuple [1].

L'atelier du patriote était universel. Il en sortait des images aussi bien que des pierres, des médailles,

[1] *Catal. de doc. autogr. sur la Révolut.*, n° 209.

des décorations, des brevets, des brochures et des chansons. On le voit encore, le 2 pluviôse an VI (le 2 pluviôse, c'était le 21 janvier), publier une estampe allégorique et satirique, *le Serment de haine à la royauté*, et, l'année suivante, lancer un pot-pourri chanté chez lui en l'honneur du même anniversaire, avec une vignette où le peuple vainqueur du tyran est assis sur un triangle qui écrase un pape et un roi [1]. Palloy n'était cependant plus alors le fougueux jacobin ami de Collot et de Vincent; il avait docilement suivi, comme toujours, le mouvement de l'opinion, représentée par le gouvernement. Mais le Directoire lui-même, composé de régicides, avait soigneusement maintenu sur la liste des fêtes nationales la commémoration d'un crime qu'il sentait le besoin de glorifier pour s'absoudre. Il affectait d'associer la France à l'attentat du 21 janvier et de voir dans cette date celle de la fondation définitive de la république et de la liberté. La fête de l'abolition de la royauté ne prit fin que sous le con-

[1] CHAMPFLEURY, *Hist. de la caricature sous la République*, p. 45. *Catal. d'autogr. sur la Révolut. franç.*, vendus le 30 mai 1883, n° 57. Sur la troisième page de ce document figure la liste des invités, au nombre de trente-cinq, parmi lesquels on remarque, outre les directeurs et les ministres, les députés Mathieu, Portiez (de l'Oise), Louvet, Chénier, les anciens prisonniers d'Etat Camus, Bancal, Lamarque, Drouet, Beurnonville, etc. Il existe aussi une médaille, la seule, paraît-il, qui ait été frappée en France, pour célébrer la mort de Louis XVI, « dernier roi d'un peuple libre; » cette médaille ressemble tout à fait par la qualité du métal, le style de la gravure, la conformation des lettres et l'incorrection de l'orthographe, à celles de Palloy. Cependant M. Hennin, toujours très favorable à Palloy, dont il tient tous les renseignements sur son compte, pense qu'il n'y fut pour rien, et qu'elle est due probablement à des personnes qui avaient travaillé sous sa direction. Il est plus que douteux que Palloy fût encore à l'armée au moment de la mort du roi, comme le dit M. Hennin; mais ce qui est plus concluant, c'est qu'elle ne porte pas son nom, que Palloy fourrait partout. (V. *Hist. numismatique*, n° 490.)

sulat. Le zèle de Palloy répondait donc à ses désirs. Nous serions curieux de savoir si Barras et Sieyès poussèrent le courage de leur conviction jusqu'à aller partager avec Palloy la fameuse tête de cochon farcie.

La veille de l'exécution de Louis XVI, Lepelletier avait été frappé d'un coup mortel, au Palais-Royal, par l'ancien garde du corps Pâris. Le 23, Palloy faisait hommage à sa famille d'une pierre encadrée par le bois d'une porte de la Bastille, sur laquelle il avait gravé la lettre du président de la Convention, et le jour des funérailles, il fit décorer à ses frais la rue de Thionville et le club des Cordeliers. Mais il ne paraît guère avoir participé aux obsèques solennelles de Lazowski qu'en prêtant aux organisateurs de cette pompe funèbre, sur leur demande, un drap tricolore pour recouvrir le lit de repos où l'on devait déposer le cadavre. A cette époque, en effet, Palloy s'était retiré à Sceaux, pour liquider ses affaires, vendre ses propriétés et désintéresser ses créanciers, ce qui ne l'empêchait pas de révolutionner la commune, d'y faire supprimer les dernières traces de la servitude féodale et apposer à toutes les rues de nouvelles plaques portant des noms de grands hommes [1]. Avec ce génie théâtral qui ne l'abandonnait jamais, et en homme persuadé que la France entière avait les yeux sur lui, qu'il ne pouvait se tenir un moment à l'écart sans inquiéter ses concitoyens et qu'il leur devait compte de tous ses actes, il avait affi-

[1] On verra plus loin, dans son programme de la fête de l'Etre suprême, quelques échantillons des noms qu'il avait fait donner aux rues et places de Sceaux. Il y avait, entre autres, les rues Mucius-Scævola, Brutus, J.-J.-Rousseau, Voltaire, Châlier, Marat, Lepelletier, Lazowski, des Droits-de-l'Homme, des Piques, du Bonnet-Rouge, des Hommes-Libres, des Sans-Culottes, de la Bastille; les places de la Raison, de la Montagne, de la Fraternité, de la Régénération.

ché *sur ses meubles*, dit-il, le programme de la tâche qu'il s'imposait : « remplir ses engagements, songer à la vieillesse de sa femme, à l'établissement de sa fille et à l'éducation de son fils; ensuite se réunir à ses frères pour former un rempart à la patrie. »

Mais Palloy n'était pas fait pour croupir longtemps dans un honteux égoïsme. Après la révolution du 31 mai, il n'y put plus tenir. « Voyant que les hommes qui avaient le plus marqué dans la Révolution trahissaient leur patrie, » il sentit que la république avait besoin de lui. Qui sait? peut-être était-ce à cause de la retraite momentanée de Palloy qu'elle avait failli périr! Les créanciers du patriote s'en tireront comme ils pourront, mais quant à lui, il faut qu'il reprenne sa *carrière propagatrice*, qu'il *électrise* de nouveau les Français. Le voilà donc qui expédie des Bastilles aux départements du Mont-Blanc et des Alpes-Maritimes, annexés à la France par les victoires de Montesquiou et d'Anselme, et qui envoie à tous les chefs-lieux de France, puis à toutes les communes de la Seine de nouvelles pierres sur lesquelles la Déclaration des droits de l'homme est substituée à l'effigie du traître Louis XVI. Une circulaire pompeuse accompagnait cet envoi :

« Citoyens, président et administrateurs,

» Vous avez daigné agréer de moi un modèle en relief de la défunte Bastille, ainsi que les accessoires qui l'accompagnoient; vous avez reçu en frère l'Apôtre de la liberté qui vous l'a offert. Mes vues étoient de fixer l'époque où les François avoient brisé leurs chaînes, et entretenir par là l'amour de la liberté naissante et la haine des tyrans. Quatre années se sont écoulées dans le fléau le plus cruel. Poussé par l'intrigue et la méchanceté d'une poignée d'hommes qui n'étoient pas faits pour jouir du bonheur que leur avoient tracé leurs concitoyens, il fallut qu'Hercule armât le peuple de sa massue pour engloutir les traîtres et renverser le trône, comme il a fait de la Bastille. L'un et l'autre sont anéantis, et la France est républicaine.

» Je vous donne avis, citoyens, en vous faisant hommage de la Déclaration des droits de l'homme, sur une pierre de la Bastille que je vous prie d'accepter. Cette dalle remplacera celle qui portoit l'effigie du traître Louis ; elle rappellera à toutes nations les époques glorieuses des 14 juillet, 6 octobre 1789, 20 juin, 10 août 1792, 21 janvier et 31 mai 1793, où les François libres ont soutenu avec bravoure et dévouement ce qu'ils ont juré de maintenir :

La République une et indivisible
Liberté, Egalité, Fraternité
ou la mort.

» Elle annoncera à tous les tyrans couronnés, dictateurs, triumvirs et potentats mitrés, que les républicains françois ne connoissent d'autre seigneur que Dieu, et nul maître que la loi....

» C'est de la part de votre frère d'armes, ennemi des rois et l'ami du peuple, et qui ne vit que pour mourir républicain [1]. »

Quinze départements poussèrent la négligence, — ou la méfiance des comptes de Palloy, — jusqu'à ne pas répondre ; mais celui-ci ne lâchait pas prise aisément, et il ne les en tint pas quittes : le 2 nivôse an III, les quinze récalcitrants recevaient une longue circulaire,

[1] Cette lettre, adressée à Auch, a été transcrite par M. Tabouriech, archiviste du département du Gers. Palloy doit en avoir écrit de semblables aux autres départements.

où Palloy insistait avec un mélange de dignité et de condescendance. Il ne se borna même pas là : parmi les départements qui n'avaient point répondu à son offre réitérée, se trouvait celui de Seine-et-Oise. Palloy lui mit sa pierre sur la gorge : non content de se plaindre avec amertume de cette insouciance antipatriotique, il l'envoya quand même, en demandant aux membres de la société des Amis de la liberté et de l'égalité, de Versailles, de nommer une députation pour accompagner ses apôtres, dans l'espoir « que cette démarche imposante forceroit les administrateurs à accepter son offre [1]. » Il n'était pas facile de se débarrasser de lui. Les Invalides ne furent pas non plus oubliés, et, en même temps qu'une pierre avec là Déclaration, ils reçurent deux médailles, destinées l'une au plus vieux, l'autre au plus jeune de l'Hôtel.

Naturellement, le patriote s'est mis à la hauteur des événements et a haussé son langage avec les circonstances. Il n'est plus question, dans sa fourmillante correspondance, que du *glaive de la loi* et du *couteau national :* « Point de pitié pour les scélérats! Main basse sur les brigands! Livrons-les aux tribunaux! » Il y foudroie le rebelle Lyon, l'infâme Toulon, le traître Custine, et signe volontiers : le *républicain* Palloy.

Marat meurt sous le couteau de Charlotte Corday : Palloy, oubliant ses griefs, se multiplie pour les funérailles de l'Ami du peuple. Il décore l'église des ci-devant Cordeliers; il fournit les tentures tricolores de son invention; il offre des inscriptions gravées sur des pierres de la Bastille, pour remplacer celles de la rue des Cordeliers et de la place de l'Observatoire, qui doivent s'appeler désormais du nom de Marat. Le prési-

[1] *Bastille*, mss. I, 180.

dent de la section du Théâtre-Français (l'Odéon d'aujourd'hui) remercie Palloy en une lettre solennelle, et le jacobin Guirault, membre de la Commune du 10 août, qui avait prononcé l'oraison funèbre de l'Ami du peuple dans la section du Contrat social, lui écrit : « Partout où la main de *Palois* se fait sentir, on reconnaît le goût de l'homme de l'art. C'est à lui que la postérité devra cette gaieté qui accompagne aujourd'hui les obsèques de l'ami de la liberté (*gaieté* est heureux). La tenture tricolore va remplacer désormais la tenture noire, et l'homme affligé de la perte de son ami semblera goûter tous les sentiments de consolation en le voyant entouré des couleurs nationales. »

Dès lors le répertoire des fêtes de la Révolution s'enrichit d'un nouvel article : l'inauguration des bustes de Marat. C'est un mot d'ordre, c'est la grande démonstration révolutionnaire. Le buste de Marat devient comme un pendant à la cocarde et aux cartes de civisme, à la carmagnole et au bonnet rouge. Les écoles, les théâtres, les sections, tous les lieux de réunions populaires rivalisent de zèle à cet égard. Associé le plus souvent à Brutus et à Lepelletier, le hideux démagogue trône partout, terrorisant encore après sa mort ceux qu'il avait épouvantés de son vivant, objet d'hommages qui s'élèvent aux proportions d'une véritable idolâtrie. Palloy se fait l'entrepreneur en titre de ce culte : il fournit les ornements pour embellir les fêtes d'inauguration, des pierres de son magasin patriotique pour supporter les bustes, et il va quelquefois, dans l'ardeur de son zèle, jusqu'à en composer lui-même les inscriptions [1].

[1] Citons particulièrement, comme échantillons de sa poésie sans-culotte, ces trois distiques, envoyés à la Société des Amis de la Liberté

Nous ne le suivrons point dans toutes les autres manifestations patriotiques et *preuves de génie,* comme il s'exprime lui-même avec une candeur bien propre à désarmer, qu'il donna à la fraternisation du 10 août 1793, aux fêtes de diverses sections, notamment des sections de la Halle-au-Blé et de Guillaume-Tell. Le 9 août, il allait offrir à la Convention la Déclaration des droits de l'homme sur un tableau formé des pierres de la Bastille, auquel était attaché un glaive dont la lame portait l'inscription suivante : *Fatal aux tyrans.* La Convention accueillit ce cadeau, devenu bien banal, sans aucun des transports d'enthousiasme auxquels Palloy était habitué ; elle admit néanmoins celui-ci aux honneurs de la séance, avec la mention honorable et l'insertion au bulletin. Quelque temps après, il offrait toutes les pierres nécessaires pour construire un monument au républicain Ballard, tué par les Vendéens à Cholet, puis une autre pierre, avec une belle épitaphe, pour le citoyen Desjardins, chef de bureau au département de la police, canonnier de la section Guillaume-Tell, enterré au Champ de Mars.

Une nouvelle lubie patriotique lui traversa alors la cervelle. Dans les derniers mois de 1793, il imagina, en envoyant de ses médailles aux fonctionnaires, aux présidents de section, aux officiers de l'armée révolutionnaire et aux personnages en vue, de leur adresser

et de l'Egalité de Montpellier, en l'an III, et que nous avons trouvés dans ses papiers.

Pour le buste de Brutus :

Le vrai défenseur des Lois,
Fut l'ennemi juré des Rois.

Pour Lepelletier :
Pour avoir voté la mort du tyran,
Il fut assassiné par un brigand.

Pour Marat :
Le véritable ami du peuple,
Fut poignardé par les ennemis du [peuple.

en même temps une formule de serment républicain, qu'ils devaient lui renvoyer signée. Nous avons eu sous les yeux un grand nombre de ces feuilles, imprimées ou manuscrites, signées de Palloy et de ceux qui prêtaient le serment demandé : « D'après la renommée que tu as en patriotisme, écrivait-il à l'ancien constituant Cochelet, qui avait été commissaire du conseil exécutif en Belgique, je te fait hommage d'une médaille civique. Fait moi réponse, et jure moi que tu est capable de poignardé le premier des tirand qui osserait attenté a monté sur le throne et à voulloir affaiblir la souveraineté du peuple. » Quoique Cochelet ne se fût jamais montré bien farouche, il est probable qu'il satisfit comme il convenait à ce qu'exigeait de lui l'émule d'Harmodius et d'Aristogiton. Le terroriste Jourdeuil, dont on sait le rôle dans les massacres de Septembre, alors adjoint au ministre de la guerre Bouchotte, répondait à la même invitation, le deuxième jour du deuxième mois de l'an II, avec des transports républicains et une emphase patriotique qui durent le charmer [1]. Mais Gautier, également adjoint au ministre de

[1] Comme échantillon d'emphase, on ne trouvera pas mieux que cette réponse, vers la même époque, de Dupin, qui était alors administrateur du département de la Seine :

« Paris, le 12 sept. an II de la Républiq. fr. une et indivisib., premier de la mort du tyran.

» *Dupin à Palloy*,

» Républicain, j'ai reçu avec ta lettre les imprimés intéressants qui y étoient joints. Je t'en remercie, surtout de cette médaille, éternel monument de l'esclavage de nos pères et de la liberté que nous avons conquise. Avec quel art tu as sçu faire servir les instrumens de torture du despotisme à consacrer le souvenir de sa chute! Gloire te soit rendue! Tu as renversé la Bastille en 1789, et en 1793 tu ne cherches pas à la relever. Fidèle à tes sermens et au surnom de *patriote* dont tu osas te parer dès l'aurore du patriotisme, tu marches toujours d'un pas égal sur la ligne tracée le 14 juillet.

» Nos travaux révolutionnaires ne seront pas éternels comme la liberté la guerre, se montra de moins facile composition et protesta contre un procédé qui semblait mettre en suspicion son républicanisme, en lui demandant de quel droit il s'arrogeait un pareil rôle.

La formule du serment variait, mais le fond en restait le même : c'était l'engagement, en vrai républicain, d'exterminer tous les despotes « coalisés contre notre sainte liberté. » On trouve des certificats de *tyrannicides*, signés en échange de la réception de sa médaille. La plus solennelle de ces formules promet, outre l'extermination des tyrans, de promener le niveau redoutable de l'égalité, de prêter l'appui fraternel de son bras à tout républicain opprimé, d'être toujours la force du faible et le contrepoids du puissant, l'ami du citoyen indigent, l'implacable ennemi de l'opulent égoïste, de poursuivre tous les abus, restes impurs de la monarchie et d'un despotisme corrupteur, de protéger les chaumières, de ne laisser debout nulle Bastille sur la terre, etc. Et Palloy ne manqua pas non plus, en homme qui exploite chacune de ses idées jusqu'au bout, de faire prêter le même serment sur l'autel de la Patrie à ses concitoyens de Sceaux-l'Unité, le premier décadi de frimaire an II [1].

La fête de la Raison ne le trouva pas réfractaire. Elle ne fut célébrée à Sceaux que le 10 frimaire an II, et il y prononça un discours d'allure solennelle, conservé

qu'ils ont fait éclore. L'heure des tyrans est sonnée. Les convulsions de leur agonie, moins effrayantes que hideuses, annoncent leur dernier effort, avec leur dernier soupir. Heureux et libres par nos sueurs et notre sang, nos neveux (*sic*) n'auront plus que des roses à cueillir. Mais encore alors les monumens de ton ciseau électriseront leurs âmes et leur transmettront notre amour pour la Liberté et l'Egalité, avec la mémoire de nos dangers.

» Salut et fraternité. DUPIN. »

[1] *Bastille*, mss. de la Bibl. nat., t. II, f. 1-2.

dans ses papiers, mais dont il suffira de citer le début :

« Citoyens Frères et Républicains,

» La perfide aristocratie vous subjuguoit depuis longtemps, mais son règne odieux s'est éclipsé comme un nuage qu'un rayon du soleil éclipse en un clin d'œil ; et maintenant la douce et persuasive vérité a succédé à l'imposture, au mensonge et à l'hypocrisie : rendez-lui donc hommage. Son langage pur et conservateur trouvoit autrefois parmi vous fort peu de courtisans ; le despotisme, la tyrannie, le fanatisme, tous ces monstres que l'enfer a vomis de son sein pour désoler la terre, vous berçoient depuis longtemps d'une mielleuse et meurtrière adulation ; mais ce masque est tombé. »

Aucune allusion directe ne s'y trouve d'ailleurs au culte de la Raison. Non seulement le discours n'est pas athée, mais il s'écrie en un endroit : « Bonté divine, que de grâces n'avons-nous pas à te rendre ! » Et de même sa *Proclamation des principes républicains*, également pour la fête de la Raison, à Sceaux-l'Unité, comme l'indique le titre, débute par ce *vers* un peu long, mais qu'on est libre de supposer en prose, et qui dès lors sera irréprochable :

Il n'existe qu'un Être suprême, seul maître des maîtres.

Il faut rendre cette justice au patriote que, même pendant les orgies de la Raison, il n'a point été infidèle à l'Etre suprême [1].

[1] Répondant à une question du colonel Maurin (V. Bibl. nat., mss. *Bastille*, I, f. 108 et suiv.), il convient qu'il a bien donné une médaille à Chaumette, mais en fer seulement, et plutôt parce qu'il avait peur de lui que parce qu'il l'aimait.

XVI.

Mais un coup terrible menaçait depuis longtemps et allait enfin frapper Palloy. Quelques jours après, il offrait à la Commune, toujours plein de son imperturbable confiance, sa sempiternelle pierre de la Bastille, avec la déclaration des Droits de l'homme. La Commune accueillit cet envoi avec une réserve glaciale, et remit à la commission chargée de reviser les comptes de la Bastille le soin d'y répondre. Les accusations de Roland, la rumeur publique au moment de son départ pour la frontière, l'examen plus attentif de ses comptes, avaient ouvert les yeux. D'ailleurs son activité brouillonne, son outrecuidance, son immixtion bruyante et tyrannique dans la plupart des *affaires* de la Révolution, la stérile et monotone intempérance de son zèle, avaient lassé, excédé beaucoup de gens, même parmi ceux qui, pour le soupçonner de dilapidations et de malversations, n'avaient d'autres motifs que l'ennui de le trouver toujours sur leur chemin, et peut-être une jalousie instinctive de cette popularité encombrante et si mal justifiée. Déjà il avait eu quelques avertissements, comme le refus de Pache, qui, à l'envoi de l'inévitable pierre, avait fait répondre par son secrétaire qu'il ne recevait aucun présent.

L'outrage alla droit au cœur de Palloy. Il n'était pas encore revenu de son indignation contre la *clique infâme* qui le lui avait attiré, quand il fut arrêté chez lui, le 8 nivôse an II (28 décembre 1793), et transféré à la Force, après apposition des scellés sur ses papiers à Paris et à Sceaux. Etonné d'abord, Palloy ne se laissa pas accabler. Dès le lendemain, il écrivait aux administrateurs de police pour protester, demander à voir sa famille et les charger de transmettre aux Jacobins et à la Convention deux adresses qui ne leur parvinrent jamais, mais qu'il nous a conservées soigneusement :

« Où le patriote victime doit-il s'adresser, si ce n'est au creuset du républicanisme ? » disait-il aux Jacobins. Et transformant sa défense en attaque contre ses adversaires, il s'écriait : « De vils scélérats, couverts du sale simulacre du patriotisme et qui étoient les esclaves du tyran, dont ils tenoient différentes missions, sont les persécuteurs de Palloy. Je saurai rappeler l'attention publique sur leurs fonctions anciennes et sur leur existence politique de deux jours [1]. » Il posait ensuite à ces hommes pervers, qui osaient le diffamer et le déchirer à belles dents, en lui imputant des dilapidations qu'il ne commit jamais, une série de questions pressantes. N'ont-ils pas été attachés autrefois aux ci-devant, ou à des tribunaux réprouvés ? Se sont-ils trouvés aux grandes journées de la Révolution, depuis le 14 juillet jusqu'aux 31 mai, 1er et 2 juin ? Ont-ils accepté la Déclaration et la Constitution populaires, et quels sont leurs ouvrages à ce sujet ? « Quelle est leur fortune présente, passée et *future* (*sic*), et quels sont leurs moyens de subsistance, etc. ? » Il finissait en demandant des défenseurs pour détourner de sa poitrine le poignard de ces gens soudoyés.

L'adresse à la Convention était d'un style plus fulgurant encore. « Moi, dit-il, qui ai toujours monté aux

[1] *Papiers inédits de Palloy.*

échelons de la Révolution et qui, à chaque pas, ai juré de ne point rétrograder ! » Il était impossible de se caractériser plus nettement. Palloy, en effet, a monté échelon par échelon, comme il descendra, et nul n'a prêté plus de serments que lui, tout en y étant moins forcé. « Chaque jour mémorable de la Révolution a été ma marche, ajoute-t-il en guise de commentaire, dans le style qui lui est propre quand ses secrétaires n'ont point passé par là.... Oui, comme un rocher, jamais je n'ai varié sur l'intérêt à prendre pour ma patrie.... Si je suis gêné, c'est le fait de mon travail civique et continu. L'intérêt général est le mien. Tout le monde connait ma fortune passée et présente, mes sacrifices et mon patriotisme. J'en appelle à tous les sans-culottes sans masque *(sic)*.

» Le 14 juillet, j'ai signé Palloy, patriote ; je tracerai ce mot dans mon cercueil [1]. »

Ce qui accroissait la douleur de Palloy, c'est qu'on célébrait sans lui la fête des Victoires, en l'honneur de la reprise de Toulon. Le matin du 10 nivôse, en entendant les tambours battre aux champs, il versa des larmes. Pour la première fois, il manquait à l'une des solennités de la Révolution ! Les yeux d'une foule immense cherchaient en vain, dans le cortège, l'arbre de la liberté porté sur les épaules des apôtres, et Palloy à leur tête. Le coup lui était d'autant plus sensible qu'il devait présenter lui-même à la Convention, après l'avoir recueilli et hébergé chez lui, un hussard qui s'était

[1] Il apprend aussi à la Convention, afin de mieux se concilier encore l'intérêt des représentants du peuple, qu'il devait, en déposant un projet pour le monument à ériger sur le Pont-Neuf, d'après le décret rendu le 28 brumaire par l'Assemblée, lui faire hommage des plaques de fonte armoriées de ses propriétés urbaines, pour être converties en boulets, comme il avait déjà déposé celles de ses propriétés de campagne au district du bourg l'Egalité.

distingué parmi les vainqueurs, le couronner de ses propres mains et profiter de la circonstance pour déposer une pétition.

L'écrou de Palloy ne portait que ces mots vagues : pour *fait de police*. Le 13, il écrivit à son ami Xavier Audouin, gendre de Pache, pour l'engager à découvrir le véritable motif de l'arrestation et à lui en faire part [1]. Il ne reçut aucune réponse, mais le jour même, Cavaignac prononçait à la municipalité, au nom de la Commission de revision des comptes de la Bastille, son rapport sur l'offre de la pierre qu'il lui avait faite quelques jours auparavant, et ce rapport était la réplique la plus nette à la question de Palloy.

« Je vais donner une esquisse du portrait de Palloy, et cela suffira pour déterminer votre décision.

» Tartufe habile, Palloy a senti que l'on égarait les peuples avec les mots; l'un des premiers, il a calculé qu'une révolution dans un Etat est un champ vaste pour un intrigant adroit; il a essayé d'en tirer parti. On l'a vu tour à tour encenser l'homme du jour, à son nom accoler sans cesse l'épithète de patriote, et c'est à l'aide de ce nom qu'il enchaîna longtemps la surveillance.

» Ce n'est pas assez pour Palloy d'égarer ses concitoyens sur son compte, il veut que sa réputation de patriotisme parcoure tous les départements; partout il envoie des pierres sur lesquelles il fait graver le plan de la Bastille, il les envoie en son nom; partout on reçoit cette offre. On consigne dans les registres des

[1] Il a résumé à sa façon (3e *Lettre à ses frères de Sceaux-l'Unité*) son interrogatoire : « De quel ordre avait-il travaillé aux Tuileries et au Temple? avait-il démoli la Bastille? Il était accusé d'avoir enlevé des matériaux, de n'avoir pas rendu compte des deniers, d'avoir causé des troubles, de s'être emparé de tous les travaux de Paris. »

diverses administrations ou sociétés populaires le nom du *patriote Palloy*, donataire, qu'il a grand soin de faire graver, pour qu'on ne l'oublie pas ; partout on le croit patriote, partout on est trompé.

» Palloy envoyait des pierres qui appartenaient à la nation. Quant aux frais que nécessitait le travail de ces pierres, ils étaient acquittés des fonds de la nation. A la vérité, quelques légères dépenses restaient à sa charge, mais Palloy est habile dans l'art de calculer : les différentes pièces que j'ai entre mes mains prouvent qu'il savait se rembourser au centuple.

» Une commission avait déjà été chargée des comptes de la Bastille ; elle n'y a vu qu'un chaos de dilapidations et de gaspillage ; elle n'a pu atteindre les fripons, parce que la crainte retient les dénonciations ; mais, je le dirai, Palloy n'est pas seul ; je vous les nommerai tous.

» La municipalité arrachera sans doute le manteau dans lequel Palloy s'est tenu si longtemps enveloppé ; elle apprendra à toute la république que celui qui tant de fois s'est qualifié du beau nom de patriote n'était qu'un intrigant. Ce n'est point à nous qu'il appartient d'ajouter à nos noms ces épithètes qui caractérisent le civisme et la vertu. Que Palloy apprenne qu'il faut les mériter, et que la postérité seule nous les donne.

» Je vous propose d'arrêter que la pierre offerte étant une propriété de la nation, et Palloy ayant usurpé le nom de patriote et sacrifié les intérêts de sa patrie aux siens propres, son hommage est rejeté [1]. »

L'arrêté conforme, rendu en termes très durs, renvoya à l'administration de police, pour statuer dans le plus bref délai, les dénonciations multipliées contre ses

[1] *Moniteur* du 17 nivôse an II (6 janvier 1794).

dilapidations. Dès que cet arrêté lui fut parvenu, Palloy y fit une courte et énergique réponse. Il assiégea ensuite de ses lettres et de ses réclamations Cavaignac, les administrateurs de police et des travaux publics, le procureur de la commune, le secrétaire greffier, le commandant général de la garde nationale, Henriot; aucun ne lui donna signe de vie. Il écrivit aussi à Hébert, avec qui il était lié, pour le prier de soutenir sa fille, qui devait se présenter au Conseil de la Commune, à Ronsin et à Vincent, leur rappelant les souvenirs d'une vieille amitié, et attribuant son arrestation aux marques d'intérêt qu'il leur avait données en allant les visiter dans leur prison [1]. Ces trois personnages ne se montrèrent pas plus empressés que les autres. Et, non content de ces démarches, il inondait la prison même de ses factums, très diversement accueillis par ses compagnons de captivité, parmi lesquels il comptait des ennemis acharnés et d'ardents défenseurs.

Cette correspondance de Palloy, souvent datée de la *Chambre de la Montagne*, à la maison d'arrêt de la Force, et adressée aux personnages les plus divers, annonce une confiance imperturbable en sa cause, dont il fait celle de la Révolution. Il attribue son emprisonnement aux complots liberticides qui se trament contre les républicains. Soit qu'il se plaigne, soit qu'il sollicite, soit qu'il remercie, il parle toujours sur un ton assuré. La pureté de son patriotisme est si universellement connue, qu'il ne demande ni grâce, ni faveur, mais simplement justice. Le 17 nivôse, il écrivit

[1] Outre la *Lettre aux frères de Sceaux* (9 pluviôse), voir le *Catal. de documents autogr. sur la Révolut.*, n° 394. Un autre document (n° 404), signé de Vincent, secrétaire général de la guerre, « demeurant chez Palloy, » prouve quelle étroite liaison existait entre ces deux révolutionnaires exaltés.

à Cavaignac lui-même, en guise de réponse à son rapport :

« La persécution que j'éprouve aujourd'hui est un réchauffé de malice, de bavardage qui, depuis le commencement de la Révolution, n'est employé contre moi que dans des intentions perfides, qui cependant n'ont point encore fait fortune près des citoyens justes, impartiaux et sans passion. J'ai su faire connaître en tout tems et publiquement les propos et écrits incendiaires qui ne tendoient à rien moins qu'à arrêter le cours de la destruction totale du colosse tyrannic (*sic*) et écraser ceux qui vouloient cette destruction sans intérêt pécuniaire. Il n'y a que de vils coquins ou méchans aristocrates qui puissent chercher à m'imputer de la mésintelligence ou de la bassesse d'intérêt. » Etc.

Mais du moins, les Jacobins de Sceaux, dont il était la gloire et l'oracle, ne l'abandonnèrent pas. Après avoir nommé six commissaires pour faire des démarches auprès des administrateurs de police, ils n'avaient pas tardé à obtenir la levée des scellés apposés sur ses papiers. Le 14 nivôse, Palloy fut transféré à son domicile pour y assister à cette levée et aux perquisitions, qui n'amenèrent d'autres découvertes que celles des preuves du plus pur patriotisme. Les apôtres de la liberté lui étaient demeurés généralement fidèles et agissaient en sa faveur. Il se fait honneur, dans son apologie, de n'avoir pas instruit de son arrestation les sociétés populaires dont il était membre, ni les départements, afin d'écarter toute agitation. La famille de Palloy ne resta pas une minute inactive. Le 29 nivôse, sa fille présentait au Conseil général une adresse signée *fille Palloy, républicaine*, pour se plaindre de l'arrestation du patriote : « Mon existence seroit une ignominie, si je ne m'empressois de réclamer votre attention pour obtenir prompte et sévère justice. Elle doit être aussi éclatante que l'outrage a été public. Le patriotisme de mon père n'est point équivoque. Sa probité ne fut jamais un problème. Toute la France en est convaincue, et ses ennemis perdront leurs dards empoisonnés quand il publiera de nouveau les preuves géminées de son civisme, de sa délicatesse et de son désintéressement. » Elle finissait en accusant le dénonciateur de Palloy, Cavaignac, d'être un ancien clubiste de la Sainte-Chapelle, qui, « sous le masque d'une crasse prétendue civique, » veut faire oublier qu'il a gardé longtemps des fonctions repoussées par la Révolution. Cavaignac, en effet, comme le dit Palloy dans sa brochure apologétique du 9 pluviôse, avait été Monsieur Cavaignac, greffier de la Chambre des bâtiments au Palais, et avait porté l'habit noir, les cheveux longs, bien poudrés, et les manchettes de dentelles jusqu'à la fin de 1791 !

Sur les observations de Fleuriot, le Conseil général passa à l'ordre du jour. Le lendemain, 30 nivôse, Mlle Palloy vint, à la barre de la Convention, demander l'autorisation, pour sa mère et pour elle, de visiter le prisonnier, de lui donner les soins que sa santé exigeait, et de lui procurer tous les objets indispensables à sa justification. Palloy et son secrétaire s'étaient surpassés dans la première partie de ce discours, vrai modèle d'éloquence républicaine :

« Brutus rendit une justice éclatante en faisant immoler ses deux fils qui avoient trahi les Romains ; et moi, républicaine, je viens dans le Sénat françois demander vengeance des infâmes scélérats qui calomnient Palloy mon père, en l'accusant d'infidélité à sa patrie ; car, s'il en étoit coupable, je lui plongerois dans le sein ce glaive qu'il a lui-même suspendu dans cette enceinte pour effrayer quiconque oseroit attenter aux droits de l'homme, à notre constitution populaire, ou aux intérêts de la nation.

» Il n'est point dans mon caractère de faire des phrases, mais de démasquer de faux patriotes, qui profitent de leurs places pour renouveler les persécutions que les ennemis de la république font éprouver à ses défenseurs et à ses meilleurs apôtres et appuis....

» Ceux qui continuent de persécuter mon père depuis le 14 juillet feignent donc d'ignorer le compte public que Palloy a rendu, le 12 mars 1792, des opérations qui lui avoient été confiées, et le rapport que des commissaires ont fait après trois mois de l'examen le plus scrupuleux des pièces justificatives ? Ces pièces feront triompher son innocence de cette oppression moderne.

» Que signifie donc leur acharnement ? Ils lui reprochent de mettre toujours le mot *patriote* à la suite de sa signature. Cette qualification n'est-elle pas inhérente au nom françois ? Mon père n'a-t-il pas fait ses preuves pour le conserver ? Y a-t-il dans sa conduite, depuis le 14 juillet qu'il l'a signé la première fois, au milieu des plus grands orages sur les tours de la Bastille, quelque chose qui le rende indigne de le porter ?.... »

Comment rester insensible à de pareils accents ? Le président de la Convention invita la jeune républicaine aux honneurs de la séance, et après avoir entendu Léonard Bourdon, Romme, Clausel et un autre membre encore en faveur de Palloy, elle rendit, le 1er pluviôse, un décret portant que sa femme et sa fille pourraient le voir chaque fois qu'elles le jugeraient à propos, et que le Comité de sûreté générale ferait un rapport sur les motifs de l'arrestation dans le courant de la décade.

Diverses causes retardèrent l'exécution de ce décret, mais enfin la *volonté nationale* parvint à faire ouvrir les guichets de la prison. Dès leur première visite, Mme Palloy et ses enfants lui apportèrent une pierre de la Bastille, qu'il prit pour siège après y avoir fait graver ces mots : *Changement de domicile*. Une seconde fut placée sur sa porte avec une inscription amphigourique. Il planta un arbre de la liberté dans la cour. Sa *bastillomanie* même ne fut pas un moment suspendue par son malheur, et du fond de sa prison il faisait envoyer une petite Bastille au département du Mont-Terrible, dont il venait de recevoir la demande. Daubenton s'adressait à lui, le 29 pluviôse, pour une tenture tricolore destinée à la décoration de l'amphithéâtre du Muséum pour le cours révolutionnaire sur les salpêtres décrété par la Convention, et il accédait à sa requête, ainsi qu'à celle des Elèves de la patrie et des Orphelins de Paris.

Le 6 pluviôse, il envoyait au ministre de la guerre les plaques de fonte armoriées qu'il s'était proposé d'abord d'aller présenter lui-même à la Convention, en les accompagnant d'une lettre exaltée :

« Je suis dans les fers ; mon patriotisme n'en devient que plus brûlant. De nouveaux succès sur les mers nous sont annoncés de Cherbourg et viennent frapper agréablement mes oreilles, porter la joie dans mon cœur et me faire oublier les vexations que j'éprouve. Qu'ils tremblent, ces vils satellites du despote anglais, et sachent que la République doit aussi triompher sur l'Océan comme sur la Méditerranée et la Manche ; qu'ils tremblent et que du fond même de ma prison je puisse encore contribuer à leur défaite. Reçois ces nombreuses plaques, déshonorées par les signes honteux de la féodalité ; qu'elles soient sur-le-champ transformées en boulets !

» Puisse mon exemple, suivi par les bons citoyens,

procurer le rapport du décret, trop favorable à l'aristocratie, qui permet de conserver ces plaques, et qui enjoint seulement de les retourner; ce qui entretient les amis de la royauté dans la perfide espérance que les lis orneront un jour leurs foyers et fait que ces insensés croient encore aux revenants.

» J'attends de toi un reçu de cet envoi : peu jaloux, autrefois, de recueillir ces sortes de titres (Palloy se flatte, il ne manquait jamais, au contraire, de se munir de tous les reçus et de toutes les attestations possibles), je sens aujourd'hui dans ma captivité qu'il ne suffit pas à un bon patriote d'avoir de la vertu, mais de se conserver les preuves authentiques de son patriotisme, qui le met à même, à toute heure, de faire taire la calomnie et d'enchaîner ses ennemis, jaloux de sa gloire....

» Je te donne avis que le jacobin de ma commune est parti [1]; il est bien équipé : c'est pour la nation une économie de 2,400 livres. Crois qu'il se battra bien; il est de la société de Sceaux-l'Unité, et surtout jacobin épuré dans toute la force du terme.

» Mon incarcération m'a empêché de profiter du congé que tu as prolongé à l'hussard, mon élève. Il est parti, je suis dedans, et privé d'avoir mis au concours pour le projet dont je t'ai parlé. »

Puis, les 18 pluviôse [2] et 6 ventôse, il adressa à ses frères de la Société des amis de la Constitution répu-

[1] Un jacobin équipé, envoyé aux frais de la commune de Sceaux, sur la suggestion de Palloy.

[2] Nous trouvons dans son dossier (Biblioth. Carnavalet) une pièce par laquelle le conseil municipal, se trouvant insuffisamment éclairé, « ouï le rapport de l'administration de police, concernant les dilapidations commises dans la démolition de la Bastille, arrête que ladite administration fera à la prochaine assemblée un nouveau rapport plus détaillé. »

blicaine de Sceaux deux grandes lettres apologétiques qu'il avait eu soin de faire imprimer [1]. Néanmoins ce fut seulement dans la séance du 25 ventôse que Dubarran, au nom du Comité de sûreté générale, vint présenter le rapport sur l'arrestation de Palloy. Il la déclarait illégale et proposait sa mise en liberté immédiate, en lui réservant « la poursuite de ses droits en dommages-intérêts contre les auteurs de son arrestation, par-devant les tribunaux civils [2]. »

Ce décret est insuffisant, s'écria Merlin de Thionville. Il faut une réparation éclatante au patriote Palloy, car il ne peut y avoir que des partisans de la royauté qui poursuivent avec autant d'acharnement le destructeur de la Bastille. Je demande qu'il soit permis à Palloy de poursuivre ses dénonciateurs devant les tribunaux.

Le décret fut adopté avec l'amendement de Merlin.

[1] La première, datée du 9, et retardée faute d'argent pour payer son imprimeur, est une brochure de trente-deux pages in-4° compactes, qui renferme un exposé complet de sa conduite. Il y a réuni toutes les pièces adressées pendant son incarcération par lui, sa femme ou sa fille, à la Société des Jacobins, à la Convention et à son président, à la Commune, aux divers représentants du peuple, etc., qu'il avait déjà fait imprimer à part. Palloy avait écrit à presque tous les montagnards, après avoir demandé à sa femme, pour ne pas commettre de méprises, le nouveau *livrai* des députés, fait *depuis les Brissotines*, et qui a *esclus ceux hors de la loi*. (*Catal.*, etc., n° 383, p. 249.) Dans la deuxième, il s'attachait surtout à donner un historique complet de sa reddition de comptes et à justifier son droit de propriété sur les débris de la Bastille.

[2] Au sujet des dilapidations et des malversations dont on l'accuse, Dubarran faisait remarquer que, n'ayant jamais eu aucun maniement de deniers, il ne pouvait être considéré comme reliquataire comptable et que, par conséquent, on ne devait pas exercer contre lui la contrainte personnelle, car le décret du 30 mars ne l'a conservée qu'à l'égard de ceux qui ont eu le maniement des fonds appartenant à la république et qui sont ses débiteurs directs. C'est à la Commune de discuter les chiffres présentés par Palloy et d'agir ensuite par les voies légales, s'il y a lieu ; jusque-là, sa détention ne saurait se justifier.

et les huissiers de la Convention, décorés des médailles qu'ils devaient à la munificence du patriote, allèrent triomphalement lui ouvrir les portes de la Force. Plus tard, le 4 germinal an III, il demandera et obtiendra l'une des barres du cachot où il a été détenu, pour en fabriquer des médailles perpétuant le souvenir du 9 thermidor. La Force ne lui avait-elle pas servi de Bastille [1]? Dès le lendemain, Palloy, avec ce besoin d'expansion bruyante qui ne le quittait jamais, embouchait la trompette et publiait, sous un titre ampoulé, une adresse solennelle à la Convention [2].

« Représentants d'un peuple libre, la cabale qui m'avait plongé dans les fers est encore à bas; votre justice vient de les briser. Mon premier devoir est de vous rendre mes hommages. Mes délateurs sont toujours les mêmes; ce sont les gens du dernier tyran...., émules du tartufe Roland, du traître Dumouriez, un reste des fédéralistes; ce sont vos ennemis, ce sont ceux de la république entière. »

On voit à quelle hauteur Palloy élevait sa cause. Il ne poursuivra donc pas en dommages-intérêts les auteurs de son arrestation illégale, comme le décret de la Convention l'y autorise, car ce n'est pas lui qu'ils ont voulu attaquer.

Tout en remerciant les représentants du peuple, il ne manque pas de rappeler qu'il est « créancier de la

[1] *Dossier de Palloy*, Biblioth. de la ville.

[2] *Adresse à la Convention nationale, le 26 ventôse, l'an II de la République françoise, par la famille Palloy, le lendemain de sa mise en liberté par les huissiers de la Convention, où l'intrigue et les ennemis du peuple l'avoient plongé depuis trois mois.* A la suite du nom de Palloy, on lit les signatures de « N. femme Palloy; B. Palloy fils; D. fille Palloy, républicaine pour la vie; » mais c'est lui seul qui parle dans cette adresse. On a également de lui une autre *Adresse aux représentants*, du 15 messidor.

République, » reconnu par le rapport de la municipalité du 30 juin 1792. « C'est au Sénat que je réclame mon dû, aux législateurs que je demande justice; quant aux injures, je les méprise. » Malgré son imagination délirante, Palloy est toujours un homme pratique, qui ne perd pas ses intérêts de vue, quoique, par suite de son ambition brouillonne et pour avoir voulu mener trop de choses de front, il soit tombé bien vite dans des embarras d'où il ne sortit jamais.

« Ma captivité n'est rien, continue Palloy en son style sentencieux. Un républicain sait souffrir. Chaque pas de géant que vous décrétiez, je buvois à votre santé, la veille même de ma liberté. Les frayeurs continuelles que l'on inspire aux prisonniers raffermissoient de plus en plus mon courage : le buste de Chalier devant moi m'en traçoit l'exemple. Je ne fréquentois personne, je fermois l'oreille aux propos, je méprisois ceux qui étoient à l'être. Quoique dans les chaînes, je n'ai pas cessé ma correspondance patriotique : absent de mon atelier civique, mes ouvriers ont toujours été utiles à la chose publique, et mon commis à correspondre. Les quarante-huit sections de Paris me connaîtront toujours pour être le même, aussi patriote que généreux en fêtes civiques. »

Il annonce qu'il dépose sur le bureau un exemplaire de son compte, dont le reliquat lui est encore dû. Depuis un an, il est « aux expédients les plus épineux. Personne ne me payant, mon nom seul servoit de dérision, lorsque je me présentois pour réclamer mes droits. » Quand il aura touché la somme qu'il réclame et dont il a besoin pour satisfaire ses créanciers, il lui restera pour tout bien l'honneur, qu'il regarde « comme le plus beau trésor d'un républicain. »

Il se répand ensuite en confidences et en professions

de foi. Il n'a cessé d'être ardent dans son civisme, n'a fréquenté aucune compagnie suspecte, n'emploie que des ouvriers patriotes, qui « mourront pour la défense nationale. » Il a estimé tous les citoyens qui se sont bien montrés. « Ceux qui ont changé, je les abandonne, » ajoute-t-il, car personne ne méprise plus que Palloy les variations politiques. Fi donc!.... D'ailleurs, il ne veut plus tant fréquenter les hommes, et, en fait de journaux, il ne lira plus que le *Journal des hommes libres*, les *Annales* et le *Journal des Débats*. Il est vrai que jadis il lisait Gorsas, mais qu'on ne lui en parle plus : Palloy s'est prononcé le 31 mai contre l'ami Gorsas et ses compagnons, qui avaient abusé de sa candeur. Il avait déjà commencé à se refroidir pour lui bien auparavant, à mesure que la victoire passait à la Montagne ;

Enfin Rome a parlé ; je ne vous connais plus.

Palloy proteste encore que le seul désintéressement l'a guidé, qu'il n'a jamais rien reçu tant pour l'envoi de ses objets patriotiques que pour sa part dans les fêtes nationales, ce qui demanderait des explications subtiles et des restrictions notables. On le croit l'entrepreneur de tous les travaux de Paris ; au contraire, il n'est employé dans aucun ; l'intrigue lui a arraché ceux que la Législative et la Convention lui avaient confiés : les travaux du Temple, l'inspection des suppressions féodales. « On n'a rien offert à Palloy, et il n'a pas gagné un petit écu [1]. » Il s'est retiré depuis un

[1] Déjà, dès le 16 mai 1791, il disait dans un article du *Courrier* de Gorsas, évidemment inspiré, sinon écrit par lui : « Les aristocrates n'emploient plus cet artiste estimable ; ils se font un odieux plaisir ou d'éluder le payement de ce qu'ils lui doivent, ou de lui faire banqueroute, s'ils le peuvent. »

an à Sceaux-l'Unité, dans une propriété acquise il y a quinze ans. Là sa vie est sobre et l'économie lui procure le plaisir d'être utile encore à ses concitoyens. En ce moment, il fait ériger la statue de la Liberté dans le Temple de la Raison.

« Comme bon citoyen, je suis monté sur le théâtre de la Révolution, sans aucunes vues politiques, avec une canne à pomme d'or bien acquise, et mon ambition est de mourir le bâton blanc à la main. » Il finit en interpellant l'Assemblée dans les termes les plus pompeux : « Reste à ton poste, Sénat auguste ! Continue d'affermir ta liberté sur des bases inébranlables. Bientôt le bonheur de la France dessillera les yeux des peuples anciens. L'idole du despotisme partout sera brisée. Nos derniers neveux béniront ta mémoire, et l'empire de la liberté ne connaîtra plus de bornes que celles du monde. »

Etait-ce assez ? Non. Quatre jours à peine se passent, et voici un nouveau factum plus énorme encore que le précédent : la *Troisième lettre de Palloy, libre, à ses frères de la commune et société républicaine de Sceaux-l'Unité*, le 1er germinal an II de l'ère républicaine, *époque du rétablissement des mœurs*. L'activité de cet homme est un véritable phénomène ; rien ne l'arrête, rien ne l'abat ; tout la surexcite. Jamais elle n'avait atteint des proportions plus vertigineuses. Quoiqu'il se répète sans cesse et qu'il grossisse ses brochures d'une foule de certificats, de lettres et d'attestations, il devait passer les jours et les nuits à écrire, et l'impression de ces innombrables opuscules, qu'il distribuait à profusion, eût suffi à le ruiner.

Cette lettre est pleine de doléances et de récriminations amères. Il s'y plaint des ennemis qui avaient préparé sa perte, particulièrement du général Ronsin et de Fleuriot-Lescot. Il assure que l'agent national, par haine contre lui, avait décidé que Henriot *le mettrait* dans son ordre de service, qui serait lu à toutes les sections et sociétés populaires, et dans toutes les consignes. Il dénonce l'accueil dérisoire et insultant reçu par sa fille à la Commune le 29 nivôse, et s'indigne contre l'administrateur qui l'a interrogé avec une superbe bague au doigt et « tout le ricanement de l'insolence; » mais lui, Palloy, l'a, comme on peut croire, remis vertement à sa place. Ses frères de Sceaux eux-mêmes ne se sont pas mieux conduits envers lui, car ils ne lui ont pas accusé réception de ses deux lettres précédentes, et il n'en a pas été donné lecture à la société. Chemin faisant, nous apprenons que, outre ses 86 bastilles et sans compter les pierres, il a distribué 347 tables. Nous y apprenons bien d'autres choses encore, mais parfois un peu sujettes à caution. Dans cette tumultueuse apologie de son patriotisme et de son désintéressement, Palloy va de l'invective à l'effusion sentimentale, de la platitude à l'apostrophe lyrique et à l'emphase burlesque, en un jargon çà et là incompréhensible, mais animé, pittoresque et amusant.

Quinze jours après, il initiait la France au secret le plus intime de ses affaires privées, en faisant imprimer une lettre collective à ses créanciers (13 germinal an II), où il remercie ceux qui ont eu confiance en lui et se plaint des *vampires du genre humain* qui lui ont fait des frais et qui l'ont poursuivi à outrance. Il va mettre en vente toutes ses propriétés, — acquises avant la Révolution, comme il ne manque point de le répéter sans cesse, pour confondre ses opiniâtres calomniateurs, car jamais désintéressement plus rare ne fut plus complètement méconnu. Palloy tutoie ses créanciers, comme il sied à un vrai sans-culotte, et il amalgame le plus plaisamment du monde ses affaires avec celles de la République :

« Avant tout, je te prie de me faire savoir *ce que* je te suis redevable.... Si tu viens toi-même, je t'invite à te rendre les duodi, quintidi et octidi. Ceux qui m'ont conservé de l'amitié, je les invite à apporter leur dîner pour le réunir au mien (c'était l'homme des banquets fraternels) : ils me verront toujours le même, ferme dans mes principes, comme dans ma vie maritale avec ma famille. » L'amour de la paperasserie ne le quitte pas, et il promet à ses créanciers de leur envoyer des exemplaires de son compte rendu, de ses travaux, de toutes les lettres et de toutes les pièces qu'il a adressées à la commune de Sceaux-l'Unité. Il y joindra l'aperçu de toutes les fêtes qu'il a organisées et célébrées gratis : « Tu jugeras s'il est possible de se donner autant de mouvement (Palloy a trouvé le terme juste), et, pour récompense, se voir vexé et tyrannisé par ceux mêmes qui volent et entravent les intérêts révolutionnaires de la République! J'ai été victime et ne m'en plains pas, dans l'espérance que mon pays sera purgé de la persécution des tyrans... Périssent tous les scélérats qui ne feignent d'aimer le peuple et le servir que pour s'enrichir!.... »

XVII.

Retiré à Sceaux, dans le sein de sa famille, Palloy n'en continuait pas avec moins d'activité sa correspondance ; il échauffait de sa flamme la société populaire établie par lui, et dont il avait composé et dessiné lui-même la carte d'entrée, en y combinant tous les lieux communs de l'allégorie révolutionnaire. Son génie inventif et naturellement superbe se répandait en manifestations pompeuses.

Le jeune Barra, âgé de treize ans, s'était fait tuer à Cholet, le 17 frimaire an II (7 décembre 1793), en refusant de livrer aux Vendéens, qui l'avaient surpris dans une embuscade, deux chevaux qu'il conduisait [1]. Dans la séance du 25 frimaire, la Convention avait voté en faveur de sa famille, qui habitait Palaiseau, une pension de 1,000 livres et une somme de 3,000 une fois payée. Le 8 nivôse suivant, le jour même où Palloy était incarcéré à la Force, elle décrétait, sur la proposition de Robespierre, que les honneurs du Panthéon lui seraient décernés, dans une fête réglée par David, et, sur la proposition de Barère, qu'une estampe représentant son héroïsme serait exécutée aux frais de la république et envoyée à toutes les écoles primaires.

[1] V. le rapport du citoyen Desmares, commandant de la division de Bressuire, lu par Barère dans la séance du 25 frimaire. Ce fut Robespierre qui, dans un discours prononcé quinze jours après, arrangea la légende dans les termes où elle a prévalu.

On sait que cette fête, successivement ajournée, fut empêchée définitivement par le 9 thermidor. Mais elle avait été célébrée du moins à Sceaux-l'Unité. L'occasion était propice à Palloy pour rentrer en scène : Palaiseau touche pour ainsi dire à Sceaux : il avait ainsi la famille de Barra sous la main. La concordance entre la date du décret rendu en faveur du jeune héros et celle de son propre emprisonnement stimulait encore son ardeur et lui montrait sans doute cette solennité comme une sorte de réhabilitation personnelle.

La fête en l'honneur de Barra fut célébrée à Sceaux le 10 floréal (29 avril 1794). Palloy avait fait venir de Palaiseau la veuve Barra, pauvre paysanne [1], pour assister à la pompe funèbre de son fils, et n'avait voulu céder à personne l'honneur de la loger. Il la garda le plus longtemps qu'il put, se montrant en sa compagnie, la conduisant partout, entretenant une correspondance active en son nom. Le 10 prairial, un mois jour pour jour après la fête, une députation de la commune et de la Société populaire de Sceaux-l'Unité, organisée par lui, vint présenter à la Convention les statues en pied de Barra et de Viala, ainsi que la mère, la sœur et le frère du premier. Des citoyens les accompagnaient, dit le *Moniteur*, tenant dans leurs mains des couronnes et des guirlandes, et soulevant une corbeille où l'on voyait deux tourterelles parmi les fleurs. Ce dernier détail, que nous retrouverons tout à l'heure dans le programme de la fête de l'Etre suprême à Sceaux, équivaut presque à une signature de Palloy. L'orateur de la députation, membre de la Société populaire, prononça un long discours, tout brûlant d'éloquence ré-

[1] La Convention lui avait accordé une somme de 3,000 livres et une pension de 1,000.

publicaine, à la fin duquel il offrit un échantillon du salpêtre arraché par les citoyens de Sceaux aux entrailles de la terre. Les jeunes citoyennes qui portaient la statue de la Vertu étaient guidées par Mlle Palloy, qui reçut, comme la famille de Barra, l'accolade fraternelle du président et à laquelle un groupe d'élèves de la patrie présenta une corbeille de fleurs. Cet hommage délicat révèle mieux encore l'intervention active de Palloy qui, en bon père, s'occupait à produire sa fille sous l'aspect le plus avantageux [1].

Les membres de la Société populaire de Sceaux, échauffés par le patriote illustre qui était l'âme de leurs délibérations, n'étaient pas hommes à se séparer de la mère de Barra avant d'en avoir tiré tout le parti possible. Trois jours après, ils la présentèrent encore aux Jacobins, où Couthon la salua de quelques phrases emphatiques et sensibles, et offrirent en même temps les bustes de Barra et de Viala, confectionnés sans aucun doute, comme tous les objets d'art sortis de l'atelier civique de Palloy, avec les décombres de la Bastille [2]. Enfin, le 16 prairial, ils reconduisirent solennellement la vertueuse citoyenne à Palaiseau-la-Montagne; les deux communes dressèrent procès-verbal de cette cérémonie, et la municipalité de Palaiseau écrivit, la semaine suivante, une lettre officielle de remerciements à Palloy [3].

Mais le chef-d'œuvre de l'imagination de Palloy, et certainement l'un des chefs-d'œuvre de la Révolution,

[1] Compléter le compte rendu du *Moniteur* (*réimpression*, t. XX, p. 603) par les *Procès-verbaux* de la Convention, t. XXXVIII, p. 190. Ni l'un ni l'autre de ces recueils ne nomment l'orateur de la députation.

[2] *Réimpression du Moniteur*, t. XX, p. 682. Palloy avait fait des médaillons, des bustes et des statues de Barra et de Viala.

[3] Catalogue B. Fillon, 2e série, p. 93.

c'est le programme de la fête de l'Etre suprême, dressé par lui pour la commune de Sceaux-l'Unité et qui fait pâlir celui de David. Ce jour-là, il se vengea dignement d'avoir été supplanté dans l'organisation des solennités révolutionnaires de Paris, en dépassant tout ce que la capitale avait vu de plus beau, et il montra ce qu'il aurait pu faire sur ce grand théâtre si on lui avait laissé libre carrière. Nous regrettons vivement de ne pouvoir reproduire en entier ce morceau précieux, mais nous allons en donner les passages les plus saillants.

Palloy invite d'abord « tous les citoyens à ne pas s'écarter de leur commune, à moins qu'ils n'aient des affaires particulières et indispensables, car ils seraient regardés comme mauvais citoyens si c'était la curiosité qui les attirât à Paris. » On conçoit qu'il tînt à ne perdre aucun de ses spectateurs.

« A quatre heures du matin, il se fera un rappel général dans toutes les places, carrefours et rues de la commune, par trois tambours qui seront précédés d'un citoyen portant une bannière où sera inscrit : *La commune de Sceaux-l'Unité reconnaît l'Etre suprême et l'immortalité de l'âme.*

» Chaque citoyen, dans sa maison, implorera Dieu et lui adressera des vœux à sa manière, suivant son cœur, l'invoquera pour la consolidité de la République une et indivisible, pour la prospérité des récoltes, le succès de nos armes, la conservation de nos représentants, la recherche des traîtres et des ennemis de la patrie. Après avoir adressé leurs vœux à l'Etre suprême, tous les chefs de maison et de famille décoreront leurs portes le mieux qu'il leur sera possible, le tout en guirlandes de fleurs, feuillage, branchages d'arbres, couronnes civiques, pourvu qu'il n'y ait pas de tapisseries ni de coussins sur les fenêtres comme dans l'ancien régime : la nature seule fournit aux républicains les plus belles décorations. Des citoyens, à chaque maison seulement, se tiendront prêts à déposer une fleur dans une corbeille qui leur sera présentée.

» On invite tous les citoyens à être à leurs fenêtres ou à leurs portes, même ceux qui habitent les corps de logis retirés. Ils jureront haine aux tyrans, amitié, fraternité, et s'embrasseront tous, à l'exception de la classe ci-devant privilégiée ; ils déclareront qu'ils oublient toute haine particulière et personnelle, qu'ils ne s'occuperont que de la chose commune, qu'ils feront respecter les décrets, qu'ils soutiendront la loi du *maximum* et qu'ils n'accapareront jamais.

» A toutes les maisons sera peint un bonnet rouge, avec une cocarde nationale ; tous les drapeaux dont les couleurs seroient éteintes par l'ardeur du soleil seront renouvelés, avec injonction au propriétaire ou principal locataire de chaque maison qui n'en auroit pas, d'y en pavoiser un, pour ne point paraître suspect à ses concitoyens.

» On invite aussi tous les propriétaires voisins d'un arbre, de le décorer, surtout en rubans aux trois couleurs, et de renouveler ceux qui seroient morts ; celui planté à la porte de la maison commune sera décoré par la municipalité, celui de la Société populaire par les membres, celui de la place Jacobite par les canonniers, celui des Elèves de la patrie par eux-mêmes, celui enfin de la place de la Régénération par les cultivateurs. Le drapeau des Elèves sera fourni par la citoyenne Palloy fille. Les citoyens intelligents sont invités à veiller à cette opération, et l'homme aisé à aider l'indigent ; par là on reconnaîtra la vraie fraternité, l'humanité et le patriotisme qui procurent le vrai bonheur et le repos de l'âme.

» A six heures, il sera fait un second rappel, par un groupe de tambours, précédés d'une bannière où sera inscrit : *Notre bonheur est dans la simple nature.* Quatre citoyens distribueront les trente-six bannières portant les devises qui honorent la vertu. Ce rappel indiquera aux citoyens de sortir de chez eux pour venir se ranger au pourtour de chaque bannière. »

Palloy donne ensuite la nomenclature des trente-six bannières, parmi lesquelles nous remarquons celles qui sont dédiées à l'Etre suprême, à la Nature (c'est la même), au Genre humain, aux Bienfaiteurs de l'humanité, aux Martyrs de la liberté, à la Haine des tyrans et des traîtres, à la Pudeur, au Stoïcisme, à l'Amour, au Malheur, à Nos aïeux.

Un coup de canon avertira qu'il est temps que le peuple en masse aille présenter ses vœux à l'Etre suprême. Les adolescents, en habits de gardes nationaux, s'ils le peuvent, se muniront d'un fusil, d'une pique ou d'un sabre : ils marcheront en peloton avec tambours et bannière décorée d'une inscription patriotique.

« Toutes les jeunes citoyennes, depuis l'âge de dix ans jusqu'à celui de seize, porteront une corbeille de fleurs, à l'exception de celles chargées de la corbeille et des tourtereaux.

» Ces jeunes citoyennes, toutes ornées de guirlandes de fleurs, frisées en cheveux ou non, ne mettront que peu de poudre, si elles se déterminent à en porter, piqueront des fleurs dans leur chevelure; elles seront vêtues de blanc et une ceinture tricolore.

» Le rassemblement de ces jeunes citoyennes se fera dans l'allée dite de la Ménagerie ; elles se partageront en deux classes : la première portera une corbeille de fleurs garnie de rubans tricolores, avec une bannière ayant pour inscription : *Nos vœux sont à l'Etre suprême, notre devise est la vertu.* La deuxième classe portera dans le centre un plat de porcelaine où sera posée une paire de tourtereaux, avec une bannière décorée de cette légende : *Lorsque nous serons mères, nous promettons d'élever nos enfants dans la vertu.*

» Il y aura un autre groupe, composé de la compagnie des canonniers, ouvrant la marche du cortège ; il sera fait cinq décharges : une pour avertir du départ et une à chaque station devant le temple de l'Etre suprême, à l'autel de la Patrie, à la montagne de la Commune et à celle des Elèves ; ils s'assembleront avant le départ sur la place Jacobite, portant une bannière avec ces mots : *Notre union et notre force nous feront vaincre les tyrans.* Il y aura un groupe composé de trente-six citoyens et citoyennes, dans l'âge de la vieillesse, l'âge viril et l'enfance ; cette compagnie respectable se nommera : *la Sagesse et la Vertu*, elle sera composée des six plus anciens d'âge dans l'un et l'autre sexe, de six pères de famille qui ont leurs enfants aux frontières, ainsi que de six mères de famille, plus douze enfants de l'un et l'autre sexe depuis l'âge de quatre à six ans au plus.

» Ces trente-six citoyens et citoyennes seront choisis tant dans les fortunés que dans l'indigence ; par là on verra l'égalité, cette véritable liberté où doivent régner les mœurs et la vertu, ce qui donnera à nos enfants le souvenir de respecter la vieillesse, et ces jeunes élèves qui auront le bonheur de jouir d'un spectacle aussi attendrissant rappelleront eux-mêmes, dans bien des années, cette première fête de l'Etre suprême et de la Nature.

» La Sagesse et la Vertu seront environnées d'un large ruban tricolore, qu'elles tiendront d'une main, et de l'autre un bouquet formé d'épis de blé. Le ruban sera tenu par les pères et mères qui ont leurs enfants aux frontières, et les douze anciens citoyens et citoyennes donneront la main à l'enfance, les petites filles aux citoyennes, les petits garçons aux vieillards.

» Il sera porté une bannière où on pourra lire : *Notre devoir est de soulager la vieillesse et d'élever nos enfants dans les principes de la respecter....*

» Tous les citoyens qui font nombre des trente-six dans le ruban tricolore sont invités à un banquet, et la table, à cet effet, sera dressée par les citoyens aisés qui y sont conviés, et, pour y suppléer, chaque habitant y portera un hommage; les trente-six bannières se placeront derrière chaque citoyen et citoyenne, la musique se partagera aux deux bouts de la table....

» Tous les citoyens qui ne sont pas indiqués dans les groupes ci-dessus, comme pères, mères, parents, amis, voisins, seront munis d'une branche de chêne dans la main, pour les hommes seulement, et donneront la main à un petit garçon, tel petit qu'il soit; ces jeunes enfants tiendront une couronne de chêne, qu'ils mettront sur la tête du vieillard lorsqu'il sera à table et chaque fois que le cortège se reposera.

» Toutes les mères et grandes citoyennes porteront un bouquet dans leur main et donneront l'autre à un jeune enfant qui portera aussi une couronne de chêne et fera la même cérémonie. »

En voilà assez sans doute pour donner une idée de ce magnifique programme, qui se prolonge encore pendant plusieurs pages. Bornons-nous maintenant à cueillir, comme la dernière fleur du bouquet, dans la partie intitulée l'*Ordre de la marche*, cette phrase exquise, où éclate un si haut sentiment de l'idéal :

« Les jeunes citoyens jetteront des fleurs à chaque

station, les pères embrasseront leurs enfants, les mères élèveront leurs yeux au ciel. »

On voit que Palloy se dédommageait, dans sa retraite, d'avoir été évincé des fêtes parisiennes et qu'il organisait, sur son théâtre de Sceaux, une sérieuse concurrence aux représentations de David [1].

[1] Nous avions espéré trouver sur cette fête et sur quelques autres des renseignements authentiques dans les archives de la municipalité de Sceaux ; mais ces archives, enterrées en un lieu souterrain pendant l'invasion de 1814 et de 1815, ont péri par l'humidité.

XVIII.

Au moment où il se préparait à aller voir à Paris, pour la comparer à la sienne, la fête de Barra et de Viala, il apprit les événements du 9 thermidor. Dès que la victoire de la Convention sur la Commune et le Comité de salut public fut bien certaine, Palloy se trouva thermidorien convaincu, avec la même bonne foi qu'il avait été successivement royaliste, constitutionnel, républicain, girondin, jacobin, terroriste. Il eût souffert la torture plutôt que d'avouer qu'il n'avait pas toujours haï ces hommes de sang, qui l'avaient persécuté et mis en prison. L'âme de Palloy ne renfermait-elle pas des trésors de sensibilité et de tendresse? Aussi il s'empressa de célébrer l'heureux événement d'abord par une adresse à la Convention, puis par une médaille commémorative, frappée l'année suivante, pour l'anniversaire de cette grande journée, et dont chaque représentant reçut un exemplaire [1].

[1] *Cat. de doc. autogr. sur la Révolut.*, n° 383. *Invent. des autogr. de M. Benjamin Fillon*, 2e série, n° 632 33°. Cette médaille célébrait à la fois la chute de Robespierre, les événements des 12 germinal, 1er et 4 prairial an III, et les mânes de Ferrand (Féraud). Elle rappelait aussi la proscription des girondins, aux souffrances desquels Palloy ne craignait pas d'associer les siennes, après avoir applaudi à leur mort. Sur le revers, au-dessous d'une couronne de chêne, on lit : « Ce fer vient des barreaux de la maison de Force où l'arbitraire m'avait précipité avec les 73 députés, qui semblent, ainsi que leurs collègues échappés aux fureurs de l'anarchie, avoir été réservés pour sauver la république et assurer dans notre patrie le règne de la paix et des lois. » Il avait

Mais, tout en approuvant avec chaleur le 9 thermidor, il avait la prétention de rester fidèle à ses anciennes opinions. Le 1er vendémiaire an III, à la suite de la rixe entre les jacobins et les jeunes gens à cadenettes au Palais-Royal, qui fut une des premières manifestations de la jeunesse dorée, il écrivait au *Moniteur* et à quelques autres feuilles, notamment au *Journal de la Montagne*, pour leur exposer ses principes, déplorant la guerre qu'on voulait susciter entre la Convention et les sociétés populaires, et se prononçant, avec un enthousiasme prudent, pour celle-là et pour celles-ci à la fois. En un mot, Palloy était l'homme de la conciliation, et il prenait sa propre défense en demandant que les vainqueurs du 9 thermidor s'accordassent avec les vaincus, ou plutôt qu'il n'y eût ni vaincus ni vainqueurs. Il avait été jacobin, il l'était encore, mais il n'éprouvait pas le moindre embarras à être en même temps thermidorien. Rien ne devait être plus facile que de réaliser un accord qu'il avait fait si aisément dans son propre esprit.

Malgré ces tendances conciliantes, Palloy ne put échapper entièrement au péril de la réaction contre ses antécédents révolutionnaires. Après la journée du 12 germinal, il fut compris dans les mesures dirigées contre les terroristes. Les ennemis dont se plaignait déjà sa lettre du 9 pluviôse an II, et qui, dit-il, lui

demandé, pour fabriquer cette médaille, une des barres de fer de son cachot, qui lui fut accordée à la condition de la remplacer. (Lettre de la commiss. des administrat. civiles, de la police et des tribunaux, 12 germinal an III.) « Vous ne vous vengez de vos oppresseurs qu'en immortalisant le souvenir de leurs forfaits, » lui écrivait à ce propos le représentant Mont Gilbert. — Je trouve parmi ses papiers (*Bastille*, mss. I, 242) une note de sa main indiquant qu'il médite pour le *Sénat français* une médaille commémorative des 9 et 10 thermidor, représentant la Nation qui pleure sur les victimes du moderne Néron.

avaient promis les honneurs du poignard dans un écrit anonyme, avaient pris le dessus. La nouvelle administration municipale de Sceaux eut la *criminelle audace* de le faire désarmer, et il lui fut interdit de circuler sans passeport. Il parle de ces vexations dans une lettre à Mlle Palloy (13 floréal), où il se vante que son ami, André Dumont, lui fera rendre ses armes, et charge sa fille d'envoyer à ce représentant une pierre de la Bastille : « Tu te plaint de ce que ces âmes vil, leur valets, semble t'insulté, en repetant des propos indécent devant toi. Soits calme, que ta fermeté fase leur honte : tu as ton père pour exemple; le mépris qu'il fait de ces ettre immoraux et sa seule vengeance.» Le rapport lu la veille à la tribune par Chénier, au nom des trois comités de gouvernement, avait rempli de joie et d'espoir le cœur de Palloy : « Quand ils connaitront ce rapport, les aristocrates de Sceaux, qui commencent déjà à baisser pavillon, le baisseront davantage encore. » Hélas ! cette prophétie ne devait pas se réaliser : les aristocrates, qui le tracassaient à l'envi, qui avaient fait saisir, le 28 vendémiaire an III, « trois maisons, bâtiments, jardins et dépendances sur ledit citoyen Palloy, capitaine de la compagnie des sans-culottes, » sans lui tenir aucun compte de ses manifestations en faveur du 9 thermidor, continuèrent à le molester, lui et sa famille.

Tant d'épreuves auraient dû amortir l'ardeur de Palloy, mais il ne pouvait retenir l'expansion de son patriotisme, et il lui eût été à peu près aussi impossible de demeurer tranquille en face des événements et de ne plus donner cours à son imagination pour célébrer les grandes journées, les anniversaires, les fêtes de la Révolution, qu'à l'oiseau de ne pas chanter et à la rivière de ne pas couler. Les occasions n'étaient plus, sans doute, ni aussi nombreuses ni aussi éclatantes, mais jusqu'au bout il n'en laissa pas échapper une seule. Il célèbre le 21 janvier par des vignettes, des déclarations de principes, des chansons, des banquets, sachant bien ne point déplaire par là aux puissants du jour. Tout le temps de la Révolution, il ne cesse de fabriquer et d'envoyer des médailles. Il en fait frapper une après la journée du 13 vendémiaire et l'expédie à tous les généraux de la république. Le 5 brumaire, c'est-à-dire le jour même de l'ouverture du Conseil des Cinq-Cents et du Conseil des Anciens, chaque nouveau législateur reçoit cette médaille, accompagnée d'une adresse confuse, incohérente, où se mêlent les récriminations contre les *agents du tigre couronné*, contre les *cannibales terroristes*, contre « la réaction de l'aristocratie, du fanatisme, de l'égoïsme et de la furie, » contre les meneurs de l'assemblée primaire de Sceaux, où il a été hué, où on lui a contesté jusqu'à son droit au vote, où on a menacé sa femme, sa fille, sa maison. Puis il donne des conseils aux législateurs; il leur expose, avec sa modestie habituelle, les services qu'il a rendus dans cette journée mémorable comme dans toutes les autres: il leur décrit sa médaille, consacrée à la fois au souvenir de la victoire de la Convention sur les royalistes, et à celui du représentant Tellier ou Letellier, qui s'était brûlé la cervelle quinze jours auparavant, à Chartres, pour avoir été contraint de céder à une sédition furieuse du peuple, en proclamant l'abaissement de la taxe du pain à trois sous la livre.

« Oublions pour un instant, dit Palloy dans son adresse, toutes les atrocités de ces anthropophages royaux et sangsues du peuple ; comme patriote, je leur pardonne, pardonnez-leur de même.... Il a été de mon devoir de voler vers la représentation nationale lorsque j'ai cru qu'on devait l'attaquer.

» J'ai eu le bonheur d'être du nombre des vainqueurs existants ; et des balles que les grenadiers royaux, les chasseurs du Palais-Royal, les enfants Jésus cadenassés, les chouans enfin ont dirigées vers vous, m'ont donné l'idée de prendre une douzaine de ces plombs, dont la plupart étaient mordus, qui, amalgamés avec de l'étain pur, forment une médaille dont je vous fais offre, pour perpétuer par ce signe la victoire que la Convention a remportée sur les royalistes et les chouans de Paris, dans les journées des 12, 13 et 14 vendémiaire, l'an IV de la république française. Vous y verrez les traits d'*Amant-Constant* LETELLIER, qui, pour épargner le crime, se donna la mort. La légende de cette médaille vous trace votre gloire, le danger que vous avez couru, le courage des défenseurs de la patrie, l'habitude qu'ils ont de cueillir des lauriers et la vertu fidèle des patriotes de 89....

» Oui, citoyens représentants, je fuis toutes félicitations, je n'ai fait que mon devoir. Tant que j'aurai des bras, ils seront armés pour la cause générale du patriotisme, et tant que j'aurai un souffle de vie, je serai toujours celui qui fera reconnaître les beaux jours de la Révolution : j'en perpétuerai les heureux souvenirs avec la plume, le crayon, le ciseau et le burin, tant que ma fortune me le permettra. »

Il n'avait garde d'oublier le 18 fructidor, mais il se borna à faire graver au burin l'estampe représentant la médaille projetée (la France sauvée du royalisme par le Peuple sous la forme d'Hercule), qui ne fut jamais exécutée. Parmi les félicitations qu'il reçut en cette circonstance, notons celles de François de Neufchâteau, alors ministre de l'intérieur. Il n'oublia pas non plus l'assassinat des plénipotentiaires français à Rastadt. Si aux innombrables médailles qu'il fit exécuter, on joignait toutes celles que projeta sa tête toujours en travail et féconde en allégories, toutes celles dont on trouve quelque indication, parfois même un dessin sommaire dans ses paperasses, il pourrait occuper à lui seul la vie presque entière d'un numismate.

XIX.

Les préoccupations du patriote ne nuisaient pas, nous l'avons déjà vu, à celles du père de famille. Palloy avait toutes les vertus publiques et privées. C'est toujours avec une émotion nouvelle, en homme digne d'être couronné par le sensible Robespierre à la fête des époux et proposé en exemple à tous les ménages républicains, qu'il parle de la vertueuse compagne de sa vie, de sa bonne Marie-Louise. Son amour conjugal fait songer aux plus beaux jours de l'âge d'or, et nous en avons été fort attendri jusqu'à l'heure où nous est tombé sous les yeux un document très inattendu, d'où il semble résulter que, dans l'intérieur du patriote, la réalité était loin de répondre aux apparences [1]. Malgré

[1] C'est une courte lettre, écrite tout entière de sa main, et annexée à l'exemplaire de la notice biographique sur Palloy, par Hénée, que possède la Bibliothèque nationale. Cette lettre, conçue d'ailleurs avec l'étalage de beaux sentiments et l'effusion de naïf orgueil qui distingue tous les écrits de Palloy, en dit plus qu'elle n'est longue. La voici :

« Ma femme, je déclare devant Dieu ne pas vous en vouloir, oublié toutes les peines, les faux démarches que vous m'avez faits, de ne rien plus vous répété ni reproché sur vos tors avant et après votre mariage. Mais comme demain j'ai rendez-vous avec M. Lucas et que nous devons entré en explication sur moi, sur vous et sur vos enfants, et comme vous m'avez dissimulé la vérité de votre visite vis à-vis de lui, j'exige de ma femme qu'elle me le redisse avec plus de sincérité et par écrit, et j'attend de suite la réponse.

» Votre mari, le plus complaisant, le plus humain et le plus dévoué des hommes, qui vous embrasse et vous soitte à vous, à vos enfants, toute sorte de bonheur.

Palloy,

» *Patriote pour la vie.* »

le jeune âge de son fils. il n'avait pas négligé non plus de le produire; il l'avait inscrit sur la liste de ses Apôtres de la liberté, et nous l'avons vu surtout offrir par son intermédiaire au Dauphin un jeu de domino civique et national. Nous avons retrouvé dans ses papiers l'ébauche suivante d'un discours qu'il avait composé pour le lui faire prononcer en nous ne savons quelle circonstance, car la pièce est sans date :

« Citoyens.... j'étoit alors encore au berceau, lorsque le canon de cette trop fameuse Bastille, le bruit formidable de cette artillerie dirigée par les despost se fit entendre jusqu'au domicile de mon père, la terreur s'empara de ma mère qui me prit dans ses bras; je dormois paisiblement et ne m'éveilla que lors de la prise de cette forteresse, elle me serra avec force près de son sein en s'écriant avec un transport de joie : Mon cher enfant, les chaines de notre esclavage sont brisées et nous sommes libres. Depuis cette époque mémorable, elle n'a cessé à mon réveil de me faire sentir les doux effets de cette Liberté, elle m'instruisit maternellement de l'amour que je devoit avoir pour cette déesse. »

Il serait bien dommage que ce petit chef-d'œuvre oratoire n'eût jamais été prononcé.

Mais c'est surtout sa fille qu'il s'appliquait à mettre en relief dans toutes les occasions. Combien de fois Mlle Palloy se présenta aux regards charmés des Parisiens ou des habitants de Sceaux, dirigeant des théories de jeunes citoyennes, et portant dans ses blanches mains des corbeilles de fleurs ou des emblèmes patriotiques; combien de fois elle présenta des députations de républicaines, vint prononcer des discours à la barre, fut applaudie par les tribunes et reçut l'accolade du président, ce que nous avons dit permet de l'entrevoir, quoique nous n'ayons pas tout dit. Cependant, en l'an IV, la citoyenne Louise-Charlotte Palloy était arrivée à l'âge nubile. La fille d'un aussi illustre patriote, déjà mêlée elle-même à l'histoire, ne pouvait se marier platement et obscurément. Il fallait que la France entière fût au courant de cet acte solennel. Palloy s'avisa d'une idée triomphante qui ne pouvait venir qu'à lui, et qui à elle seule suffirait à le peindre tout entier. Durant le cours de sa féconde carrière, il n'en avait jamais eu de plus irrésistiblement comique, de plus solennellement bouffonne, de plus profondément caractéristique dans sa naïve emphase et son inconscient charlatanisme. Le 15 messidor an IV, parut une brochure où il annonçait *urbi et orbi* qu'il avait une fille à marier, traçait un éloge irrésistible de cette jeune personne et convoquait à son de trompe les prétendants à sa main : *Un républicain français, père d'une respectable fille, aux citoyens directeurs, ministre de la guerre et généraux en chef des armées de la république*, tel est le titre de cette impayable élucubration, que nous voudrions pouvoir citer en entier.

« Citoyens, dit Palloy, je vous prie de protéger la demande ci-après, et si elle paraît singulière à certaines gens, c'est qu'ils ne connaissent pas la douce satisfaction qu'éprouvent les pères et mères qui ont le bonheur de réunir dans l'établissement de leurs enfants toutes les vertus qui font l'honnête homme, le généreux citoyen, le bon père, le bon fils et le bon époux, à celles qui font distinguer la tendre fille, l'épouse respectable et la bonne mère.

» Ce n'est que par la ressemblance d'humeur, de caractère, de façon de penser que l'on parvient à former ces unions délicieuses qui, en assurant la félicité des deux époux, font le charme de la vie des parents heureux qui ont pu les assortir.

» Loin de moi tous ces mariages de convenance, toutes ces alliances de l'ancienne cour, qui, en unissant par des liens alors indissolubles des individus qui se connaissoient à peine, même qui ne s'étoient jamais vus, devenoient une source intarissable de tous les maux et de tous les malheurs! »

Il développe éloquemment cette idée. Non, non, qu'on ne lui offre pas une de ces alliances de l'ancienne cour; l'austère Palloy n'en veut pas :

« Instruit par ma propre expérience que l'heureux ménage est la source de tout bien, que le seul moyen pour y parvenir est d'associer l'âge, les mœurs, la vertu, le vrai mérite et principalement la sympathie des principes, je puis dire avec vérité que, lié de tendresse, d'estime et d'amitié à l'aimable compagne que je possède depuis vingt et un ans, notre bonheur a toujours été sans nuage [1]. »

Il esquisse ensuite un *faible tableau* des mérites de sa fille, sans oublier ceux dont il est lui-même si abondamment pourvu, et de la fermeté courageuse qu'elle a montrée pendant les persécutions dont son père a été victime. A ce souvenir, Palloy s'attendrit et son amour paternel éclate comme un hymne :

« Grâces immortelles te soient rendues, ô ma fille chérie! C'est pour récompenser tant de vertus, citoyens, que je désire, comme homme et comme père, bien certain du consentement de ma femme et de la soumission de cette fille adorable, lui donner pour époux un honnête et vertueux guerrier, qui ait constamment

[1] Voir la note de la page 217. Rappelons que Mme Palloy avait une douzaine d'années de plus que son mari, ce qui était une façon très large de comprendre l'association de l'âge.

combattu pour sa patrie à l'extérieur depuis la Révolution; qui, tandis que je combattois les ennemis de l'intérieur, se soit distingué contre ceux du dehors, tant par sa bravoure et son mâle courage que par son obéissance aux lois et à ses supérieurs.... C'est à un tel homme, citoyens, que je destine ma fille; c'est pour lui seul que j'ai élevé cette seconde Rosière; c'est la récompense que je lui préparois, tandis qu'il combattoit pour la patrie, pour elle, pour moi, pour sa famille. Puisse mon exemple inspirer aux pères et aux mères vertueux le désir de récompenser ainsi, par des mariages samnites, la valeur de nos braves défenseurs! »

Palloy espère que sa demande, dictée par la franchise de son républicanisme, ne paraîtra pas ridicule. Il n'est poussé par aucun intérêt de gloire, par aucune jactance. Son but est seulement de prouver combien il estime le véritable militaire.

« Surtout, citoyens, n'assurez rien au jeune héros envoyé par vous, qu'il ne soit avant tout choisi par ma fille. Lors de leur arrivée, ils trouveront un logement chez moi, et lorsqu'ils seront réunis tous à ma table, le choix que fera ma fille sera le mortel heureux qui la possédera, si sa conduite future répond à celle passée.

» Que ne puis-je vous posséder vous-mêmes! Vous augmenteriez cette fête vraiment civique. Nous porterons toujours en votre absence un coup à votre santé et à la république. »

Ce dernier trait est d'une belle âme, — comme tous les autres, d'ailleurs. Palloy avait décidément toutes les vertus hospitalières.

« Ma demande se restreint à un nombre déterminé, savoir : un candidat de la part de chaque directeur, un du ministre et de chaque général en chef. Ceux des militaires qui n'auront pas la pomme n'en seront pas moins mes amis pour la vie, et pourront rester chez moi quinze jours, pour se délasser de leur voyage ; je les défrayerai de leur route, en leur offrant 300 livres numéraires pour chacun d'eux. »

A la suite de la lettre vient le *programme* détaillé, et après le côté purement sentimental, le côté pratique, mais toujours teinté de lyrisme, apparaît. Palloy expose sous ce titre : *Demandes et propositions*, qu'un artiste, électrisé par le génie de la liberté, désire reprendre ses travaux, interrompus par l'intrigue « pendant le règne des cannibales. » En conséquence, il voudrait rencontrer un militaire, né Français, qui, en outre de toutes les qualités civiques et patriotiques amplement déduites, « ait, s'il est possible, des nuances de connaissance dans l'architecture pratique, ou ayant une écriture propre, âgé de vingt-cinq à trente ans. » La taille, la figure, le grade et la fortune ne lui font rien, pourvu qu'il ne soit pas difforme et qu'il jouisse d'une bonne santé.

« Le volontaire, muni de ce brevet civique demandé, peut se présenter chez le citoyen Lessort, juge de paix de la section des Plantes, avec une démission légale, porteur d'une lettre d'un directeur, ministre de la guerre ou généraux de l'armée d'où il sort.... *On exige du jeune homme le silence quand une fois il sera agréé.*

» On lui propose une place de commis pour tenir des livres et veiller à des travaux pendant une année seulement : il aura 600 livres, la table et le logement. Si son assiduité et son humeur plaisent à la famille patriote qui fait cette demande, on lui assure la main d'une jolie personne, 10,000 livres comptant pour mariage, et la rente de 40,000 livres, hypothéquée sur des biens-fonds ; en outre, associé dans les travaux du père pendant quatre ans, et ensuite on lui abandonne chantier, équipages, etc.

» Cette jeune citoyenne, âgée de dix-neuf ans, joint à une belle âme un républicanisme pur, les vertus de son sexe, une riche taille, une figure agréable, une humeur douce. Ses parents n'ont rien négligé pour son éducation, ce qui lui donne l'aisance dans l'amabilité, ayant des principes sans ostentation, connaissant la musique, touchant d'un instrument. Son économie et son travail assidu assurent qu'elle sera une bonne épouse, une vertueuse mère, dont elle remplira les devoirs comme elle a rempli ceux de la piété filiale et ceux moraux de la philosophie sociale [1]. »

Ce qu'il y a de plus étrange peut-être que cette démarche, c'est qu'elle réussit. L'appel de Palloy fut entendu, et un jeune militaire, né Français, et doué sans doute de toutes les vertus requises, se mit sur les rangs pour obtenir la main de la jeune et belle républicaine. Nous possédons la lettre de faire part du mariage « contracté sous les auspices de la divinité et de la loi, » entre Antoine-François Monvoisin, capitaine, aide de camp du général de division Hatry, et Louise-Charlotte, fille du citoyen Palloy, architecte-entrepreneur, domicilié à Sceaux-l'Unité. Ce billet de faire part, daté du 5 fructidor an V, est décoré d'une jolie vignette appropriée à la circonstance, où Palloy a déployé tout son talent de dessinateur et tout son goût pour l'allégorie. Les tentes d'un camp se dessinent sous les arbres d'une forêt, et, au premier plan, on voit un mi-

[1] Ni la lettre ni le programme n'ont de pagination, et celui-ci est imprimé en caractères différents, plus compacts. Il se pourrait qu'il fût postérieur à la lettre, car Palloy semble y avoir légèrement modifié sa proposition première et s'y rabattre à la demande d'un commis, avec promesse d'association et d'entrée dans sa famille, pour le séduire.

litaire conduisant une jeune fille à l'autel de la loi, qui porte un bonnet rouge au bout d'une pique. Une figure assise tient d'une main une palme, de l'autre une couronne, pour symboliser sans doute la récompense décernée à l'heureux époux, et sur un livre traîné par deux Amours on lit : *Ils sont unis pour la vie* [1] !

On voit encore Palloy reparaître, mais non plus avec l'éclat d'autrefois, dans quelques-unes des dernières fêtes de la république. Pour la pompe funèbre du général Hoche (an VI), il prête des tentures aux administrateurs du culte théophilanthropique dans un grand nombre de temples. Son nom se retrouve jusqu'en l'an VIII, dix mois après le 18 brumaire, dans les cérémonies du même culte, qui n'avait pas encore complètement disparu, et toujours pour des prêts de tentures destinées à orner le temple un jour de fête civique [2]. Les lettres des administrateurs semblent indiquer qu'ils s'adressent moins à l'industriel qu'au coreligionnaire. Il aurait manqué quelque chose à la carrière de Palloy s'il n'eût été théophilanthrope : tel que nous le connaissons, il devait adhérer avec l'ardeur d'une âme sensible et pure à la petite église, dégagée des superstitions et du fanatisme, qui semblait avoir été fondée

[1] Disons, pour n'y plus revenir, que la fille de Palloy devint veuve en 1802, Monvoisin étant mort dans l'expédition de Saint-Domingue. Leur fils fut admis au Prytanée impérial en considération des services de son père. C'est Palloy lui-même qui nous donne ces détails dans la brochure : *Un Français à sa patrie....*

[2] *Catal. de doc. autogr. sur la Révolut.*, n°s 197 et 198. Dans une note de son *Eloge funèbre de Jean-Pierre Chrétien*, son oncle, très curieux manuscrit dont nous parlerons plus loin, Palloy nous apprend lui-même que, lors de la suppression du drap mortuaire, il avait inventé, pour envelopper et couvrir les morts, une draperie *nationale* dont il invita les diverses sections de Paris à faire usage, en ouvrant un magasin où il offrait gratis, à leur choix, tous les objets de décoration funèbre dont ils pouvaient avoir besoin.

tout exprès pour recueillir la succession de la fête de l'Etre suprême. Il s'y consolait de ses déboires, car ni la Révolution ni son industrieuse activité ne l'avaient enrichi, et au moment où elle allait être confisquée par un général victorieux, il se retrouvait criblé de dettes, assailli de papiers timbrés, poursuivi par ses ouvriers, qui répandaient le bruit de sa faillite [1].

[1] Dossier de Palloy, à la Bibl. de la ville; lettre du 27 germinal an VIII.

XX.

Le républicain Palloy n'avait garde, on le pense bien, de refuser au 18 brumaire une adhésion qui n'avait fait défaut à aucun des événements de la Révolution. Depuis longtemps, d'ailleurs, il avait les yeux fixés sur le jeune général dont la gloire, semblable au soleil, montait si rapidement à l'horizon, et au lendemain du traité de Campo-Formio il avait promis à l'immortalité le *soldat victorieux*, le *guerrier pacificateur*, dans une adresse « aux législateurs français réunis pour célébrer la fête de la paix. » Pendant la campagne d'Italie, il lui adressa à Rome une lettre incrustée dans une pierre de la Bastille, avec l'adresse gravée sur la pierre [1]. Palloy ne cessa de poursuivre le premier consul de ses fastidieux et tenaces hommages. Il compose un hymne dédié aux citoyens français, pour être chanté le jour de la fête de la république, à la gloire des braves guerriers, le 1er vendémiaire an IX, et, au lendemain de la paix continentale, il fait frapper, pour célébrer ce grand événement, en l'associant au souvenir du 14 juillet, une médaille allégorique dont nous ne reproduisons pas la description compliquée [2], et qu'il en-

[1] *Un Français à sa patrie*, par Palloy, p. 51.

[2] Voyez les papiers de Palloy à la Bibl. de la ville et le ms. *Bastille*, Bibl. nat., I, f. 154-155. Il n'est pas question de cette médaille dans Hennin. Le musée Carnavalet la possède gravée, face et revers, sur fond d'or. Le cadre qui entoure cette double reproduction porte un

voya à Bonaparte ainsi qu'à ses collègues, aux présidents du Tribunat et du Sénat conservateur, etc.

La proclamation de l'empire trouva en lui la même disposition à l'enthousiasme. Sur ce point comme sur bien d'autres, Palloy ne faisait que suivre d'illustres exemples, dont il n'avait pas besoin, il est vrai. Pourquoi ne se serait-il pas rallié avec tant de révolutionnaires plus fameux et plus tenus à une inflexible unité de principes? Quand les régicides de la Convention remplissaient les antichambres des Tuileries et gueusaient auprès de César quelque bout de galon, il serait injuste de le traiter plus sévèrement que ces grands personnages, uniquement parce qu'il était un maçon illettré et qu'il s'est montré plus naïf dans ses variations. Lui aussi, il eût pu répondre qu'il voyait dans l'empereur la Révolution couronnée. La seule différence entre Palloy et Cambacérès, Fouché, Drouet, David, Jean Bon Saint-André et cent autres, pour la plupart ses anciens amis, c'est que ceux-ci sont ministres, préfets, hauts ou bas fonctionnaires, pensionnés, salariés par le nouveau pouvoir, tandis qu'il reste solliciteur jusqu'à la fin. Le pauvre homme n'aurait pas mieux demandé que d'effacer cette différence.

La brillante campagne d'Autriche et la paix de Presbourg après la victoire d'Austerlitz donnèrent un nouvel essor à la verve de Palloy. Elle éclata dans sa *Gaieté militaire ou les Bulletins en vaudevilles*, potpourri de couplets sur tous les airs et dans tous les

témoignage réjouissant de l'art de Palloy pour utiliser les restes. Il l'avait d'abord présentée au premier consul, qui n'en voulut pas sans doute et la lui fit retourner. Alors il gratta sur le cadre l'inscription : *Offert au premier consul*, et la remplaça par une autre, sur la partie opposée du cadre : *Offert au second consul*. Mais la première n'est pas si effacée qu'on ne la retrouve avec un peu d'attention.

styles, mais qui se ressemblent par leur étonnante platitude, encadrés entre un prologue et un épilogue d'un style lyrique et pompeux. « Je suis architecte et non poète, dit le prologue avec une modestie plus ou moins sincère, mais trop justifiée; je me crois meilleur maçon que bon rimeur. Aussi je supplie Votre Majesté d'accueillir cet hommage avec autant de bonté que d'indulgence. » Il suffira d'extraire de ce salmigondis le couplet suivant, qui est du style noble :

2e BULLETIN DE LA GRANDE ARMÉE

AIR : *Aussitôt que la lumière.*

Chaque événement se presse,
Et, d'une étonnante ardeur,
Soult avec Vandamme s'empressent
De marquer par la valeur.
Murat l'ennemi culbute,
Qui double de force avait;
Le seize, Soult exécute
Ce que le quinze on tramait.

Je suppose que le lecteur le plus curieux se contentera de cet échantillon et ne demandera pas son reste.

Tout ce recueil respire un grand enthousiasme pour celui que, dans une brochure de la même année [1], il ne craint pas d'appeler *divin*. Cet opuscule est un monument d'adulation poussée jusqu'à la flagornerie : « Je dois vous avouer, dit Palloy au *grand Napoléon*, qu'ayant eu la faiblesse de craindre pour vos jours, lors de votre départ pour cette grande et folle coalition, un trouble s'était emparé de moi. Je me suis présenté à la mairie de mon arrondissement, d'après le

[1] *Un Français à sa patrie et à son empereur*, le 1er mai 1806, 54 p. in-8°.

décret du sénatus-consulte, pour ne pas être un des derniers à partir sous les drapeaux de la garde nationale parisienne. J'appris qu'elle ne s'organisait pas; je me retirai pénétré. » Il aurait voulu prouver à l'empereur qu'il savait soutenir le serment fait par lui (encore un serment), en donnant son adhésion au consulat à vie et à l'empire. Mais il apprit les victoires de son prince-: « Je me transportai aussitôt chez un de mes amis, botaniste de VOTRE MAJESTÉ; j'y cueillis chêne, laurier, myrte et olivier, pour en former une couronne, et j'attendais le moment de votre arrivée, pour voler la jeter sur votre passage, aux portes de votre bonne ville de Paris. J'entonnai de suite le chant de vos victoires; je me bannis toute tristesse : et comme Epiménide, je me réveille, après dix-sept années de désolations, frappé de tant de prodiges. »

Palloy a donc voulu, à son tour, payer sa dette d'admiration par un faible hommage : « Au joyeux vaudeville était réservé l'avantage de consacrer de tels triomphes. Le couplet les fera voler de bouche en bouche.... Je m'estimerai heureux si je suis honoré d'un sourire de mon empereur. » Cet ouvrage, « qui ne pourra figurer *peut-être* auprès des chefs-d'œuvre que tant de miracles ont dû faire naître, » est accompagné d'une estampe allégorique et du dessin gravé d'une médaille qui sera sa 51e et qu'il se propose de lui offrir pour célébrer la victoire d'Austerlitz et la paix. Palloy trace ensuite une esquisse brûlante des bienfaits de l'*inspiré Napoléon*, en le comparant au soleil qui éclaire tout. Puis il fait amende honorable de ses erreurs, en trouvant moyen toutefois de les excuser : — il est faillible comme tout mortel, et, s'il en a commis, c'est involontairement, car son cœur était toujours guidé par l'amour du bien.

« Tout ce que j'avais aperçu d'un œil beau, en 1789 et 1790, n'était que trouble. La faux meurtrière bientôt moissonnait indistinctement parents, amis, en plein champ : bon, mauvais, tout lui était égal; voulant trouver des victimes, tout y passait. Le souvenir me peine encore, et mon cœur se refuse d'entrer dans plus de détails ; je sens qu'il était inutile de découvrir un tableau si déchirant à VOTRE MAJESTÉ. Qui en sait plus que moi sur ce qui s'est passé? C'est pour faire sentir à ceux qui me liront après vous.... quelle grâce ils ont à rendre à la divinité qui vous a donné le courage de venir éclairer toute cette obscurité et de convertir les méchants eux-mêmes, s'il est possible qu'il y en ait encore. Eh! qu'ils se pénètrent bien que sans vous, SIRE, aucun Français n'existerait plus, ou au moins très peu. Ici, SIRE, je parle d'abondance, comme mon cœur m'inspire. La Révolution était malheureusement nécessaire.... L'ancienne dynastie était *usée*.... » Mais les gens éclairés, en trop petit nombre, qui ont établi la république, ne purent finir leur œuvre et en furent même les premières victimes. « Depuis la chute de la Bastille, ce fameux 14 juillet à jamais mémorable, malgré les efforts des bons citoyens, la France a toujours été en convulsion.... Je suis du grand nombre de ceux convaincus par l'expérience qu'un aussi grand peuple ne peut raisonnablement se gouverner en république : les hommes ont trop de passions qui les dévorent. » Il va même jusqu'à traiter la Révolution de *fatale époque* et de *temps de délire*.

Il rappelle ensuite tout ce qu'il a eu à souffrir alors et les persécutions dont il a été victime. Il était temps pour lui et pour sa famille que le grand homme arrivât : « SIRE, ajoute-t-il avec cette naïveté prodigieuse qu'il garde jusque dans ses roueries, n'ayant personne près de vous (ne trouvant pas d'homme *assez sincère* pour vous parler de moi, dit-il ailleurs), je vous devais cette confession; elle est générale comme mes actions, *n'ayant jamais craint la publicité*. Comme je ne me suis pas présenté à vous pour être employé, vous me croyez peut-être un fortuné; non, je ne suis qu'heureux de pouvoir admirer la prospérité de mon pays. » Malgré la vivacité de cette admiration, il est clair que cela est insuffisant pour vivre. Aussi Palloy fait-il confidence à l'empereur, « comme à un père, » de l'état de ses affaires. Il s'est ruiné par ses sacrifices, ses profusions généreuses, « comme un guerrier dont le sang coule dans une bataille et qui s'aperçoit à peine de ses blessures, emporté par son ardeur. » Il réclame le paiement des dettes qu'on a contractées envers lui, particulièrement sa mise en possession du terrain qui lui a été alloué sur la place de la Bastille, et demande un emploi dans sa profession : « Je me placerai comme une ruine de la Révolution parmi les monuments que l'on érige à la gloire de ma patrie et de mon PRINCE. » Puis il le remercie en sa qualité de *père des ouvriers*, de tous les travaux entrepris pour l'embellissement de Paris, et il propose ses vues, lui conseillant de faire abattre le reste des masures de la place du Carrousel, comme il l'avait essayé lui-même jadis, ce qui lui valut *critique et disgrâce*; de continuer la galerie sur la rue Saint-Honoré et d'exécuter le projet de la rue Impériale devant l'arc de triomphe; mais surtout il brûle de se signaler en personne dans le vaste champ que tant de gloire ouvre aux talents des artistes. Il y a une grande fête à célébrer, un monument à élever; Palloy rappelle qu'il est là. Personne ne comprendrait que, dans de telles circonstances, Palloy restât *simple spectateur*.

Après la *Gaieté militaire*, l'intarissable patriote publie le *Troubadour des armées françaises ou les chants de la victoire*. C'est un recueil factice, sans date, réunissant sous ce titre général une foule de pièces signées de son nom ou de ses initiales. La Muse de Palloy, mieux secondée sans doute, et stimulée par le désir ardent d'attirer enfin sur elle les yeux du maître, s'est élevée ici plus haut que dans les *Bulletins en vaudevilles*. On y remarque particulièrement la *Conscription ou le joyeux départ en octobre* 1806, dédié aux armées ; les *Jeunes conscrits ou la suite du joyeux départ*, mai 1807 ; la *Colonne de Rosbach et l'épée du grand Frédéric ; l'Hommage d'un Français à sa patrie, le jour de l'entrée triomphale de* NAPOLÉON L'INCOMPARABLE, et les couplets suivants : *Aux fils aînés de la Révolution française, — enfants de* 1789, *hommes de* 1809, — que nous allons citer pour donner une idée de sa manière, de ses flatteries colossales et aussi de l'adresse avec laquelle il amalgame son républicanisme d'autrefois avec son impérialisme d'aujourd'hui, comme si l'un était la conséquence naturelle de l'autre :

Quel spectacle imposant et neuf
 Frappe l'âme attendrie ?
Les enfants de quatre-vingt-neuf
 Marchent pour la patrie !
Français, ils reçurent le jour
 Au milieu des alarmes,
Et, guerriers ardents, à leur tour
 Ils saisissent les armes....

C'est un SOLDAT, c'est un HÉROS,
 C'est un DIEU qui vous guide,
Un DIEU dont les nobles travaux
 Surpassent ceux d'Alcide.
Aux soldats de ce conquérant
 Il n'est rien d'impossible,
Et sous NAPOLÉON LE GRAND
 Tout homme est invincible.

On y lit aussi une *scène grivoise*, prose et vers, en style de Vadé, entre Cadet Jérôme, fort de la halle, et Marie-Jeanne, marchande de marée, *sa parsonnière : Le serment de Gustave à Stralsund et ce qui en advint.* Brune s'était emparé de Stralsund sur le roi de Suède Gustave-Adolphe IV, le 20 août 1807. Le 28, on jouait aux Halles, dans une parade populaire, la scène grivoise de Palloy, comme jadis les farces de Gringore et de Pont-Alais.

On pense bien que Palloy ne négligea de chanter ni le mariage de Napoléon avec Marie-Louise, ni la naissance du roi de Rome.

« L'Etre éternel a donc, s'écrie-t-il le 20 mars 1811, dans *Mes vœux et mes opinions*, au gré de nos ardents souhaits, jetté parmi nous la palme de l'Olivier. La fille des rois donne à la France un auguste rejetton du héros que l'Europe admire, à une décade pret, que l'heureux anniversaire du jour du mariage de Marie-Louise, archiduchesse d'Autriche, avec Napoléon le Grand ! J'ai célébré son hyménée, j'invoque aujourd'hui Apollon pour chanter l'instant fortuné où nous voyons naître le fruit d'une union aussi prospère.

» Je te salue, ô jour de triomphe et de gloire ! ô précieuse année de 1811 ! Le mois de mars, nom cher aux guerriers, signale à tous les peuples une époque mémorable. Quelle délicieuse saison, où la plus belle fleur a sorti du parterre de Flore, au milieu des myrthes et des lauriers.... Quel beau signe du Zodiaque que le Bélier ! Il marque la force et le courage du nouveau née. Sous ses auspices, la nature a reparu plus brillante [1]. »

[1] Il y a quatorze pages in-4° de cette prose, écrite avec la même exaltation. Mais le vieux révolutionnaire apparaît en plus d'un passage, où il félicite Napoléon d'avoir abattu l'orgueil de l'Eglise, t s'applaudit que le temps du fanatisme et de la superstition soit passé.

Nous passons vingt autres preuves d'un zèle infatigable, en vers et en prose : l'*Heureux anniversaire de Napoléon le Grand*, le 2 décembre 1809, distribué par l'auteur au bal donné à Sa Majesté par la ville ; l'*Honneur du nom français ou l'enthousiasme national* (1813), strophes dédiées à ses jeunes frères d'armes (Palloy n'oubliait jamais qu'il avait été colonel) partant pour la Russie, etc.

Mais Napoléon et Palloy n'étaient pas deux génies de la même famille. On ne voit pas que tant d'efforts soient parvenus un moment à attirer la moindre parcelle de l'attention du souverain, et c'est probablement tant mieux pour lui. Aussi s'efforçait-il de compléter cette industrie par d'autres, d'un caractère tout à fait différent, et de joindre sans scrupule au profit problématique et toujours attendu de ses écrits patriotiques, le profit plus immédiat et plus certain d'élucubrations obscènes [1].

[1] V. à l'*Appendice*.

XXI.

L'Empire s'étant montré si ingrat pour Palloy, il n'y avait pas lieu de le regretter. Aussi chanta-t-il la première et la seconde invasion, et ne se laissa-t-il vaincre par personne dans l'ardeur de ses hommages aux princes alliés. On pouvait croire que, sous la Restauration, il allait s'efforcer de se faire oublier. C'eût été bien mal le connaitre. Dès la première Restauration, Palloy s'était tellement signalé par son zèle, il avait si bien su mettre ses mérites et ses services en relief, qu'il obtenait (16 décembre 1814) la décoration du Lis [1]. Pour un homme qui avait fondé le banquet annuel de la *tête de cochon farcie* en commémoration du supplice de Louis XVI, le contraste était déjà assez piquant; mais après les Cent-jours surtout, Palloy se remit en chasse pour arriver à des effets plus pratiques.

D'un bout à l'autre des deux règnes de Louis XVIII et de Charles X, il harcèle de sa prose et de ses vers, il assiège de ses pétitions le roi, la Chambre, les mi-

[1] Ce fait nous a été révélé par lui à vingt reprises différentes. On trouve dans son dossier copie de la lettre du duc d'Aumont qui lui annonce cette distinction. Ailleurs, particulièrement dans une lettre du 4 février 1821, c'est le duc de Grammont qu'il nomme au lieu du duc d'Aumont, et il a soin d'ajouter qu'il ne l'avait pas demandée. « Je ne sais le pourquoi et le comment, dit-il encore ailleurs (*même dossier*), j'ai reçu la fleur de lys avec le rubau et le brevet...., sous le numéro 4496. » La décoration du Lis avait été envoyée à la plupart des gardes nationaux.

nistres, les chambellans et tous les secrétaires des commandements. Le 6 janvier 1818, il adresse une pétition au ministre des finances, tendant à obtenir la somme de 18,880 francs pour frais préparatoires à la pose de la première pierre de la colonne de la Liberté, qu'il prétendait lui être redus depuis 1792, et pour mise en possession du terrain concédé par l'Assemblée. Et il s'efforce de faire agir à l'appui toutes les influences sur lesquelles il croit pouvoir compter. Il sème partout des lettres dont le recueil ferait concurrence à celui de Mme de Sévigné. A un personnage, Palloy rappelle ou apprend, pour l'intéresser à sa réclamation, qu'il a été le camarade, à Louis le Grand, de son gendre Monvoisin, chef d'escadron, aide de camp du général Sarrazin, mort à Saint-Domingue. Il met en avant son ami Champion de Villeneuve. Il se rend cette justice qu'il a « la tête bien organisée, le cœur chaud et une vraie sensibilité.... Chez moi, ajoute-t-il, c'est un volcan tout embrasé d'amour pour ma patrie, qui ne s'éteindra jamais. » Il a été « chéri et fêté ; » il a eu « mille adorateurs, mille flatteurs qui se disaient ses amis.... J'en ai eu besoin, je n'ai trouvé que des ingrats. Voilà les hommes! Tant il est vrai !.... » Suivent des considérations philosophiques que j'épargne au lecteur.

La requête de Palloy fut définitivement écartée, sur avis conforme du conseil d'Etat, par ordonnance du 26 août suivant, parce que le décret qui devait déterminer le terrain concédé n'était jamais intervenu, et que, conséquemment, ses droits se trouvaient réduits à une simple créance frappée de déchéance comme antérieure à l'an IX. Il ne se découragea pas — il ne se décourageait jamais — et, l'année suivante (16 avril), il adressait, à la Chambre des députés cette fois, une nouvelle pétition, très confuse, qui avait le même but et qui ne fut même pas l'objet d'un rapport.

Enfin, car il faut se borner, le 4 février 1821, il s'adressait, toujours pour le même objet, à M. le duc de X., en une longue lettre pleine d'effusions royalistes, de condoléances sur la mort du duc de Berry, mêlées à des plaintes sur sa misère, sur les calomnies dont il est victime, à des confidences sur sa respectable épouse, aussi vertueuse que bien élevée. Il y rappelle qu'il a reçu non seulement le brevet du Lis par une lettre du duc de Grammont, mais encore la croix de la Fidélité, par le commandant de la garde nationale de son canton. Il n'oublie pas d'ajouter qu'il est franc-maçon, chevalier de l'Ordre depuis quarante-quatre ans : « Au surplus, je parle à l'instituteur de nos rites, c'est tout dire. » Quoique goutteux, il tressaille de joie de voir son pays tranquille et heureux. Il résume d'une façon hardie sa carrière sous la Révolution : « J'ai pleuré l'auguste victime, et j'ai failli de l'être moi-même de mon amour pour lui. J'ai été obligé de partir aux armées; j'étais accusé d'être royaliste par la mauvaise Commune du 10 août.... J'ai refusé de prendre les armes le 21 janvier, jour de deuil général. » Voilà comme Palloy écrit l'histoire, et peut-être, à force de répéter ces hâbleries, a-t-il fini par y croire. Son ancienne habitation, où il respirait le bonheur de la France, est maintenant la sous-préfecture, et il en est fier. Il demande au duc de lui faire ouvrir « les portes du temple de la Loi, » qu'il appelle aussi les portes de Thémis. Palloy ne manque pas d'ajouter qu'il est représenté dans cette affaire par le chevalier Champion de Villeneuve, avocat aux conseils du roi, président de la chambre des avocats près la cour de cassation, membre du conseil de préfecture de la Seine, qui lui sert non seulement de conseil, mais « de père et d'ami, » — dont il a sauvé les jours quand celui-ci était ministre. Et Champion n'est pas le seul qu'il ait sauvé. Cependant il n'a jamais importuné Louis XVI, ni mendié de place, ne rendant pas de service par intérêt. Sa modestie bien connue l'aurait même empêché de faire allusion à ces choses, « mais la nécessité de rejeter le venin répandu sur mon compte par mes ennemis et les vôtres, Monseigneur, m'y a obligé. »

Dans une autre lettre au même, il ajoute à ces titres de gloire les procédés qu'il a eus au Temple pour la famille royale, et il en appelle au témoignage de M. Morlet, sous-lieutenant des gardes à pied, pour prouver qu'il a beaucoup contribué à la formation de la maison de Sa Majesté. Il assiège de ses stances royalistes, de ses effusions en l'honneur de l'auguste famille, le comte de Nantouillet, qui lui en accuse réception en le louant de son zèle, et il n'épargne même pas le berceau du petit duc de Bordeaux.

J'ai sous les yeux de véritables monceaux de pièces imprimées ou manuscrites, décorées d'estampes allégoriques et mythologiques de sa composition, parfois fort compliquées, de devises, d'inscriptions latines et françaises, où il leur prodigue son encens intéressé, chante le retour du monarque, la paix, la Charte, la mort du duc de Berry [1], puis l'avènement et le sacre

[1] *Vers improvisés à Saint-Denis, au pied du cercueil de S. A. R. Mgr le duc de Berry, quelques jours avant ses obsèques.* Signé : « Palloy, ami des lois, de l'ordre et de la paix, sensible comme tout bon Français qui aime sa patrie à la perte d'un prince qui en était l'espoir. » Il adressait des vers au duc de Bordeaux dans son berceau ; il envoya à tous les gentilshommes de la Chambre l'expression de son amour et de son dévouement « pour cet enfant chéri ; » il leur communiquait ses inquiétudes sur la santé de ce jeune prince, les suppliant de l'avertir et de le tranquilliser si la moindre indisposition lui arrivait.

de Charles X, le duc d'Angoulême et la campagne d'Espagne, ne voulant point passer, en une telle circonstance, « pour bâtard à la joie nationale, » etc., en rappelant avec une candeur impudente le rôle qu'il a joué sous la Révolution, les sacrifices qu'il a faits, les services dont la patrie lui est redevable, les souffrances qu'il a endurées, les décrets rendus en sa faveur par l'Assemblée et par Louis XVI et dont il réclame l'exécution.

Tout en lançant des phrases sur la fièvre qui régnait alors, sur les excès des terroristes, sur la façon dont les amis de la liberté ont été abusés et trompés, sur la *tarentule* dont tout le monde était piqué, il ne serait pas fâché de faire croire qu'il n'a rien à désavouer, et il s'efforce même parfois d'accorder jusqu'à un certain point ses sentiments anciens avec ses opinions nouvelles, en faisant allusion aux abus de l'ancien régime. Parmi ces myriades de pièces, il suffira de signaler celle qui a pour vignette un petit génie accoudé sur un globe décoré de fleurs de lis, avec des branches de laurier ; au-dessus l'inscription suivante : *Oculos et corda rapit* (il ravit les yeux et les cœurs), et tout autour une inscription compacte, en style amphigourique, sur Louis XVIII, « bon roi et législateur profond » (1822), puis ce quatrain pour la fête de Sa Majesté, le 25 août 1823 :

> Je consacre un grand Prince à la postérité ;
> Si j'ai peint faiblement son image et sa gloire,
> Son nom qui doit passer à la postérité,
> Inscrira ses vertus au temple de Mémoire.

La Saint-Charles hérita naturellement, en 1824, du zèle qu'il avait mis, pendant les années précédentes, à fêter la Saint-Louis :

> Il veut nous rendre heureux ; son cœur tout paternelle
> En a fait le serment en face de l'Eternelle !

s'écriait-il dans un transport d'enthousiasme en l'honneur du nouveau souverain. Le 4 novembre, sur un *transparent* placé au-dessus de sa porte, on pouvait lire ces vers d'un vol plus haut, qu'il avait empruntés à je ne sais quel poète, ou qu'un secrétaire bénévole, comme il en trouvait encore à ce point extrême de sa décadence, avait composés pour lui :

VIVE CHARLES X

Grand roi, si le bonheur d'un royaume paisible
Fait la félicité d'un prince généreux,
Quel héros couronné, quel monarque invincible
Fut jamais plus heureux ?

Ton peuple ne craint plus de tyran qui l'opprime ;
Le faible est soulagé, l'orgueilleux abattu,
La force craint la loi, la peine suit le crime,
Le prix suit la vertu [1].

[1] Voir encore, dans le dossier de Palloy à la Bibliothèque, à la ville, *Mon Exaudio, Hymne sur la paix au retour du Roy ou Abrégé historique de la Révolution française, le* 3 *mai* 1815, avec une vignette en haut de la troisième page représentant l'*Habitation de la paix* et le *Crépuscule et espérance du bonheur*. Palloy nous apprend, dans une note autographe, que c'est là le « Transparent de ma dernière opinion, mis sur la porte de mon hermitage à la rentrée du roi de France, » et qu'il vit avec sa femme « dans une chaumière, comme *beaucis* et *philémont*, habitation de la paix en attendant le bonheur. » On peut lire aussi, avec les notes abondantes dont il les a enrichis, les « Vers adressés à tout homme de bien, aux âmes vertueuses, aux esprits bienfaisans et sensibles, et aux vrais Français amis du Trône...., *dédiés* à ma famille et aux amis de feu mon oncle Chrétien, etc. » Cet oncle, Jean-Pierre Chrétien, ancien négociant, riche propriétaire, assesseur du juge de paix, électeur notable de son arrondissement, ancien marguillier et ancien maire de Condrieux, décédé le 2 juillet 1822, à l'âge de quatre-vingts ans, veuf sans enfants, était choyé et flagorné par Palloy, auquel il envoyait de temps à autre quelque secours et qui comptait sur sa succession. Mais, en apprenant sa mort, il apprit en même temps qu'il s'était remarié, dans les dernières années de sa vie, avec sa gouvernante, et qu'il ne lui laissait qu'une somme de trois mille francs, payable par tiers d'année en année. D'abord foudroyé du coup, Palloy reprit bien vite ses esprits et se mit à faire le siège de sa nouvelle tante, espérant

Non seulement ces variations ne le gênaient pas, mais il trouvait moyen de s'en glorifier, comme on peut le voir dans une autre pièce de vers écrite de sa main et marquée au cachet de son orthographe de maçon, où il trace avec une complaisance pleine de bonhomie son propre portrait :

Epigraphe ou portrai d'un honnette homme qui n'a cessé dette patriote.

Toujours je fut fidèle aux loix de mon pays,
Et quel qu'en fut le chef, toujours je fut soumis.
Je respect et chéris cette auguste famille
Qui fait notre bonheur : par qui la france brille.
Jamais on ne me vit guidé par l'ambition,
Me soumettre aux projets de quelque faction.
Mon cœur fut toujours pur : oui, je suis patriote!
Et méprise à jamais tout tyran, tout despote.
Si parfois j'ai commis soit un tort, une erreur,
C'est la faute des tems, non celle de mon cœur.

que le ciel, en le privant d'un oncle chéri, « lui aurait laissé dans sa veuve une bienfaitrice qui le remplace. » La tante se montra sourde à tous les compliments et à toutes les avances, et lui fit même déclarer rudement par le notaire, en réponse à ses effusions, à ses vers, à l'envoi d'une épitaphe, à l'annonce d'un service qu'il voulait faire célébrer lui-même et d'une visite qu'il se proposait de faire à la *douce, bonne* et *respectable* tante qu'il avait *retrouvée*, de s'abstenir de toute démarche de ce genre qui, loin d'exciter sa générosité, ne pourrait que produire une impression déplorable sur elle, et même d'avoir à cesser toute correspondance. Mais Palloy ne se rebutait pas pour si peu. Il fit célébrer un service de bout de l'an à Sceaux et à Paris, dans la paroisse où était né l'oncle Chrétien, lança des invitations nombreuses, et après le service, prononça devant un cercle d'amis patients, un prolixe éloge funèbre, modèle accompli de galimatias pompeux, sentimental et incompréhensible, qu'il prit soin de recueillir en l'accompagnant de vignettes, de pièces, de notes, de commentaires, de confidences autobiographiques, de divagations incroyables où la platitude se mêle au lyrisme, et où un grand étalage de sentiments généreux ne sert qu'à mieux faire ressortir une quémanderie sans vergogne. On pourrait relever par centaines, dans cette verbeuse oraison funèbre, les traits de style et de caractère les plus impayables.

Au bonheur des humains consacrant mes loisirs,
A servir mon pays je mets tous mes plaisirs [1].

Vers la même époque, il s'exprimait plus explicitement encore à cet égard dans une lettre à M. Hennin. L'auteur de la monumentale *Histoire numismatique de la Révolution française*, publiée en 1826, s'était beaucoup occupé des innombrables médailles créées par le patriote, qu'il avait reproduites par la gravure, en les accompagnant d'amples descriptions et de notices louangeuses. Il eût été difficile, en effet, de ne pas donner une large place à Palloy dans une *Histoire numismatique de la Révolution*, et l'auteur n'y pouvait maltraiter un homme qui lui fournissait tant de matériaux, auquel il devait tous les renseignements sur son compte, peut-être sur d'autres aussi, et qu'il n'avait d'ailleurs à envisager qu'au point de vue tout spécial de son ouvrage. M. Hennin venait de le faire entrer dans l'histoire. Aussitôt après la publication du livre, le patriote, dans la joie de son cœur, écrivit à l'historien une énorme lettre de douze pages in-folio, illustrée de neuf vignettes avec des légendes. Il le remerciait de lui avoir le premier rendu justice et lui racontait sa vie et ses travaux. — Malgré les tracasseries et les persécutions, il n'en avait pas moins servi la république avec dévouement; mais tous les gouvernements qui se sont succédé, même le Directoire, étaient sans consistance. Il s'est rallié à l'empereur, qui ramenait l'ordre et la victoire, et ne l'a jamais trahi. Ne lui parlez pas des traîtres, non plus que des êtres versatiles qui changent d'opinion, Palloy ne peut les souffrir : « J'abhorre.... ces hommes à double face, ces ca-

[1] Toutes ces pièces sont extraites des *Papiers inédits* de Palloy. (Bibl. de la ville.)

méléons de tous les partis, ces singes en révolution qui tournent à tous les vents comme des girouettes. » Il avait pris les armes pour aller au-devant de l'ennemi; mais, voyant que Paris ouvrait ses portes, il s'est rallié aux Bourbons. Depuis la rentrée de ceux-ci, il a beaucoup écrit à la louange de la paix; il a imaginé des vignettes qui sont autant de médailles pour l'histoire : « Tout ce qui me vient dans l'idée est exécuté sur-le-champ; je travaille jour et nuit et me prive de tout pour terminer ce patriotisme d'époque si heureusement commencé; ils valent bien les 60,000 et plus, tant vignettes que médailles, dont j'ai peuplé et mis au monde depuis 1789 [1]. »

Puis il se livre à des épanchements sur sa situation privée et sur sa famille. Sa femme a partagé ses travaux et ses périls avec un courage héroïque; ils sont mariés depuis cinquante ans et vont renouveler leur nœud conjugal à la face des autels. De ses deux enfants, il ne lui reste que la veuve de l'aide de camp Monvoisin, dont le fils est officier au 48e de ligne, et qui jouit d'une pension de 800 francs. Par malheur, il se trouve dans une triste situation de fortune. Son oncle de Condrieux l'a frustré de 800,000 francs, qu'il devait lui laisser, en épousant sa cuisinière : — il n'a garde d'ajouter qu'il a poursuivi sans succès cette terrible cuisinière des adulations et des sollicitations les plus écœurantes. Le ménage n'a pour ressources que 600 francs de viager. Actuellement, dit-il ailleurs, nous

[1] Dans une autre pièce de la même époque, le bouillant vieillard écrit encore : « Animé et embrasé d'un feu volcanique, mes sentimens patriotiques éclatent toujours pour le bien de mon pays; toujours agité, je travaille à utiliser ce que ma muse m'inspire. La nuit je rêve et j'écris sans chandelle (crainte de réveiller ma compagne, nos lits étant dans la même chambre); le jour, je rédige mes inspirations de la nuit; ma verve s'exerce toujours. »

profitons des bienfaits de la paroisse pour le soulagement des indigents.

C'était la vente de son ancienne habitation à la sœur de Mlle Mars qui lui avait procuré ces 600 livres de rente viagère. Sur la porte de sa nouvelle maison, avec ce besoin de publicité et d'expansion loquaces qui ne le quitta jamais, il fit coller ce placard, admirable mélange de Jocrisse et de Bilboquet :

« Changement de domicile au bout de quarante-sept ans. P.-F. Palloy demeure présentement rue des Imbergères, 8 ; au-dessus de son domicile est écrit *omnibus*, c'est-à-dire pour tous. Il est le même homme ; son patriotisme est plein de feu et d'ardeur sentimentale ; c'est un volcan chez lui qui toujours l'anime, c'est-à-dire quoique infortuné il ne changera jamais de sentimens ; il se souvient des longues années qu'il a occupé cet ermitage, tant pour sa campagne que son domicile à demeure, rempli des bienfaits des habitans de cette commune....

» Son épouse, sa digne et respectable femme, continue toujours à venir au secours des malheureux blessés et de délivrer gratis, comme par le passé, L'EAU ROUGE, LE BAUME DE PARAQUIT ET L'ONGUENT POUR LES COUPURES, FOULURES ET ENTORSES ; c'est pour elle une jouissance et un devoir habituels ; la nature l'ordonne d'utiliser, son humanité l'engage. Elle prie ses concitoyens de se munir de linge, ne pouvant plus faire ce qu'elle faisait par le passé, la position de son aisance étant changée ne lui permettant plus.

» Quant à M. Palloy, il continue toujours d'être utile au gouvernement ; il en a ratifié l'engagement en 1814 par ses œuvres dédiées et adressées au roi, qu'il a distribuées dans cette paroisse, malgré qu'il est victime de l'injustice et de l'oubli de quelques hommes....

» Il honore et prie Dieu son créateur, son père, son protecteur; il respecte et estime son roi comme son sujet fidèle; il est le serviteur obligé et soumis de sa patrie; il se retire de la société des hommes en étant leur victime; comme vétéran de la garde nationale, les sentiments qu'il énonce ici sont ceux qu'il professe et qu'il professera toujours.

» Ma position ne me fait pas honte; au contraire, je l'annonce publiquement par mes cartes ainsi conçues, et j'imprime au verso mon opinion pour le prince qui nous gouverne [1], que je sers et que je servirai, comme je l'ai juré en 1814 et à son retour en mai 1815.... Il ne fallait que les Bourbons pour réparer le mal qui s'est fait; il n'y paraît plus.

» M. et Mme Palloy, autrefois propriétaires d'une belle fortune, aujourd'hui privés de toutes leurs ressources, sont obligés d'en chercher une dans leur travail, ayant toujours senti que c'était le premier besoin de l'homme,

(1) J'ai l'une de ces cartes entre les mains. Elle est ainsi conçue :

« M. et Mme Palloy, autrefois propriétaires d'une grande fortune, aujourd'hui privés de toutes leurs ressources, sont obligés d'en chercher une dans leur travail. Ils offrent en conséquence leurs services, M. Palloy pour le conseil dans les objets dépendant de son art, et Mme Palloy pour la réparation et le raccommodage du linge et pour tous les travaux de couture dans la plus grande perfection. »

Au revers : Deo, Regi, Patriæ. Dernière strophe de mon hymne à la Paix, à l'arrivée du roi. — Elle se termine ainsi :

Ami des lois, citoyen plein de zèle,
J'ai gémi des excès qui déchiraient son sein,
Et j'ai béni, sujet fidèle,
La main, cette invisible main
Qui fit venir pour nous cette tige immortelle.
Les tems sont arrivés ; les Français triomphants
Ont retrouvé leur gloire antique :
Je brise mes pinceaux, et pour mes derniers chants,
De l'heureux Siméon j'entonne le cantique.

leur courage ne regardant que l'honneur du travail qui nous fait subsister.

» Ils offrent en conséquence leurs services, M. Palloy pour les conseils dans les objets dépendant de son art, comme projet, plan, arpentage, vérification, conduite d'ouvrages, expertises, et Mme Palloy pour la réparation et le raccommodage du linge avec toute la délicatesse attentionnée, et tous les travaux de couture dans la plus grande perfection. »

Voilà où en était le patriote après tant d'industrieux efforts, tant de mouvement et tant de bruit. Il était devenu lui-même une ruine de la Bastille, comme il l'écrit au colonel Maurin. D'année en année, à mesure qu'il s'enfonce dans la vieillesse, la misère et l'oubli, Palloy perd de plus en plus tout sentiment de dignité et toute retenue : il crie misère dans des lettres remplies de sentences philosophiques, et tend à tort et à travers une main qu'il retire le plus souvent vide; il poursuit de ses doléances, de ses exposés de principes, de l'envoi de ses élucubrations, tous les fonctionnaires et les grands personnages.

Il n'épargna pas même le *digne pasteur* de Sceaux, et il adressa à Mgr de Quélen lui-même, le 24 juillet 1830, la veille des ordonnances, une supplique où il implorait un secours et sa protection pour obtenir « un bienfait du roi. » Il a reçu, « dans la rude saison de l'hiver, un témoignage de la sollicitude bienveillante d'un grand prince qui avait su *sa* détresse. » La supplique est conçue en termes très pieux, qui contrastent singulièrement avec ses appréciations d'autrefois sur le fanatisme et la superstition, et avec ce qu'il écrivait un peu plus tard, le 8 février 1834, au marquis de Château-Gironde, président du canton de Sceaux : « C'est le clergé qui, changeant de principes, refusant de suivre les lois pour ne pas porter atteinte à son ambition, a été l'auteur de la mort de Louis XVI. »

A cette dernière date, les temps étaient bien changés. Le vieux levain révolutionnaire avait tressailli dans le cœur de Palloy lorsqu'il avait vu le drapeau tricolore revenir prendre la place du drapeau blanc. Il se sentit renaître à l'espoir devant la meilleure des républiques. Dès le 20 août, la Chambre était saisie de son éternelle pétition; elle la laissa dormir longtemps dans ses bureaux; mais enfin, dans la séance du 15 octobre 1831, le rapport fut présenté par Jay. En termes très flatteurs pour le pétitionnaire et avec des expressions de regret destinées à lui dorer la pilule, celui-ci proposait, par les mêmes motifs que le ministre des finances et le Conseil d'Etat en 1818, de passer à l'ordre du jour; mais le général la Fayette se leva pour plaider la cause de cet *excellent citoyen*, et il rendit un hommage solennel au zèle et au dévouement dont il avait fait preuve en dirigeant la démolition de la Bastille : « On cite contre lui une ordonnance, dit la Fayette, mais il a pour lui-même son décret. Son titre, changé en créance, semblait avoir été englouti avec beaucoup d'autres dans le gouffre de l'arriéré; ce titre, Messieurs, nous l'avons retrouvé à l'Hôtel de ville dans les journées de juillet. » En conséquence, il concluait au renvoi de la pétition à M. le président du conseil, ministre de l'intérieur. La Fayette se souvenait de toutes les offrandes et de tous les hommages patriotiques qu'il avait dus jadis à Palloy, particulièrement de l'épée d'honneur dont ce dernier avait fourni la matière et dirigé l'exécution, et il n'était pas ingrat. Après lui, un autre revenant de 1789 et de 1792, Charles de Lameth, prit également sous son patronage ce débris de la Révolution, et le rapporteur se rallia à leur conclusion [1]. La pétition de Palloy fut donc renvoyée au président du conseil et alla s'ensevelir, avec les honneurs de la guerre, dans ce tombeau d'où elle ne sortit plus.

Palloy ne pouvait se résigner à cet enterrement de première classe. On a de lui plusieurs lettres à Louis-Philippe, une surtout du 1er janvier 1832, où il revient avec insistance sur la dette contractée par la nation à son égard et où il se plaint de n'avoir reçu aucune réponse du président du conseil : « Cependant, Sire, je suis dans une position extrêmement nécessiteuse. Ma femme, âgée de quatre-vingt-douze ans, et moi qui en ai soixante-dix-neuf, ne subsistons que grâce à l'humanité de quelques bons citoyens. Nous demandions à l'État, pour prix d'une vie de sacrifices, en échange de nos titres de créance bien liquidés, une pension viagère de 1,500 fr. [2]. » En même temps, il accablait ce *sage monarque* de ses déclarations de fidélité et de ses assurances de dévouement, il multipliait son portrait dans des vignettes ornées de légendes louangeuses, il adressait un *Hommage à la reine des Français*. Le 1er janvier 1833, Palloy, octogénaire, patriote de 1789, victime de la Révolution, colonel retraité sans retraite, « offrait au roi son plan, fait quarante-deux années auparavant, pour l'embellissement de la place de la Bastille. » Il publiait : *Foi et hommage réitérés à Louis-Philippe, roi des Français*, avec un portrait du duc de Montpensier et un récit de son entrevue avec le roi, la reine et le duc d'Orléans, le 1er janvier 1834, où il avait profité de son service comme volontaire pour offrir l'hommage de son dévouement à Sa Majesté : « C'est son premier serment, » ajoute Palloy avec une candeur

[1] *Moniteur* du 16 octobre 1831.
[2] *Catal. de doc. autogr. sur la Révolut.*, p. 252.

d'effronterie prodigieuse. Louis-Philippe se laissa fléchir : il accorda à Palloy une pension de 500 fr., et la vieillesse du patriote dut au soldat de Valmy et de Jemmapes, au fils de Philippe-Egalité, un peu de dignité et de repos. Aussi déclarait-il au colonel Maurin, — grand collectionneur de souvenirs révolutionnaires, que cette passion avait mis en rapports avec lui, — qu'il aimerait et servirait le roi jusqu'au tombeau. Il est vrai qu'il avait fait les mêmes déclarations d'éternel amour à Charles X, à Louis XVIII, à Napoléon Ier et à la république.

Le vieux patriote ne sortit plus guère de Sceaux que pour se montrer sur la place de la Bastille aux anniversaires des *trois glorieuses* et y recueillir les ovations des vainqueurs de juillet au démolisseur de l'*antre du despotisme*, — écho lointain de ses triomphes d'autrefois [1]. Il était devenu infirme, et dans les derniers temps, la goutte le clouait au foyer ; mais son esprit restait toujours alerte, et son imagination toujours vive et ardente. Il aimait à s'entretenir de son rôle, à rappeler ses grandeurs, à causer de la Bastille avec ses contemporains, et les jeunes gens, les historiens et les enthousiastes de l'époque révolutionnaire, fermant les yeux sur ses faiblesses, — qu'ils ignoraient peut-être, — venaient interroger les souvenirs abondants de ce patriarche de la Révolution.

[1] Lorsque ce travail parut pour la première fois dans le *Correspondant*, M. Antoine de Latour m'écrivit : « Je parlais de l'un de vos articles devant la dernière survivante des filles du roi Louis-Philippe. Elle s'écria : « Mais est ce que vous ne vous souvenez pas de Palloy ? » Et alors elle me raconta que, quand elle avait quatorze ou quinze ans, à l'un des défilés de la garde nationale de la banlieue devant le roi, le 1er mai ou le 1er janvier, elle vit s'approcher de son père un vieil officier, portant l'uniforme de la milice citoyenne, qui mit la main sur son cœur, fit un profond salut et dit solennellement : « Sire, le patriote Palloy. » S. A. R. n'avait jamais oublié le personnage, son attitude, son geste, son accent. »

Mme Palloy s'éteignit le 17 janvier 1835, âgée de quatre-vingt-quinze ans. Deux jours après, le 19, — comme s'il eût voulu justifier le souvenir de Philémon et Baucis qu'il avait évoqué plus d'une fois en parlant de son mariage, — Palloy rendait lui-même le dernier soupir [1]. Le sous-préfet, la garde nationale de Sceaux et une députation de francs-maçons assistèrent à ses funérailles; M. Hippolyte Bonnellier, homme de lettres et homme politique, fixé à Sceaux, dont il devait occuper la sous-préfecture en 1849, parla sur sa tombe, et le F.·. Collin prononça un discours ampoulé à la louange du *maçon* qui avait atteint le haut grade de Souverain Prince Rose-Croix, dans la Société des amis de la jeunesse et de l'humanité. Le sieur Hénée, typographe dans la même ville, publia sa biographie en quelques pages; mais, en dehors de Sceaux, la mort de Palloy, il faut bien l'avouer, fit très peu de bruit, et l'on pourrait même dire qu'elle passa complètement inaperçue. J'ai eu la curiosité de rechercher dans les feuilles libérales du temps la courte oraison funèbre qu'elles devaient au patriote, à l'homme-Bastille : ni le *National*, ni le *Constitutionnel*, ni le *Courrier français* n'ont même mentionné sa mort. Aucune pierre ne désigne l'emplacement de cette tombe, sur laquelle le vénérable Dusaulx eût voulu voir s'élever un monument en forme de Bastille à moitié détruite. C'est la première fois qu'un travail de longue haleine est consacré à faire revivre, en la replaçant dans son cadre, cette physionomie vaniteuse et loquace, d'une originalité naïve et baroque, d'une vulgarité bruyante, d'une inconsistance fanfaronne, mais résumant en elle, comme en un type,

[1] L'humble maison où il est mort porte actuellement le n° 16 de la rue du Petit-Chemin.

tout un côté de la Révolution et toute une race de révolutionnaires ; ce faiseur d'affaires, affublé d'un patriotisme en dehors, à la fois hâbleur et candide, qui fut mêlé, — en sous-ordre, il est vrai, activement néanmoins et comme le plus ambitieux des comparses, — par ses actes, ses paroles ou ses parades, à presque tous les événements de l'époque, et dont le nom surtout restera indissolublement attaché à la destruction de la Bastille.

APPENDICE

(P. 236)

Ce fait, qui nous montre Palloy sous un aspect imprévu et qui n'est pas au profit de sa gloire, nous est révélé dans les *Documents relatifs à l'exécution du décret du 5 février 1810*, publiés par M. Ch. Thurot. (*Revue critique d'histoire et de littérature*, 1870, t. II.) Ce sont les extraits d'un registre contenant l'analyse des rapports faits par les censeurs. On y trouve mentionnée, à la date de cette même année 1810, la « saisie de 240 exemplaires d'un ouvrage obscène, imprimé pour le compte de M. Paloy (*sic*), qui en était l'auteur,.... sans nom d'auteur, sans nom d'imprimeur, sans déclaration préalable. Ce Paloy a eu quelque célébrité pendant la Révolution.... C'est un bon vivant qui a jugé à propos d'écrire en très mauvais style l'histoire fort sale de ses amours avec une fille du Palais-Royal. Il a consenti gaiement à la saisie, moyennant quelques exemplaires qu'on lui a laissés de sa joyeuse œuvre. Il professe une haute admiration et un vif attachement pour Sa Majesté. » Nous le savions : comme Joseph Prudhomme, il ne manquait pas une occasion, même celle-là, d'attester son attachement sans bornes aux autorités constituées, à la gendarmerie et à son auguste famille.

Il cultivait aussi d'autres genres érotiques, comme

on le peut voir par une petite pièce, prose et vers, qui est justement de la même date : *la Gaieté du papillon, par l'Abandon de la rose passée, ou la Nouvelle fleur retrouvée. Le 1er mai 1810.* Dans cette allégorie d'un style impayable, où se mélangent le Dorat, le Restif de la Bretonne, le Bouilly et le Janot, Palloy, — qui est le papillon, — prend congé d'une dame qu'il nomme en toutes lettres : « Ta conduite libertine m'a fait prendre ma résolution ; je te fais un adieu éternel pour l'amour. Plus de commerce voluptueux entre nous ; ma santé, mon honneur, m'y forcent, et ce sera pour nous deux un contentement mutuel.... » Ce *papillon* presque sexagénaire nous apprend aussi, avec une sorte d'inconscience qui ne lui laisse pas soupçonner tout ce que de telles confidences ont d'énorme et qui désarme par ses grâces risibles et grotesques, qu'il s'est désormais fixé « sur les appas de l'aimable et spirituelle J., jolie personne, ayant *reçue* de l'éducation, *appartenante* à une famille honnête, sachant la musique et pinçant d'un instrument, affligée de quatre lustres, dont il a déjà savouré la tendre fleur avec l'admiration du bonheur de posséder tant de charmes. Il trouve dans cette nouvelle amie *embonpoin*, santé, belles formes...., avec une correspondance suivie, d'un style élégant. Belle écriture, érudition agréable ; il a donc encore une fois trouvé son bonheur par ce changement heureux qui l'écarte de son infidèle. » Les vers sont d'un Parny qui n'a pas fait ses classes et qui est brouillé de naissance avec la prosodie. Il fallait être bien possédé de la rage des confidences et d'une infatuation singulièrement naïve et profonde, pour sentir le besoin de faire imprimer ces choses-là, et de les distribuer tout au moins à ses amis et connaissances. (Voir le recueil *Bastille, bibliothèque nationale*, t. II, f. 32.)

La *scribomanie* de cet illettré se répandait d'ailleurs en tous sens, et on ne saura jamais tout ce que ce déplorable prurit de plume lui a suggéré de tentatives et de spéculations diverses, presque toujours avortées. C'est par milliers qu'on en découvre les vestiges dans son océan de paperasses. M. Jules Claretie possède et nous a communiqué une centaine de notices et biographies sommaires, dépourvues de toute précision et presque de toute date, destinées évidemment à composer une sorte de Dictionnaire où auraient figuré les fanatiques, imposteurs, charlatans, athées, visionnaires, les fauteurs de la superstition ou leurs victimes, etc. Il est difficile de saisir le lien exact qui rattache les uns aux autres les fragments de cette compilation rudimentaire, de ce fatras presque informe dont les éléments ont été pris à droite et à gauche, et qui, tout en étant sans aucune valeur, a parfois quelque verve; cependant on peut conjecturer d'une manière générale qu'elle se rattache à l'histoire des idées religieuses. Et autant qu'il est possible de s'y reconnaître, ce Dictionnaire biographique était entrepris dans un esprit *philosophique*, mais non athée; il porte même, çà et là, les traces d'un sentiment tout à fait religieux. Peut-être est-il de la même date que son livre obscène.

GONCHON

L'ORATEUR DU FAUBOURG SAINT-ANTOINE

ET

SON COLLABORATEUR FOURCADE

Une étude sur Gonchon est, pour ainsi dire, le complément, ou du moins l'annexe naturelle d'une biographie de Palloy. Tous deux, en effet, se rattachent étroitement à l'histoire de la Bastille : celui-ci la démolit et en exploita les reliques; celui-là fut l'organe en titre des hommes du 14 juillet, dans toutes leurs démonstrations et revendications. Palloy aspira à la gloire et au profit d'être leur factotum ; Gonchon, plus désintéressé, se contenta longtemps de la gloire sans profit d'être leur orateur. Mais tous deux, en leur sphère subalterne, furent des types curieux et complets de la phraséologie révolutionnaire ; tous deux ont joui d'une renommée et d'une influence qui doit leur garder un coin dans l'histoire, et un chapitre dans la chronique de la Révolution.

I.

Les noms de Gonchon et de Fourcade sont étroitement associés l'un à l'autre pendant plusieurs années de la période révolutionnaire. Leur valeur était fort inégale : ils sortaient pareillement du peuple, mais Fourcade, qui devait par la suite entrer dans la carrière des consulats et devenir membre correspondant de l'Institut, avait reçu une intelligence supérieure à celle de Gonchon et y avait joint surtout une instruction beaucoup plus étendue ; Gonchon, qui, du reste, ne manquait pas lui-même d'intelligence, était resté un homme du peuple illettré. Dans ces harangues révolutionnaires auxquelles leurs deux noms sont attachés, ils se complétaient l'un l'autre : Fourcade était l'idée, ou du moins la phrase, et Gonchon la voix. La phrase était aussi sonore que la voix, mais on en attribuait tout l'honneur à celui qui la prononçait, à celui qu'on voyait guider les députations à la barre de l'Assemblée et recueillir les applaudissements à leur tête, comme, au théâtre, la foule est toujours portée à confondre l'auteur de la pièce avec le comédien qu'elle voit de ses yeux, qu'elle entend de ses oreilles, qui incarne les conceptions du poète sous une forme sensible pour elle. Encore l'affiche donne-t-elle le nom de l'auteur ; aucune affiche ne donnait celui de Fourcade. Les initiés des coulisses étaient seuls à le connaître. Pour les hommes du faubourg Saint-Antoine, il n'y avait que Gonchon, qu'ils aimaient d'ailleurs, qui avait les façons ouvertes et populaires, qui était un des leurs et vivait au milieu d'eux. On comprend sans peine que sa renommée ait éclipsé celle de Fourcade pendant la Révolution.

Au moment où celle-ci éclata, Gonchon était ouvrier dessinateur en soie dans le faubourg Saint-Antoine : cette condition subalterne et l'obscurité où il avait vécu jusqu'alors expliquent qu'on ignore la date exacte de sa naissance. Nous savons, par une lettre de lui au Comité de sûreté générale [1], qu'il était de Lyon; par une autre [2], qu'il avait été dragon; par une autre encore [3], que cet ouvrier en soie était aussi mécanicien, qu'il connaissait les teintures, les métaux et surtout l'acier, qu'il avait été *inauvateur* dans toutes ces branches. Dès avant la Révolution et depuis, lorsque la loi contre l'émigration n'était pas encore votée, les Anglais avaient cherché à l'attirer chez eux en lui offrant des avantages considérables; mais il avait inébranlablement repoussé leurs offres pour continuer à servir sa patrie.

Les premières agitations trouvèrent en lui, comme dans le faubourg, un terrain favorable. Une des grandes raisons qui expliquent la popularité de la Révolution dans le faubourg Saint-Antoine, c'est que les ouvriers ébénistes de ce quartier, situé en dehors du mur d'octroi, avaient à payer, pour introduire leurs meubles dans Paris, des droits considérables qui les mettaient dans une situation très inférieure à celle des maîtres incorporés : les mots de liberté et d'abolition des privilèges ne pouvaient que sonner agréablement

[1] *Papiers trouvés chez Robespierre*, I, 341.

[2] Archives, F7 4606, lettre du 10e jour du 2e mois de la 2e année de la République.

[3] Id., lettre de vendémiaire an III.

à leurs oreilles [1]. Ardent, beau parleur, doué de poumons de bronze, il ne tarda pas à devenir l'un des harangueurs écoutés et des meneurs du faubourg. Après s'être porté des premiers à l'Abbaye pour délivrer les gardes-françaises prisonniers, on le signale parmi ceux qui contribuèrent le plus à entraîner ce corps brillant et populaire au siège de la Bastille. Nul doute qu'il n'y ait pris lui-même une part active, quoiqu'on ne trouve pas son nom sur la liste des vainqueurs. S'il fallait en croire un historien peu autorisé [2], il aurait envahi l'hôtel de ville, le 22 juillet, avec une députation du faubourg Saint-Antoine et une autre du Palais-Royal, et, prenant la parole au nom de l'une et l'autre, il aurait réclamé l'exécution immédiate de Foullon. On nous le représente remettant au président une liasse de papiers, résistant aux objurgations du maire, de la Fayette, de Brissot, de Camille Desmoulins, des électeurs, et persistant à désigner aux fureurs de la foule le vieillard assis derrière le bureau. Et comme le président lui disait : « L'Assemblée générale répondra plus tard à vos requêtes ; cependant je dois vous faire observer qu'elles deviennent sans objet, puisque nous avons décidé à l'instant même que le prisonnier serait transféré à l'Abbaye pour y être jugé, » il aurait répliqué par ces paroles meurtrières qui lancèrent la canaille sur le malheureux et furent son arrêt de mort : « Jugé ! vous vous moquez de nous ! Qu'est-il besoin de jugement pour un homme

[1] Voir une note de M. Malapert à la fin du *Vandalisme révolutionnaire* de Despois et le *Grand deuil des fermiers généraux, ou fête des patriotes du faubourg Saint-Antoine sur la suppression des entrées* : « C'est surtout à vous, braves patriotes du faubourg Saint-Antoine, que nous devons l'abolition des entrées. »

[2] TOURNOIS, *Histoire de Louis-Philippe-Joseph, duc d'Orléans*, 1842, in-8°, t. I, ch. XVI.

qui est jugé depuis trente ans! » Je n'ai trouvé cette assertion confirmée par aucun document, ni même par aucun des récits contemporains, généraux ou particuliers, où la mort de Foullon est racontée en détail.

Quoi qu'il en soit, et si avancées que fussent ses opinions, Gonchon alors, et même cinq à six mois plus tard, était encore royaliste. Nous pouvons en donner une double preuve, tirée d'une brochure qu'il publia le 9 décembre 1789. Il s'était porté à Versailles le 5 octobre, et revint à Paris, noyé dans la cohue qui escortait Louis XVI. Dès le 7 octobre au matin, il se trouvait dans la cour royale avec une trentaine d'autres personnes, lorsqu'on aperçut Madame Elisabeth à la fenêtre de son nouvel appartement du rez-de-chaussée. On l'applaudit. Elle salua *respectueusement* et rentra ; mais comme les applaudissements redoublaient, « elle revint et dit, avec un sourire plein de bonté, aux personnes qui étaient près de la fenêtre : « Vous aimez toujours bien le Roi? » Un grand cri de *Vive le Roi!* répond. « Voulez-vous voir le Roi? Je l'irai chercher. » On applaudit et elle court avertir la reine, qui, au bout de quelque temps, arrive avec Madame, se montre à la fenêtre, embrasse sa fille et essaie de parler au milieu des vivats et des bravos. Enfin elle en vint à bout, mais au seul profit des personnes les plus rapprochées, particulièrement de quelques dames de la Halle, qui avaient réclamé les premières places. Gonchon est désolé de n'avoir pu l'entendre. Bientôt le Roi, avec le Dauphin, vient se joindre à elle, et tous deux s'adressent à la foule, salués de nouveaux et plus vifs applaudissements.

» Louis XVI, bon roi, bon père, bon époux, ne peut plus retenir ses larmes et, pour les cacher, il embrasse le Dauphin. Madame Elisabeth se tenait derrière Madame Première et semblait vouloir laisser tous les empressements du public à son auguste frère, à son épouse et à leurs aimables enfants. Une scène aussi attendrissante a interrompu les acclamations, ceux qui étaient présents étant oppressés par les larmes et l'attendrissement.... Ah! si j'étais un Ménageot, un David, quel beau tableau je serais occupé à exécuter! »

J'ai rapporté cette anecdote pour montrer, par un témoignage non suspect, quelle était encore, même au lendemain des journées d'octobre, la vivacité des sentiments royalistes de la population parisienne. L'homme du faubourg Saint-Antoine, Gonchon, les partageait aussi bien que les dames de la Halle, et s'il n'a joué qu'un rôle effacé comme témoin dans la scène, il reprend tout son avantage comme narrateur.

Cette brochure de Gonchon était, du reste, consacrée à un *Projet de fête nationale* où le royaliste se montrait en même temps et au même degré que le patriote, et qui suffirait à prouver que notre dessinateur en soieries n'était pas seulement un homme à inventions et à plans, mais un artiste d'une riche imagination.

Il proposait de célébrer l'anniversaire de la prise de la Bastille par la construction d'une montgolfière de 48 pieds de haut sur 35 de diamètre, représentant un temple décoré de colonnes dont le dôme serait en bleu d'azur semé de fleurs de lis et d'étoiles. L'enveloppe devait être recouverte de peintures, telles que, d'un côté « un autel sur lequel reposeraient des cœurs brûlant du même feu, qu'entretiendrait le Génie de la France; » de l'autre, la Liberté jetant des fleurs sur les marches de l'autel. La montgolfière s'élèverait au Champ de Mars sur deux estrades octogones : la première figurant des rochers et des troncs d'arbres illuminés par des pots à feu ; l'estrade supérieure montrant sur ses quatre faces l'enlèvement par le peuple de l'artillerie des Invalides, la prise de la Bastille, la France demandant au Roi le rappel de Necker et de Montmorin, l'entrée du monarque dans Paris, au milieu d'une foule immense qui lui témoigne son amour et sa joie ; enfin les principaux événements et les principaux personnages de la Révolution, avec des inscriptions commémoratives. Gonchon n'a garde d'oublier non plus la Reine, le Dauphin, Madame Première, non plus que Madame Elisabeth ; « cette aimable et sensible princesse » serait représentée à la fenêtre de son appartement, avec une inscription rappelant la date et les circonstances de l'anecdote que nous avons rapportée et qu'il rappelle en note, dans les termes du royalisme le plus pur et même le plus exalté.

Au-dessous et autour de la montgolfière, cinq cents chandelles romaines formeront un immense soleil auquel sera adapté un *Vive le Roi* en feu de lances avec fleurs de lis. Dans l'intervalle des décharges d'artillerie, une musique nombreuse jouera l'air :

Pour un peuple aimable et sensible
Le premier bien est un bon roi,

et au moment du départ de la montgolfière : *Vive le Roi, vive à jamais, vive le Roi !*

La brochure servira de billet d'entrée pour voir l'expérience qu'il prépare avec un modèle en papier de grande dimension. Il fait en ce moment graver le dessin de la grande montgolfière, pour se procurer les moyens de la construire par la vente de la gravure. Quant aux frais des deux estrades et de la joute, il annonce la prochaine ouverture, par l'intermédiaire du *Journal de Paris*, d'une souscription, qui toutefois n'aura lieu que lorsque les citoyens se déclareront entièrement satisfaits de toutes les expériences.

La souscription annoncée ne fut jamais ouverte dans le *Journal de Paris*. Pendant les deux années suivantes, le nom de Gonchon n'apparaît que de loin en loin, à l'arrière-plan. Avec Saint-Huruge, il fut de ceux qui contribuèrent le plus bruyamment « à effrayer et à dissoudre le rassemblement aristocratique » du couvent des Capucins en 1790. Il était au nombre des pétitionnaires du Champ de Mars [1], et Hébert le traitait en camarade dans son journal. A partir surtout des premiers mois de 1792, on le voit sortir de l'ombre et se pousser rapidement en pleine lumière. Choisi pour dessiner le modèle et peindre les flammes tricolores des piques, il n'était pas homme à laisser échapper cette occasion de se mettre en avant. Tout alors était prétexte à manifestations et à exhibitions théâtrales : Gonchon ne manqua pas d'aller faire hommage solennellement de ses piques au club électoral de l'archevêché et aux Amis de la constitution, à la tête d'une députation des hommes du 14 juillet racolée dans le faubourg, et de prononcer une harangue, — sa première, — qui nous semble un type accompli de l'éloquence révolutionnaire. Elle ouvre le long défilé de ces discours sonores où les esprits incultes et exaltés des hommes de la Bastille, passés à l'état de héros, trouvaient avec admiration l'idéal du style et des sentiments qu'ils rêvaient :

« Citoyens patriotes, la cocarde nationale doit faire le tour du globe. Elle a pris racine sur un bonnet de laine ; elle doit un jour parer le turban. Aussi la vue de ce talisman tricolore effraie tous les ennemis de la Ré-

[1] Lettre inédite, de la maison Lazare, à la commission populaire séante au Louvre.

volution. La mépriser, l'insulter, la fouler aux pieds, tels sont les plaisirs les plus doux de cette caste incorrigible. L'été dernier, marqué par tant de crimes, de parjures, de sottises politiques, vit arriver dans la capitale une tourbe de gentillâtres que la rage, le besoin ou la crainte faisoient sortir de leurs vieux châteaux. La rotonde du Palais-Royal étoit devenue leur repaire. Prôner la cocarde blanche, insulter aux patriotes, menacer la Constitution, telle étoit la conduite journalière de ces *chevaliers errants*. Deux hommes du 14 juillet se présentent; ils élèvent un phare à la liberté; des flammes tricolores ombragent pour la 1re fois le rendez-vous aristocratique.... Cet emblème de la liberté n'avoit fait que se montrer, et ses ennemis avoient disparu....

» Honneur donc, mille fois honneur aux flammes tricolores! Leur vue ranime, réjouit le bon citoyen, comme elle désespère et pétrifie les tyrans et leurs esclaves. Les hommes du 14 juillet, les habitants du faubourg Saint-Antoine m'ont chargé de peindre les flammes tricolores dont ils veulent orner le sommet de leurs piques. A l'avantage d'étonner les ennemis par la vue de l'emblème du patriotisme, elles joignent celui de porter le trouble dans les rangs de la cavalerie, en effrayant les coursiers les mieux exercés. *Constitution, liberté, mort*.... ces trois mots terribles sont peints en gros caractères.... Les piques se forgent de toutes parts. Les tyrans s'agitent; ils veulent nous mettre aux prises avec leurs satellites; mais, pour vaincre, nous n'avons qu'à paroître. Des piques et la cocarde nationale, voilà nos moyens : ils suffiront pour faire mordre la poussière aux traîtres, aux intrigants, et pour renverser tous les trônes des despotes [1]. »

[1] *Courrier* de Gorsas, *Législative*, V, 119, 138.

Comment les faubouriens ne se fussent-ils pas mirés dans ces grands mots où ronflait la phraséologie du temps et qui chatouillaient agréablement leur orgueil? On le voit, non seulement Gonchon avait pris une part active à la confection des piques, et particulièrement des flammes qui les décoraient, mais il était déjà en pleine possession de leur confiance, et le journal de Gorsas parlait à cette occasion du « brave Gonchon, orateur des hommes du 14 juillet, » comme d'un personnage arrivé à la notoriété révolutionnaire.

Il est à présumer que le compte rendu du journal est de Fourcade, collaborateur de Gorsas, dont nous croyons reconnaître aussi les périodes retentissantes et le style ampoulé dans la harangue qu'on vient de lire.

II.

Il nous sera facile de reconstituer la biographie révolutionnaire de Pascal-Thomas Fourcade, grâce à un document inédit écrit de sa propre main [1]. Il se glorifiait d'être le fils d'un artisan, abandonné, à cause de ses opinions, par les aristocrates qui le faisaient vivre. Ardent méridional, né à Pau, il s'était si bien signalé dans son pays, quelque temps avant la Révolution, par ses écrits et ses actes dans le sens du mouvement, qu'on lui confia, malgré sa jeunesse, la rédaction de presque tous les cahiers des communes de son district. Un mois après la prise de la Bastille, Fourcade rédigea une adresse de la ville de Pau à l'Assemblée constituante dont l'énergie fut remarquée; l'année suivante, il fut nommé député à la Fédération et refusa de s'associer aux fédérés du département qui « eurent la bassesse de rendre une visite à Louis XVI comme au petit-fils de leur compatriote Henri IV. » Il se vante d'avoir été, « avec quelques jeunes patriotes, la cause première de la réunion du ci-devant Béarn ; » elle existait depuis deux siècles, mais le Béarn avait essayé, à plusieurs reprises, de reconquérir son autonomie et il ne se rattacha définitivement qu'à la Révolution.

Fixé à Paris en 1790, Fourcade vécut d'abord en donnant des leçons de grammaire et d'histoire. Il fut

[1] *Fourcade à Robespierre.* Archives, F7 4433.

précepteur du fils de Gouy d'Arcy, qu'il quitta brusquement au bout d'un mois, aimant mieux vivre au pain et à l'eau dans un garni de la rue Montmartre que de rester davantage sous le toit d'un intrigant. Heureusement, Gorsas, dans le journal duquel il avait dénoncé le club monarchique des fédéralistes quelque temps auparavant, lui offrit la table et trois cents livres de traitement annuel pour acquérir sa collaboration. C'est lui qui y rédigeait les articles républicains et les réflexions patriotiques, « et l'on s'aperçut de l'amélioration des principes [1]. » C'est à lui aussi qu'on doit « la première et forte adresse du faubourg Saint-Antoine à l'Assemblée législative, huit mois avant le 10 août, » qui fut attribuée à divers patriotes, car « soit insouciance, soit timidité, il n'a jamais su se mettre en avant. »

Cette première adresse est sans doute celle du faubourg au sujet des prêtres insermentés, qui fut lue dans la séance du dimanche 11 décembre 1791. Le directoire du département venait d'adresser au roi une pétition où il provoquait son veto contre le décret de l'Assemblée relatif à la suppression du traitement des ecclésiastiques insermentés et aux mesures à prendre à leur égard en cas de troubles religieux. La pétition du directoire avait soulevé un grand courroux dans les rangs du parti révolutionnaire, et beaucoup de sections y répondirent par des adresses de protestation, dont les unes furent lues au bureau par un secrétaire et les autres à la barre par un orateur. La plus violente fut celle du faubourg Saint-

[1] Il y rédigeait également, mais il n'a garde de le rappeler dans sa lettre à Robespierre, les articles en faveur du fédéralisme, comme il le reconnaît dans une lettre à Gorsas attaqué par Cloolz à ce sujet. (*Courrier* du 23 décembre 1792.)

Antoine. C'est un mélange caractéristique, et que nous retrouverons toujours le même en ses variations, de maximes solennelles, de déclamations sonores, d'apostrophes théâtrales et d'invectives passionnées. Tous les oripeaux de la rhétorique révolutionnaire, les épithètes furieuses, les métaphores violemment banales, les souvenirs de l'histoire romaine, les serments de mourir pour la liberté, coulent et s'entre-choquent avec fracas dans l'éloquence grandiloquente de ce tribun de barrière :

« Nous abhorrons la servitude autant que la flatterie ; nous ne vous insulterons pas par un éloge, mais nous vous prierons de ne pas douter de nos sentiments : le cri des séditieux n'est qu'un vain bruit.... Le peuple tient prête la foudre qui doit les frapper.... On favorise ce reste de fanatisme impur dont la philosophie auroit dû, depuis longtemps, purger l'empire. Monstres qui suez le crime *(on applaudit)*, le dieu au nom duquel vous effrayez des âmes faibles et crédules est le dieu des passions, et le nôtre est celui de la clémence. » Pour le prouver, après avoir parlé de la foudre qui est prête à frapper les coupables, il s'écrie que la nation reproche aux représentants leur longanimité et qu'à leur premier mot, deux millions de bras se lèveront pour exterminer les rebelles. Voilà ce qui peut s'appeler une démonstration irréfutable.

« Et vous, traîtres, que la constitution a nommés princes françois, qui préférez la qualité honteuse de chefs de brigands, vous voulez apporter le fer et le feu dans votre patrie ! Nous brûlerons nos propriétés, nos femmes, nos enfants.... Vous régnerez sur des monceaux de cadavres, et vous boirez sur la ruine de votre propre patrie le sang des citoyens ! »

Il invite ensuite les législateurs à annoncer « aux

tyrans et aux despotes » le second réveil de la nation française. Et il en vient aux membres du Directoire, qu'il accuse d'avoir formé une coalition avec les anciens ministres pour favoriser les troubles excités par les conspirateurs du dedans. « Les Catilinas ne sont pas tous au bord du Rhin : ils sont dans la capitale, ils siègent dans l'administration ; mais les citoyens du faubourg ont encore les bras, les canons, les piques qui ont fait disparaître la Bastille.... Nous jurons, entre les mains des représentants du peuple, que, sans la liberté, sans l'Assemblée nationale, il n'y a plus de patrie pour nous. Nous mourrons, s'il le faut, pour les défendre. Tel sera le dernier cri des citoyens du faubourg Saint-Antoine [1].... »

On ne se lasserait pas de citer ce morceau, car il est, dans son entassement de divagations et de lieux communs, un échantillon complet qui pourrait dispenser, à la rigueur, de lire les autres produits de l'éloquence révolutionnaire. Du premier coup, Fourcade était arrivé à la perfection du genre. Mais il est tout au moins fort douteux que cette adresse ait été débitée par Gonchon : je ne vois son nom signalé nulle part. En tout cas, il n'allait pas tarder à prendre possession de la barre.

Dans son autobiographie apologétique, Fourcade ajoute qu'il rédigea quatre autres adresses conformément aux mêmes principes jusqu'au 10 août. Après celles que nous venons de citer, — l'une où nous avons trouvé Gonchon sans être sûr d'y trouver Fourcade, l'autre où nous avons trouvé Fourcade sans y trouver Gonchon, — la première qui nous montre leur association d'une façon nette et certaine est celle du 6 mars 1792.

[1] *Moniteur* du 13 décembre.

Cette fois les députés du *faubourg de gloire* venaient protester contre l'adresse au roi que « des hommes profondément pervers » avaient fait placarder dans tout Pàris, avec la signature des habitants du faubourg Saint-Antoine, et où ils étaient peints comme « des êtres corrompus qui demandent à grands cris leurs anciens fers. » « Nous ne venons pas, poursuivait l'orateur, désavouer cette diatribe criminelle. Les hommes du 14 juillet, accusés de sentiments parjures et serviles, ne doivent répondre à la calomnie que par le sourire du mépris et de la pitié. Notre justification est gravée sur les ruines de la Bastille, et notre réponse sur les fers de nos piques. » Mais ils profitaient de cette circonstance pour protester contre les « libelles incendiaires, placards et affiches anticiviques » par lesquels on cherchait à égarer le peuple, et pour exhorter les législateurs « à ranimer l'esprit public, à réchauffer le germe des vertus sociales. Ne souffrez pas que les ministres oublient un moment ce qu'ils sont et ce que vous êtes. Surveillez le pouvoir exécutif.... car pourquoi nous faire illusion ? C'est toujours du pied du trône que le fleuve de la corruption se répandra dans toutes les veines du corps politique. » L'adresse suppliait aussi les représentants de s'occuper des subsistances, et finissait par un grand air de bravoure sur les fameuses piques :

« Ce mot ne doit effrayer que les brigands et les conspirateurs. Ces armes terribles ont servi de prétexte aux outrages de nos ennemis. Ah ! sans doute, il est plus facile aux intrigants de calomnier le peuple que d'imiter ses vertus. Avant de nous retirer, nous voulons bien leur donner un avis salutaire ; il ne sera pas le dernier. Le voici : il vaut mieux servir les nations que les rois. Ces derniers sont toujours de mauvais maîtres. Ils méprisent leurs valets. Si la jalousie ou la défiance porte quelquefois les peuples à persécuter les talents et les vertus, du moins ils ne les avilissent jamais, et tôt ou tard ils leur élèvent des autels.... Oui, messieurs, les courtisans, les rois, les ministres, la liste civile, passeront ; mais les droits de l'homme, la souveraineté nationale et les piques ne passeront jamais [1]. »

Il fallait à une éloquence d'une telle nature un débit en harmonie avec elle. L'organe et la conviction de l'*orateur* ne pouvaient qu'en doubler l'effet. Dans la bouche de Gonchon [2], ce mélange incohérent et monotone, insolent et fanfaron de conseils et de menaces, devait flatter l'orgueil des délégués qu'il conduisait et exciter l'enthousiasme des tribunes. L'Assemblée elle-même, remuée par cette rhétorique, éclata en applaudissements, et, après une réponse flatteuse du président Guyton de Morveau, ordonna l'insertion au procès-verbal, l'impression et la distribution de l'adresse.

Dès lors Gonchon est l'interprète en titre du faubourg Saint-Antoine, le porte-parole des bonnets de laine. Les ruines de la Bastille servent de fond à toutes ses harangues. Il parle appuyé sur une pique, arme favorite des sans-culottes en même temps qu'emblème révolutionnaire. La pique semble être devenue son attribut spécial. Le 25 mars, lorsqu'on baptisera civiquement une petite fille sous le nom de Pétion-Nationale-Pique, il sera là encore, tenant sur la tête de l'enfant une de ces armes révolutionnaires sous le patronage desquelles on a voulu la placer.

Le 9 avril, à la suite des soldats de Châteauvieux

[1] *Moniteur* du 9 mars 1792.

[2] Il est nommé par le *Courrier* de Gorsas, par le *Moniteur* et par plusieurs autres journaux.

présentés par Collot d'Herbois et du tumultueux défilé de gardes nationaux, de citoyens et de citoyennes qui ouvre la grande série de ces ignobles parades dont l'enceinte législative va devenir de plus en plus fréquemment le théâtre, Gonchon, tenant en main une pique de neuf pieds surmontée du bonnet phrygien, et la fichant en terre, s'avance à la barre entre deux sapeurs du cortège et, d'une voix tellement fatiguée qu'elle peut à peine se faire entendre, il prononce une petite harangue toute familière qui a le caractère d'une improvisation et où Fourcade n'était certainement pour rien :

« Les citoyens du faubourg Saint-Antoine, les vainqueurs de la Bastille, les hommes du 14 juillet m'ont chargé de vous avertir qu'ils font fabriquer dix mille piques de plus, suivant le modèle que vous voyez. Elles seront toujours forgées pour soutenir la liberté, la constitution, et pour vous défendre.... Nous vous en dirions bien davantage, car nous ne sommes jamais muets quand il s'agit d'exprimer nos sentiments et notre amour pour la liberté ; mais nous avons déjà tant crié : *Vive la liberté! Vive la constitution! Vive l'Assemblée nationale!* que nous en sommes enroués [1]. »

Sans doute Gonchon était allé chercher les Suisses à Brest et les avait accompagnés à partir de cette ville. Depuis quatre jours, dit Gorsas, il n'avait point quitté « cet oriflamme redoutable et sacré » (sa longue pique à bonnet rouge). Naturellement notre héros prit une part active à tous les détails du triomphe. Nous venons de le voir devant l'Assemblée. Au Point-du-Jour, où

[1] Gorsas, *Législative*, VII, 165. *Moniteur* du 11 avril. Le *Moniteur* dénature son nom, dont il fait *Couchon*.

l'on avait fait une station avant de pénétrer dans Paris, l'orateur du faubourg Marceau avait solennellement embrassé l'orateur du faubourg Antoine, et cette théâtrale accolade des deux grands faubourgs attendrit tous les spectateurs. Non content du rôle qu'il avait joué dans la fête, il revenait quelques jours après devant l'Assemblée pour en vanter la décence, l'ordre et l'harmonie contre ses détracteurs, et pour venger ses clients ordinaires des calomnies qui les avaient assaillis à ce sujet. Le peuple y a déployé, dit-il, « une allégresse que les valets de cour, qui le méprisent, ne peuvent ni goûter, ni concevoir. Aussi les scélérats n'ont pas osé se montrer ; ou plutôt il n'a pas daigné les apercevoir. » Après avoir sollicité au début « l'honneur d'être envoyés au poste le plus périlleux, afin que les rois, leurs valets et les princes apprennent à connaître les hommes du quatorze juillet, » il finissait par une autre demande d'un genre tout différent : celle d'une loi sur les fêtes civiques ; « car c'est dans les fêtes que règnent l'égalité, la fraternité ; c'est là que les ennemis de cette égalité ouvriront enfin les yeux à la raison, qu'ils verseront des larmes de repentir et se confondront avec les autres pour rendre hommage à la liberté [1]. »

Le 21 mai, à la nouvelle de l'attentat commis contre Merlin, Basire et Chabot, c'est-à-dire du mandat d'amener lancé par le juge de paix Larivière, sur la plainte des deux anciens ministres Bertrand de Moleville et Montmorin, accusés dans les *Annales* de Carra de faire partie du *Comité autrichien*, et sur la déclaration de Carra qu'il tenait le renseignement de ces trois membres du Corps législatif, le faubourg, indigné, vote une députation à l'Assemblée pour réclamer vengeance

[1] *Moniteur* du 23 avril ; séance du 22.

contre les aristocrates qui ont osé porter une main sacrilège sur les mandataires du peuple. Les députés du faubourg, avec Gonchon à leur tête, se présentent aux portes du Manège; il était trop tard : la délibération était commencée; ils se retirèrent donc pour ne pas encourir le soupçon de vouloir l'influencer, scrupule qui les honore. Seulement, comme il eût été dommage de laisser perdre un beau discours, Gonchon alla le soir le lire aux Jacobins :

« La nation est outragée, s'écriait l'orateur. Trois de ses représentants viennent d'être conduits devant un officier de paix comme des scélérats! Tous les droits ont été violés : ceux de l'homme, ceux du citoyen, ceux du législateur! Il y a bientôt deux jours que cette insulte a été faite au peuple, à la loi, à l'Assemblée nationale, et la loi et le peuple ne sont pas encore vengés!.... Où en sommes-nous? Laisserez-vous donc à vos ennemis le temps de désigner leurs victimes? Non, législateurs, non : malgré vous, nous vous sauverons. Nos armes sont prêtes.... En dépit de tous les tyrans, de tous les esclaves, de tous les rebelles, de tous les intrigants, votre inviolabilité ne sera pas un vain mot.... La majesté du peuple sera vengée, l'espoir des ennemis confondu et la main du crime arrêtée dans sa course. Nous le jurons! »

Cette catilinaire continue longtemps sur le même ton, et nous n'en pouvons malheureusement donner que quelques extraits. Fourcade est déjà en plein dans la tradition révolutionnaire, qui consiste à imputer tous ses excès à ceux contre lesquels ils sont commis, à traiter les victimes de bourreaux et de brigands, à justifier ses propres crimes par les intentions qu'on prête à ses adversaires, à déshonorer ceux qu'on assassine, à s'indigner de la défense la plus timide comme d'une agression perfide et meurtrière, à commettre les actes les plus sauvages en parlant sans cesse d'humanité, et au nom de l'humanité même.

« Le courage ne consiste pas à détourner les yeux sur les bords de l'abîme : pour se sauver, il faut en mesurer toute la profondeur, y précipiter ceux qui voudroient l'agrandir et le combler ensuite. Comment peut-il se faire que nos ennemis n'aient jamais été plus insolents, plus forcenés, plus audacieux? N'est-ce pas un effet de votre indulgence?.... Lisez et jugez!.... Voilà les registres où tous les ennemis de l'égalité, royalistes et aristocrates, expriment le poison qui les ronge. Tout ce que l'assassinat et la turpitude peuvent concevoir de plus atroce se trouve consigné dans ces annales du crime.

» ....Législateurs, ne vous endormez pas sur la foi des hommes blanchis dans le métier d'adulateurs et d'esclaves. Ecoutez la voix du peuple : il connaît ses ennemis; il les juge d'après leurs actions et ne se trompe jamais sur leurs vues. La cour des rois sera toujours l'asile de l'intrigue et de la perfidie. Là où il y aura des monceaux d'or, il y aura toujours des hommes corrompus.... Le temps de l'indulgence est passé. L'humanité même vous en fait une loi.... L'humanité veut que la majesté nationale ne soit pas outragée; que le méchant, armé du pouvoir, tremble sur les suites de son injustice; qu'il voie dans l'avenir l'homme qu'il opprima revenir sur les ailes de la vengeance [1]. »

Restons sur cette image, qui vaut bien celle de « la main du crime arrêtée dans sa course. » Comment la

[1] Gorsas, *Législative*, t. VIII, p. 358. Le rédacteur, sans doute Fourcade lui-même, a soin de nous prévenir que l'adresse est du même auteur que les trois autres présentées déjà à l'Assemblée par les hommes du 14 juillet.

société des Jacobins n'eût-elle pas été conquise par cette déclamation à la fois vague et violente, emphatique et sentencieuse, redondante et féroce, que Robespierre devait écouter livide de jalousie? Aussi en vota-t-elle non seulement l'impression, mais la distribution à domicile et l'envoi à tous les juges de paix.

III.

La journée du 20 juin allait bientôt menacer jusque dans son palais « le méchant armé du pouvoir. » Gonchon fut certainement mêlé aux conciliabules chez le brasseur Santerre et dans la salle du comité de la section des Quinze-Vingts, où se préparait de longue date l'invasion des Tuileries, sous prétexte de célébrer l'anniversaire du Serment du Jeu de Paume par la plantation d'un arbre de la liberté sur la terrasse des Feuillants. Il s'est plusieurs fois glorifié depuis, directement ou indirectement, de la part qu'il avait prise à ce prélude du 10 août, et il en a nettement revendiqué la responsabilité dans une adresse aux Jacobins [1]. Mais il n'y joua qu'un rôle secondaire, après les Santerre, les Alexandre, les Saint-Huruge, les Lazowski, les Fournier l'Américain, les Rossignol, qui en furent les vrais organisateurs, et ce n'est même pas lui qui fut chargé de lire à la barre, avant l'ignoble défilé de l'émeute, la furieuse et menaçante harangue déguisée sous le nom de pétition ; ce fut Huguenin, l'un de ses rivaux d'influence dans le faubourg.

Il se dédommagea quelques jours après. L'agitation causée par le renvoi des ministres patriotes et le *veto* du roi contre les deux décrets qui ordonnaient la déportation des prêtres perturbateurs et la formation

[1] *Journal des Jacobins* du 27 juin 1792.

d'un camp de vingt mille fédérés sous les murs de Paris, ne s'apaisait pas dans les deux grands faubourgs révolutionnaires. Le 24 juin on parlait d'une nouvelle descente des hommes du 14 juillet, qui devaient revenir en masse « chercher la réponse à leur pétition. » Quelques préparatifs furent faits dans le jardin des Tuileries pour contenir cette nouvelle invasion, si elle se produisait, ou, comme s'exprime Prudhomme, « tout fut mis en œuvre pour provoquer le peuple et le forcer à se lever encore une fois [1], » puisque, suivant la théorie exposée plus haut et absolument invariable, tenter de se défendre est une provocation. Mais le peuple magnanime eut la sagesse de résister à celle-là, en se contentant d'aller protester devant l'Assemblée nationale contre les calomnies de ces ennemis de la Constitution qui, voulant absolument la guerre civile, osaient représenter comme des séditieux les vainqueurs de la Bastille, étrangers à tous les partis!

Dans la séance du 25 juin, après s'être fait précéder d'une lettre par laquelle ils demandaient audience, afin de confondre « les vrais agitateurs, » car ceux qui voudraient que la tranquillité fût compromise sont les seuls qui répandent des bruits alarmants [2], vingt députés de la section des Quinze-Vingts pénétrèrent dans la salle, ayant à leur tête Gonchon, qui prononça hautement l'apologie du 20 juin :

« Législateurs, l'on menace de poursuivre les auteurs du rassemblement qui a eu lieu mercredi. Nous venons les dénoncer et les offrir à la vengeance des malveillants. C'est nous!.... C'est nous, pères de famille, ci-

[1] *Révolutions de Paris*, n° 155.

[2] Voir le texte dans Mortimer-Ternaux, *Histoire de la Terreur*, I, 272. Il diffère entièrement du texte adouci que donne le *Moniteur* ; M. Mortimer-Ternaux reproduit l'original.

toyens, soldats, vainqueurs de la Bastille ; c'est nous qui, fatigués de tant de complots, des outrages faits à la nation et au Corps législatif, de la division que des hommes perfides semaient entre les deux pouvoirs ; c'est nous qui, voyant l'incivisme lever depuis quelques jours un front audacieux, avons rassemblé tous les hommes du 14 juillet pour renouveler un pacte d'alliance. C'est nous qui, indignés du renvoi des ministres patriotes, des bassesses et des perfidies de la cour...., avons voulu présenter au roi le spectacle de vingt mille bras armés pour la défense de l'Assemblée nationale. C'est nous qu'on a outragés, calomniés, insultés ; c'est nous que les valets de la cour ont voulu porter aux derniers excès, en nous traitant de brigands et de séditieux ; c'est nous qu'ils ont peints comme des cannibales affamés du sang de nos frères d'armes ; c'est nous qu'ils ont placés entre le feu de la garde nationale, que nous estimons, avec laquelle nous voulons ne faire qu'un, et l'indignation du Corps législatif, que nous venions défendre !

» Nos crimes, il est vrai, sont impardonnables. » Et Gonchon les énumère ironiquement. Ils ont sonné le tocsin de la liberté et brisé le premier anneau de la chaîne qui pesait sur la France ; ils ont résisté aux janissaires de Versailles ; « lorsque le démon de la cour étendait un crêpe funèbre sur la capitale, » ils ont pris la cocarde et forgé des piques ! Alors aussi ils violaient les lois et résistaient à la volonté royale ! Alors aussi ils commettaient des crimes contre la tyrannie ! En regard de ces crimes, il indique les services rendus à la cause de la liberté par ceux qui veulent *toute la constitution* (c'est-à-dire le droit pour le roi de renvoyer son ministère et de prononcer le *veto*). Quand il s'agissait de se partager les dépouilles de l'aristocratie, ils trouvaient alors que l'insurrection des hommes du 14 juillet avait été le plus saint des devoirs, et le peuple des faubourgs une famille de héros. « Insensés !.... Aussi crédules que des rois, nous les jugeâmes dignes d'être nos mandataires. Places, couronnes civiques, tout devint le fruit de leur agitation révolutionnaire. » Se trouvant nantis, ils changent dès lors de système, manœuvrent pour éteindre le flambeau de l'égalité, substituer au crédit de la naissance celui des richesses, et rendus furieux par l'opposition du peuple, ils se réconcilient avec ses anciens tyrans. « Auprès de ces hermaphrodites révolutionnaires, le royalisme tien lieu de toutes les vertus.... Tout ce qui flatte les petites passions et les vues ambitieuses de ces vils intrigants est contraire à la loi ; ils appellent *violation des principes* tout ce qui peut diminuer leur influence, éclairer le peuple et découvrir les conspirations. »

Sur ce terrain, Gonchon a beau jeu. Il fait ressortir l'inconséquence de ces révolutionnaires illogiques qui veulent que la Révolution s'arrête avec eux et répudient les conséquences naturelles des principes qu'ils ont posés. Toute cette partie de sa harangue est d'une trame plus serrée qu'à l'ordinaire; mais il ne tarde pas à en revenir à la déclamation :

« Les intrigants dont nous vous retraçons la conduite osent dire qu'ils ne forment pas un parti ! C'est nous, artisans honnêtes : c'est nous, pauvres citoyens, étrangers à la cour et aux intrigues ministérielles ; c'est nous qui sommes des factieux, des régicides, des brigands, des ennemis de la Constitution ! Eh ! grand Dieu ! si nous méritions ces noms infâmes, répondez, vils scélérats, lâches calomniateurs, où en seriez-vous ?.... Quand l'œil impartial de la postérité se promènera sur les pages de notre histoire, ce n'est pas la conduite de nos lâches calomniateurs qui surprendra nos enfants, mais bien la générosité du peuple. »

Il termine par une adjuration véhémente aux représentants, qui seraient tous atteints par les vengeances du despotisme, même les faibles, les modérés, les prudents, car « qu'importent aux rois de la terre quelques crimes de plus, quelques têtes de moins ? » Qu'ils ne trahissent donc pas la confiance mise en eux par le plus beau royaume du monde, et ne le condamnent point à périr dans les horreurs de l'anarchie et de la guerre civile, malheur inévitable si le salut du peuple n'est pas la seule base de leurs délibérations. Plutôt que de voir un pareil spectacle, « mourons, s'il le faut. Oui, mourons, législateurs ! mais ne nous déshonorons pas [1]. »

Le président répondit, en quelques paroles gracieuses, que l'Assemblée saurait toujours garantir contre les efforts des despotes et les manœuvres des anarchistes les vrais amis de la liberté et de l'égalité, et il invita la députation aux honneurs de la séance. Sur quoi, Gonchon, charmé d'un accueil qu'il n'osait espérer après la manière dont on avait dépeint aux yeux des représentants les citoyens dont il s'était fait l'interprète, remercia avec effusion, en demandant à l'Assemblée de lui accorder une nouvelle audience pour recevoir communication d'une adresse que la section des Quinze-Vingts voulait envoyer à toutes les autres sections de Paris. Il était insatiable. On ne voit pas ce que l'Assemblée répondit à cette requête, et il ne

[1] *Révolutions de Paris*, n° 155. Ce discours a été encore adouci et considérablement abrégé dans le *Moniteur*, de façon à en changer le caractère et à lui donner une signification purement défensive (n° du 26 juin). Le *Moniteur* était un de ces journaux sages et modérés qui se figuraient atténuer les événements dont ils atténuaient le récit.

semble pas non plus que Gonchon y ait donné suite.

Le soir, encouragé par son succès précédent, il alla donner une nouvelle lecture de la même adresse à la société des Jacobins, qui l'applaudit et en ordonna l'impression, comme avait fait l'Assemblée [1].

Il est assez probable que Gonchon prit part à l'assaut des Tuileries comme il avait pris part à son invasion, mêlé aux faubouriens, qui seront désormais les hommes du 14 juillet et du 10 août. S'il faut l'en croire [2], « il se trouva avec les piques sous le feu des Suisses et des satellites du tyran. » Cependant le brave Gonchon, comme on l'appelait toujours, semblait, en dépit de ce qualificatif, moins né pour l'action que pour la parole. Les poumons étaient sa partie forte, et il justifiait surtout l'épithète inséparable de son nom par ces retentissantes harangues après chacune desquelles on pouvait lui dire avec admiration : « C'est bravement crié. » Aussi, qu'il ait été mêlé au combat de près ou de loin, ce qu'il y a de certain, c'est qu'il ne s'abstint pas de venir, après coup, triompher à la barre. L'Assemblée, qui s'était déclarée en permanence le 10 août, passait les journées à recevoir des députations, à écouter des lectures d'adresses, des réclamations, des dénonciations, à voir défiler des parades, à décréter des mentions honorables, à voter ou à renvoyer à ses comités des centaines de propositions ou de pétitions, à se débattre au milieu du chaos et à légaliser les actes de l'insurrection victorieuse. Le 16 au matin, à la suite d'une foule d'autres, une délégation du faubourg Saint-Antoine se présenta à la séance, et Gonchon donna lec-

[1] *Journal des Jacobins* du 27 juin. Il l'appelle *Gauchon*, et le *Moniteur*, cette fois, *Gouchon*.

[2] *Lettre de la maison d'arrêt de Lazare à la commission populaire séante au Louvre.*

ture en son nom d'une longue adresse, où il serait aisé de reconnaître le style de Fourcade, quand même nous ne saurions point, par le *Courrier* de Gorsas, qu'elle était de sa main.

L'adresse débute par une apologie du peuple qui est un véritable panégyrique de l'ignorance et de l'incapacité. On y retrouve un écho des mépris de Marat pour ceux qu'il appelait les hommes d'Etat :

« Nous les avons fait rougir plus d'une fois, ces politiques imbéciles qui se croyoient des législateurs parce qu'ils savoient embrouiller un code barbare, et ces professeurs de droit public qui avoient cru trouver la pierre philosophale de la législation, en séparant la politique de la morale. Tous ces grands génies, parés du beau titre de constitutionnaires, sont forcés de rendre justice à des hommes qui n'ont jamais étudié l'art du gouvernement que dans le livre de la nature.... Tout ce que les intrigants et les beaux esprits avoient caché dans le registre des lois a disparu comme un nuage. Nous avions beau leur dire : « Avec tout votre savoir et vos lois anglaises, vous ne savez ce que vous faites ; vous trahissez les intérêts de la nation ; vous élevez des autels à l'anarchie, à la corruption, à l'intrigue !.... Nous prêchions dans le désert.... Mais quel a été le résultat de tant de crimes et de perfidies ? Comme nos anciens despotes, ils sont tombés sous la hache populaire, et, perdus dans le troupeau des scélérats qui ont fait le malheur des nations, ils iront grossir la foule des grands exemples qui apprennent aux législateurs que la faux du temps ne respecte que les institutions fondées sur la nature et l'équité. »

Le peuple en sait plus que tous les professeurs de droit public et les orgueilleux *doctrinaires* qui le dédaignent. Le peuple est bon, le peuple est pur ; le peuple est infaillible dans sa conduite comme dans ses instincts et ses sentiments. Les attentats du despotisme, les droits de l'homme, la souveraineté nationale, les automates de Prusse et la horde de Brunswick passent et repassent dans cette pompeuse harangue. Il y adresse ensuite aux législateurs, qui commencent enfin à rendre justice au peuple, des éloges mêlés de conseils et de leçons, leur traçant la marche qu'ils doivent suivre, les invitant à faire sentir leur action immédiate sur les mœurs, à s'occuper de l'éducation nationale, tout en glorifiant le défaut de culture et en appelant le nivellement :

« Que l'exemple du passé nous serve, à nous qui avons encore les armes à la main !.... Que notre corps social ne présente plus un tronc décharné, surmonté d'une tête hideuse et nourrie de la substance de tous, mais des hommes réunis par le devoir et le patriotisme. Nos beaux esprits s'occupent depuis longtemps d'une balance politique ; nous l'avons trouvée sans la chercher : elle est dans le cœur de l'homme. Ayez un gouvernement qui mette le pauvre au-dessus de ses faibles ressources, et le riche au-dessous de ses moyens : l'équilibre sera parfait. Les grands génies de la Tamise et du Rhin ont beau composer des volumes, des manifestes et des suppléments, ils ne réussiront pas plus à changer les lois de la nature qu'à nous empêcher de les suivre. »

Après cette allusion à Pitt et au fameux manifeste de Brunswick, il terminait par une péroraison ampoulée :

« Qu'ils viennent relever les murs de la Bastille, ces brigands du Nord, ces anthropophages couronnés ! Ils ont promis à leurs soldats le sang et le bien des Français ! Qu'ils entrent dans les sections de la capitale ! Si la victoire trahit notre cause, les torches sont prêtes.... Ils ne trouveront que des cendres à recueillir et des ossements à dévorer [1]. »

De quel orgueil devaient se sentir pénétrer, pendant de si belles phrases, dont l'éclat rejaillissait sur eux, les bonnets de laine du faubourg qui lui servaient d'escorte et se tenaient debout à la barre à côté de lui! Voilà un homme qui leur faisait honneur, qui assurait au faubourg la palme de l'éloquence comme il avait déjà celle du patriotisme, et lui conquérait devant l'Assemblée le même rang qu'au siège de la Bastille : le premier. De Fourcade il n'était pas question : il restait dans la coulisse, on ne le voyait pas. Toute la popularité de ces parades oratoires revenait à Gonchon. Il n'était pas seulement fameux ; c'était maintenant une puissance, un homme qu'on suivait, qui avait ses fanatiques, qui pouvait parler haut au nom du peuple. Il fut question de lui comme candidat de Paris à la Convention [2]. Peut-être Gonchon fût-il devenu l'un des orateurs de la grande assemblée révolutionnaire, car l'aplomb ne lui manquait pas plus que l'organe : il était tout frotté des idées et de la phraséologie du temps ; il avait de la chaleur, une certaine éloquence naturelle, et il lui était arrivé plusieurs fois déjà de parler pour son propre compte et de s'en tirer. Mais la proposition n'eut pas de suite.

Au mois d'août 1792, il fut envoyé dans les provinces envahies par les Prussiens, à titre de commissaire

[1] *Moniteur* du 18 août. GORSAS, *Législative*. t. XI, p. 266 : « Rédigée par P. T. Fourcade, ainsi que toutes celles dont Gonchon a fait lecture au nom des hommes du 14 juillet, » dit une note.

[2] *Révolutions de Paris*, XIII, 390. *Sentinelle* du 21 août (an IV de l'Égalité). La *Sentinelle* le propose ; il est vrai que Gonchon en était l'un des rédacteurs.

chargé de rendre compte de la journée du 10 août et de mettre l'esprit public à la hauteur des circonstances. S'il faut s'en rapporter à lui, il partit à pied, le sac au dos, et sur la route de Verdun, que l'ennemi assiégeait, il afficha aux arbres le décret accordant cent livres de rente aux déserteurs : comme ce placard n'était écrit qu'en allemand, il fut même arrêté par la garde nationale comme espion. A Bar, il fit renverser les fourches patibulaires et gratter les armoiries, et il se vante d'avoir, sur une hauteur voisine, chanté avec un groupe de patriotes des hymnes civiques et guerriers d'une telle force qu'ils furent entendus à plus d'une lieue à la ronde : on reconnaît l'homme aux poumons de bronze, fier de sa voix de stentor. Nous le voyons, d'ailleurs, dans toutes les circonstances de sa vie, attacher une grande importance aux chants patriotiques : il en apprenait aux soldats en suivant l'armée, par la pluie et la boue, dans les plaines de la Champagne, et il les faisait boire à la république avant qu'elle fût proclamée. Il s'appliquait également à rehausser le courage des habitants de la campagne. A l'en croire, il pénétra jusque dans le camp prussien et fit même le coup de sabre dans une charge contre les hussards ennemis. Ce n'était point l'intérêt personnel qui le guidait, car il fut à peine défrayé et ne reçut que 450 livres pour les frais de cette mission [1].

[1] *Gonchon aux citoyens de la section Bonne-Nouvelle*, pièce in-8°, s. d. *Lettre écrite de la maison d'arrêt de Lazare à la commission populaire séante au Louvre*, inédite. Archives nationales, F. 4606.

IV.

Dès les premiers jours de la Convention, l'antagonisme s'était déclaré entre la représentation départementale et la représentation parisienne. La première, arrivant à Paris sous l'impression de dégoût et d'horreur produite par les massacres de septembre et pleine d'une défiance légitime contre la Commune révolutionnaire, sous l'influence de laquelle s'étaient faites les élections parisiennes, sentait vivement le besoin de protéger la Convention, organe de tout le pays, par une force dont la France entière fournirait les éléments. Cette garde départementale, proposée par Buzot dans la séance du 24 septembre, et votée en principe par la presque unanimité de la Convention, est le point de départ de la lutte de la Gironde contre la Montagne : tous les efforts de celle-ci tendirent à retarder, ou plutôt à empêcher l'application d'une loi dirigée contre la toute-puissance des insurrections parisiennes. Si elle était en minorité dans l'Assemblée, elle avait pour elle la Commune, les Jacobins, la masse des sans-culottes, et dans la longue lutte qui s'engagea autour de cette question vitale, et qui devait se terminer, grâce à son audace, à sa discipline, aux timidités, aux divisions, aux fautes de tactique de ses adversaires, par la défaite et la proscription de la majorité, elle ne cessa d'appeler à son aide la pression du dehors.

Le 19 octobre, des commissaires des quarante-huit

sections de Paris faisaient lire et déposer à la barre, aux applaudissements des tribunes et au milieu des protestations de l'Assemblée, une adresse violente contre ce que les journaux jacobins appelaient une garde prétorienne, ou encore la maison militaire de la Convention. Le 21, les fédérés marseillais venaient réclamer le droit de veiller à la défense des représentants ; la section de Grenelle désavouait l'adresse présentée l'avant-veille au nom des quarante-huit sections de Paris, et immédiatement après, Gonchon se présentait à la barre, au nom cette fois de deux sections, — les Quinze-Vingts et Bonne-Nouvelle, — et y donnait lecture d'une longue pétition où, tout en réclamant contre le mot de *force armée* qui ne doit pas souiller le code d'un peuple républicain, et contre les motifs injurieux pour les hommes du 14 juillet sur lesquels on avait appuyé le décret, il en acceptait le principe et s'y ralliait [1].

Gonchon, ou plutôt Fourcade, dont la touche se sent à chaque ligne de cette harangue laborieusement travaillée, plus sentencieuse, plus solennelle, plus remplie de grands mots et de magnifiques périodes que toutes les autres, avait senti le besoin de prendre des précautions pour faire passer cette adhésion à la garde départementale, et il l'avait tellement enguirlandée de fleurs à l'adresse des révolutionnaires, en n'exceptant que les scélérats, au nombre desquels personne n'était tenté de se ranger ; il l'avait si bien enveloppée dans un amalgame de mots séduisants, de phrases sonores, de lieux communs également en honneur dans les deux partis, que la lecture de sa pétition paraît avoir rencontré une faveur égale à droite et à gauche. Quoiqu'ils fussent coutumiers du succès, Fourcade et Gonchon durent être

[1] Le *Moniteur* la donne en entier dans son numéro du 25 octobre.

enivrés de celui-là, qui, pour la première fois qu'ils s'adressaient à la Convention, atteignait aux proportions du triomphe. Applaudissements redoublés, acclamations unanimes, cris d'approbation où les tribunes prenaient part et où les Montagnards se confondaient avec les Girondins, accueillirent chaque phrase de ce manifeste, celles mêmes où l'orateur, comme s'il eût senti l'Assemblée conquise, lui parlait de haut en lui reprochant ses discordes.

L'exorde, pris de loin, a la majesté de Bossuet :

« Quand la cour versoit à pleines mains sur tout l'empire la coupe de la haine et de la corruption, lorsque la France étoit encore un royaume, nous entretenions sous le chaume des faubourgs et sur les ruines de la Bastille le feu sacré de l'égalité. Nous rappelions à haute voix les grands principes, et nous faisions à la barre cette prophétie politique : « L'éponge des siècles peut effacer du livre de la loi le chapitre de la royauté, mais le titre de la souveraineté nationale restera toujours intact. » Aujourd'hui que la liberté n'est plus couverte d'un manteau royal et que les drapeaux de la victoire entourent le berceau de la République, nous dirons au peuple français : Sous des rois, l'Etat peut se soutenir par l'intrigue et le vice, mais l'empire des lois ne se conserve que par les bonnes mœurs. Exterminons les tyrans, mais ne le devenons pas nous-mêmes ; qu'une idole nouvelle ne s'élève point sur les débris de nos anciens monuments. Détestez la flatterie : c'est la compagne du vice, l'écueil de la vertu et la perte de la République. En un mot, celui qui calomnie le peuple est un tyran ; mais celui qui le flatte veut le devenir. »

La Convention, dont une partie seulement avait appris, pendant la Législative, à connaître cette éloquence à la fois austère et magnifique, écoutait, charmée et bercée par ce cliquetis de mots. L'orateur continuait lentement sa marche, prodiguant les maximes vagues, les axiomes verbeux, les images à la mode, les antithèses à effet, et ces phrases à double compartiment où chaque parti se trouvait caressé tour à tour :

« Manlius et Tarquin, Charles et Cromwell sont égaux à nos yeux. Terrassez les intrigants et les faux amis de la patrie ; mais, en évitant un écueil, prenez garde, citoyens, de tomber dans un autre : ne confondez pas avec les agitateurs ces patriotes chaleureux qui nourrissent des défiances salutaires et observent sans relâche la conduite de nos ennemis. Détestons les vengeances illégales, mais soyons persuadés que le peuple n'est jamais conduit que par un sentiment de justice. Emoussons le glaive de la démagogie, mais n'aiguisons pas celui du modérantisme : il a déchiré le sein de la patrie. N'oublions jamais que les tyrans sont incorrigibles. La royauté vient de descendre au tombeau, mais l'odeur fétide que jette son cadavre peut empoisonner l'air que respirent les hommes libres. »

Les deux côtés pouvaient applaudir avec un égal enthousiasme de si belles métaphores et si bien faites pour leur plaire au même degré ! L'orateur reprenait, sans qu'on vît encore davantage où il voulait en venir, et après de nouvelles divagations, il en arrivait à reprocher à tous les partis, c'est-à-dire à aucun, leurs dissensions intestines.

« C'est avec douleur que nous voyons des hommes faits pour se chérir et s'estimer, se haïr et se craindre autant et plus qu'ils ne détestent les tyrans.... Ah ! croyez-en des citoyens étrangers à l'intrigue. On s'attribue mutuellement des torts imaginaires.... Les opinions différentes engendrent facilement des soupçons, et il n'est pas de soupçon que la prévention et la jalousie ne changent en certitude. »

Enfin il aborde le vrai sujet de l'adresse, mais avec quelles précautions oratoires encore, et avec quels ménagements pour l'autre parti :

« Des hommes pervers, et mis peut-être en avant par ceux qui ont fondé leurs espérances sur la dissolution de la République, se sont portés à des excès condamnables. (Admirez l'euphémisme, et aussi cette tactique traditionnelle qui consiste à insinuer, quand on ne peut faire mieux, que les crimes révolutionnaires ont été commis par des aristocrates déguisés.) Au lieu de nous aider à les poursuivre et à les punir, beaucoup d'individus, que nous nous plaisions à croire nos àmis, ont lâchement calomnié les habitants de cette ville... Que les vainqueurs de la Bastille, les fils aînés de la Révolution française aient conspiré contre l'indépendance de la République; qu'ils aient voulu arracher aux départements le sceptre de l'autorité souveraine, devenir les tyrans de l'Assemblée nationale, législateurs, nous en appelons à vous-mêmes! est-il quelqu'un de vous qui le pense, qui le croie, qui puisse le dire? (*Non, non!* s'écrie-t-on de divers côtés, et de vifs applaudissements éclatent pour la douzième fois.) Est-il un homme assez injuste pour confondre les habitants de Paris avec des scélérats ou des insensés que nous méprisons, comme vous les méprisez vous-mêmes? Avoit-on besoin, pour appeler autour de vous nos frères des départements, de calomnier les hommes du 14 juillet? Nos bras ne sont-ils pas toujours ouverts pour les recevoir? (On applaudit encore vivement.) .... Ah! qu'ils viennent, non pas six, sept, huit, vingt-quatre mille, mais qu'un million de Français accourent dans ces murs, ils y trouveront des frères et des amis.... Mais qu'ils arrivent sous une dénomination fraternelle; qu'ils viennent, non pas pour vous défendre, mais pour nous aider à vous garder! »

Là un enthousiasme unanime s'empare de l'Assemblée et des tribunes. Il y en a pour tout le monde, et tout le monde est ou paraît content. On s'extasie sur cette heureuse idée, qui donne satisfaction à la droite et à la gauche : à la droite, en lui concédant la garde départementale en principe; à la gauche, en défendant le peuple de Paris et en le mêlant aux frères et amis de province pour garder la Convention. Pendant une minute, tous se trouvèrent confondus dans la même approbation, sauf sans doute quelques politiques inaccessibles aux phrases et qui savaient ce qu'ils voulaient. Ce fut comme un nouveau baiser Lamourette, mais moins durable encore que le premier.

Continuant son discours, Gonchon passait ensuite, par une transition un peu forcée, à la loi martiale et, avec des accents pathétiques, il conviait l'Assemblée à porter au Champ de Mars le livre des décrets, à en arracher les feuilles sanglantes de cette loi barbare et à les déchirer, de concert avec les citoyens, sur l'autel de la patrie : « La France est république! et ceux qui eurent le courage de le demander les premiers ne sont pas encore vengés!.... et le poignard qui les assassina souille encore les regards d'un peuple libre! » Cette philippique véhémente contre la loi martiale fut accueillie avec la même faveur que le reste du discours. Après la réponse du président, Gonchon, poursuivant son avantage et le fixant, ajouta quelques mots improvisés, pour réclamer l'incinération des drapeaux rouges sur l'autel de la patrie dans tous les départements. — Oui! oui! s'écrie-t-on de toutes parts, et les applaudissements éclatent encore comme un tonnerre. Chabot se hâta de transformer en proposition le vœu relatif à l'abolition de la loi martiale, en demandant que le comité de législation présentât le lendemain un rapport sur cet objet, et la Convention vota dans ce sens à l'unanimité, mais ce fut un de ces votes sans conséquence comme elle en émettait par milliers : le lendemain le comité de législation ne présenta aucun rapport, et la loi martiale ne fut abolie qu'après le 31 mai.

Quel était le principal objet du discours dans l'esprit de Fourcade et de Gonchon? Je ne sais. Quand il en vient à la loi martiale, on pourrait croire, à la précision et à l'énergie de plus en plus grandes avec lesquelles l'orateur s'exprime, prenant l'offensive avec assurance comme s'il se sentait maintenant maître du terrain, que tout ce qui précède n'a été qu'un long et solennel détour pour en arriver là. Mais enfin, sur la grande et brûlante question du jour, celle de la force départementale, l'adresse des hommes du 14 juillet, avec toutes ses réserves, avec les précautions, les tempéraments et les concessions cachés sous les apparences de l'audace, ne s'en était pas moins prononcée, au fond, dans le sens de la Gironde [1]. Sans doute les deux partis semblèrent s'attribuer à peu près également le bénéfice de ce discours. La députation du faubourg Saint-

[1] Les inspirateurs de Gonchon, dit Mortimer-Ternaux, « lui avaient permis de donner libre carrière à son éloquence, pourvu que, *dans sa conclusion*, il adhérât aux principes d'une garde dont les départements fourniraient les principaux éléments; ils l'avaient même autorisé à demander, pour gage d'alliance entre l'Assemblée et les masses populaires, l'abrogation de la loi en vertu de laquelle le Champ de Mars avait été ensanglanté le 17 juillet 1791. Cette concession devait compenser, suivant eux, ce que la formation d'une garde départementale pouvait avoir d'agressif vis-à-vis de la population parisienne. » (*Hist. de la Terreur*, IV, 270.) L'explication est plausible et répond bien au tempérament des Girondins. Notons seulement que ce n'est pas dans sa conclusion que Gonchon adhère à la garde départementale; la conclusion est consacrée à l'abolition de la loi martiale.

Antoine fut invitée à la séance, et l'Assemblée vota aussi l'impression de l'adresse et l'envoi aux quatre-vingt-trois départements, sur la proposition de Bazire. Mais le président, qui était le girondin Guadet, n'exprima pas une approbation moins chaleureuse dans les félicitations adressées par lui à ces « estimables et généreux citoyens » qui, dit-il, parlaient de la liberté comme ils savaient la défendre, et dans le cœur desquels on la retrouverait si jamais elle pouvait se perdre. C'était, d'ailleurs, une tactique naturelle de tirer à soi le grand faubourg et de le flatter.

Que Bazire, Chabot et la plupart des montagnards de la Convention n'aient pas compris nettement d'abord, sous l'avalanche de tant de phrases bien faites pour les étourdir, l'adhésion du faubourg au principe du décret proposé par Buzot, ou qu'ils aient eu intérêt à laisser dans l'ombre cette partie du discours pour s'emparer de celle qui cadrait avec leurs vues, rien de plus naturel. Mais, à distance et de sang-froid, d'autres le comprirent. Prudhomme, qui dans les *Révolutions de Paris* combattait avec vigueur la garde départementale, fut certainement de ce nombre, et la preuve en est que son journal, dans l'analyse de la séance du 21 octobre, — où il mentionne pourtant le désaveu de l'adresse des 48 sections non seulement par celle de la Fontaine de Grenelle, mais encore par celle de la Butte-des-Moulins, qu'a oubliée le *Moniteur*, — ne souffle mot de la pétition des hommes du 14 juillet. Gêné par les éloges qu'il avait décernés aux précédentes adresses du faubourg, il la supprime, et par là en même temps il avertit tacitement les Vainqueurs de la Bastille et leur orateur qu'ils ont fait fausse route [1].

[1] *Révolutions de Paris*, n° 172.

Peut-être eût-on pu, dans le moment, s'entendre sur les bases présentées par Gonchon pour la rédaction du décret relatif à la garde départementale. Mais on l'oublia après la lecture : l'attention avait été détournée sur la loi martiale par la dernière partie de l'adresse, et les Montagnards avaient pris soin de l'y fixer. Ils surent tirer de ce fatras oratoire ce qui leur était utile, tandis que la Gironde n'en sut rien tirer du tout. Toute la conclusion pratique (au moins en apparence) qui en sortit fut le vote sur la proposition de Chabot, et celle de Buzot, votée déjà depuis tout près d'un mois et dont l'application eût pu sauver les Girondins, fut laissée encore de côté.

Mais ce magnifique début devant la Convention eut du moins pour résultat d'accroître l'influence et la popularité de Gonchon. Il recevait de toutes parts des félicitations et des adhésions [1]. Les Girondins, à partir de ce moment, eurent plus que jamais les yeux sur lui : c'était une recrue naturellement indiquée, un auxiliaire qui leur permettrait de s'appuyer sur la citadelle de la Révolution. Lui-même prit une haute idée de son importance. Même au théâtre, on le voit continuer son rôle d'orateur et parler au nom du faubourg. Le 12 novembre, La Martelière, dont le *Robert chef de brigands* avait fait grand tapage quelques mois auparavant, non sans exciter déjà les protestations des Jacobins, qui l'accusaient d'être contre-révolutionnaire, donnait au même théâtre (le Marais) une suite à cette pièce : *le Tribunal redoutable*. En lisant ce drame aujourd'hui, il serait difficile d'y découvrir une manœuvre monarchique. On l'y vit pourtant, grâce aux antécédents de l'auteur et aux circonstances. La tour du troisième acte,

[1] Voir en particulier le *Courrier* de Gorsas : *Convention*, n° 32.

où gémissait l'intéressante Julie, ressemblait à la tour du Temple, et Robert, criant *Grâce!* d'un ton pathétique pour son frère Maurice tout couvert de crimes, demandait grâce pour Louis. « Drame antirévolutionnaire et constitutionnel dans toute la force du terme, dit Prudhomme [1] : il est *bardé* de maximes sur les vertus d'un bon roi.... L'esprit de cet ouvrage est du royalisme le plus impudent. Il en résulte.... qu'il faut s'attendrir et verser des larmes sur le sort déplorable d'une princesse infortunée enfermée dans une tour, et qu'au mot touchant de *Grâce! grâce!* tous les cœurs doivent s'attendrir, les yeux se remplir de larmes et les genoux se plier devant le caractère sacré d'un individu oint de l'huile de la sainte ampoule. »

Averti par la clameur publique, Gonchon se rendit à la troisième représentation, et au milieu de la pièce, il se leva au parterre pour protester hautement. « Menacé par les suppôts de l'aristocratie, » il leur répond avec l'énergie d'un combattant du 14 juillet et du 10 août : « Le premier qui m'attaque est un homme mort. » Et il intime au directeur l'ordre de suspendre les représentations du *Tribunal redoutable*, en le menaçant d'ameuter contre lui tout le faubourg Saint-Antoine [2]. Le directeur n'osa résister, mais, après plusieurs jours où les *relâches* alternaient avec les pièces empruntées à tous les répertoires, ne voulant pas perdre ses frais de costumes et de décors, il fit remanier complètement

[1] *Révolut. de Paris*, n° 176.

[2] *Révolutions de Paris*. — JAUFFRET, *Théâtre révolutionnaire*, p. 164-165. La 3e représentation figure dans le programme des spectacles au *Moniteur* du 14 novembre. Le 17, en faisant relâche, le Marais en annonce une 4e pour le lendemain, mais elle n'eut pas lieu, et il n'est pas difficile de s'apercevoir, à la composition incohérente de ses affiches, qui varient chaque jour, puis à ses *relâches* répétés, que le théâtre est en désarroi.

la pièce, qui reparut sous le titre de *Robert le républicain* [1].

Quelque temps après, l'intervention de notre héros se produisit encore dans des circonstances analogues au théâtre de la ville de Chartres, où il était allé en mission avec Fourcade. On donnait *Gabrielle de Vergy*, de du Belloy. Choqué d'entendre applaudir avec chaleur les passages les plus aristocratiques, Gonchon se lève au parquet, en criant de sa voix retentissante : « Vous ignorez donc que les sans-culottes du faubourg Saint-Antoine sont ici? » Les applaudissements se turent aussitôt, et Gonchon, un peu apaisé, voulut bien laisser achever la tragédie. Mais voyant arriver, à la petite pièce, des acteurs coiffés de chapeaux à plumet, avec des épées décorées de nœuds verts, il monte au foyer et leur dit, d'un ton qui n'admettait pas de réplique : « Nous avons renversé les rois, et nous renverserons aisément les rois de théâtre. Otez ces rubans verts. » Ils obéirent. — Pour achever la conversion des spectateurs, l'infatigable Gonchon chanta des couplets patriotiques :

Allons porter sur les trônes
Le bonnet de liberté,
Fondre en tasses les couronnes
Pour boire à l'humanité [2].

Un soulèvement, qui s'était étendu à plusieurs dé-

[1] *Révolutions de Paris*, n° 179. — *Robert le républicain* paraît pour la première fois sur les programmes de spectacle le 6 décembre.

[2] *Révolutions de Paris*, n° 180. Il raconte aussi, dans sa brochure : *Gonchon aux citoyens de la section Bonne-Nouvelle*, comment, pendant sa mission à Lyon, assistant à une représentation de *Guillaume Tell*, il apaisa une rixe qui menaçait de prendre de graves proportions entre les spectateurs, en enjambant sa loge et en criant « d'une voix terrible, » un pied sur la banquette, l'autre sur la balustrade : « Camarades, embrassez-vous. » A l'instant, les sabres déjà tirés furent remis au fourreau ; les citoyens s'embrassèrent et se mirent par groupes à danser la carmagnole.

partements limitrophes, avait éclaté, aux derniers jours de novembre, dans beaucoup de communes d'Eure-et-Loir, par suite de la cherté des subsistances, et l'insurrection avait pris rapidement des proportions menaçantes. Les commissaires envoyés le 27 novembre par la Convention virent leur autorité méconnue et faillirent être massacrés. Ils n'échappèrent à la mort qu'en consentant, moins héroïques que ne l'avait été, quelques mois auparavant, le maire d'Etampes Simonneau, à signer la taxe des grains et des autres denrées, puis ils revinrent précipitamment à Paris, laissant l'insurrection victorieuse. Le long et dramatique récit porté à la tribune, dans la séance du 30 novembre, par l'un des commissaires, Lecointre-Puyraveau, excita une vive émotion dans l'Assemblée, qui vota l'envoi de forces suffisantes pour imposer aux séditieux, mais en improuvant, sur la proposition de Lacroix et de Manuel, la conduite de ses commissaires, qui avaient préféré la vie au devoir.

Ce fut sans doute à ce moment que Gonchon, se décernant à lui-même la mission où avaient échoué les trois conventionnels, résolut de partir pour Chartres, en apôtre de la liberté et de la paix. Il s'adjoignit Fourcade [1]. La confiance qu'ils avaient en leur éloquence était absolue. Représentants du grand faubourg, ils en étaient venus à se croire investis d'une autorité supérieure, d'une sorte de mandat sacré. Ils parcoururent le département, semant partout leurs harangues civiques, se mêlant aux populations, coiffés du bonnet rouge, et prenant les allures et le langage des gens de la campagne, pour leur prêcher le respect des lois et

[1] On ne voit pas qu'ils aient eu une mission officielle, mais Roland leur remboursa leurs frais. (*Gonchon aux citoyens de la section Bonne-Nouvelle.*)

combattre leurs erreurs. Non contents de ces prédications verbales, ils rédigèrent une adresse qu'ils répandirent dans toutes les communes. Fourcade et Gonchon, « citoyens sans-culottes de Paris, » parlaient un langage plus sensé que ne semblait le promettre cette qualification. « Vous voulez du pain et la liberté, disaient-ils.... Mais vous connaissez mieux votre intérêt que les moyens de le servir. Vous voulez du pain, et votre conduite appelle la misère publique! Vous êtes libres, et les désordres qu'enfante votre agitation servent la cause du despotisme! »

Les deux apôtres, en combattant leurs idées sur les accapareurs, démontraient que l'égalité des biens les soumettrait vite au plus habile ou au plus fripon; que le pillage, en leur fournissant des ressources pour quelques jours, les laisserait ensuite plus dénués que jamais, en face des fermiers dépouillés et ruinés par eux, des voisins qui, avertis par l'exemple de leurs déprédations et réunis par la nécessité, s'armeraient pour défendre en même temps leurs biens et les lois, résolus à exterminer les hordes de pillards. Ils se sont rendus indignes des secours de la Convention par leur conduite violente envers ses commissaires. Le bon citoyen se respecte dans les magistrats qu'il a choisis, dans les lois qu'il a consenties :

« A peine vos droits vous sont-ils rendus, et déjà vous avez tous les défauts des rois. Esclaves imprudents de vos ambitieux favoris, orgueilleux et jaloux, injustes et soupçonneux, vous confondez dans vos vengeances l'innocent et le coupable; vous vous partagez le bien qui n'est pas à vous....

» Vous vous plaignez de l'orgueil et de la dureté des riches! Eh bien, opposez des vertus à leurs vices. Vos agitations, vos fureurs, vos démarches séditieuses, servent les ennemis de votre bonheur et justifient les reproches qu'ils vous adressent.... Vous avez triplé vos maux, diminué le nombre de vos amis et déchiré le sein de votre patrie.... »

Puis, faisant un retour sur eux-mêmes à la fin de l'adresse, se mettant en scène et s'offrant en exemple, ils concluaient :

« Comme vous, nous ne sommes pas riches : nous vivons du travail de nos mains ; nous avons connu le besoin ; nous nous plaignons quelquefois de l'injustice et de la dureté de l'opulence ; mais au moins nous avons appris de bonne heure à ne trouver le bonheur et la gloire que dans la paix de la conscience, dans l'amour des lois et de l'humanité. Le jour où nous pourrions donner le secret de notre félicité aux hommes qui multiplient leurs infortunes par des actes que la morale réprouve, ce jour, frères et amis, seroit le plus beau de notre vie, la plus digne récompense de notre zèle. »

Ils firent hommage à la Convention de cette adresse ; un des secrétaires en donna lecture dans la séance du 9 décembre, et l'Assemblée décida qu'elle serait insérée au procès-verbal et envoyée aux quatre-vingt-quatre départements, comme respirant « une instruction ferme et sage, une onction douce et bienfaisante, » et pouvant parfaitement tenir lieu de celle que la Convention elle-même avait décrété d'adresser au peuple, à la suite de sa loi sur les subsistances. Elle obtint un autre succès peut-être plus flatteur encore : Condorcet écrivit au « patriote Gonchon, » en le priant de la transmettre au citoyen Fourcade, une lettre chaleureuse d'adhésion et de félicitation, qui était en même temps un exposé de ses théories sur l'égalité, de la mesure dans laquelle on pouvait l'établir et de la marche à suivre pour le faire : « Il y a trente ans, lui disait-il, que je m'occupe du bonheur des hommes, que je médite sur leurs intérêts. Ne soyez donc pas étonné si je suis profondément affligé quand je vois mes concitoyens se laisser tromper par des hommes qui, en leur exagérant leurs droits, les conduisent au malheur par l'injustice. Vous m'avez consolé quand j'ai vu que ceux à qui leurs services, leur courage, leur patriotisme, devaient donner le plus d'empire, prêchaient la doctrine la plus vraie, la plus utile [1]. » Gonchon ne dut pas être médiocrement fier de ce témoignage public que lui rendait le représentant philosophe.

Mis en goût par l'accueil de la Convention à leur écrit et désireux de compléter leur triomphe, les deux collaborateurs se présentèrent ensemble à la barre pendant la séance du lendemain 10 décembre, pour y rendre compte des résultats de leur mission officieuse. Cette fois, Fourcade, impatient sans doute de voir cueillir tous les lauriers par son compagnon, prit d'abord la parole lui-même, et prononça un discours d'un style plus rassis que les harangues ordinaires auxquelles Gonchon prêtait la sonorité de son organe, avec le feu de son action, et où se trahit au début l'affectation visible de se poser en homme d'Etat. Les pétitionnaires n'étaient admis que le dimanche, et on était au lundi : aussi Fourcade avait-il à peine prononcé quelques phrases, où il n'avait pas su sans doute s'emparer de l'attention de l'Assemblée, comme Gonchon, que des rumeurs partirent de l'extrémité de la salle : « Passons à l'affaire du ci-devant roi ; il ne s'agit pas aujourd'hui de phrases ni de pétitions. » En vain Defermon rappelle leurs titres à être entendus, le bruit

[1] Voir la lettre dans le *Moniteur* du 21 décembre. C'est cette lettre que M. Mortimer-Ternaux qualifie fort improprement de mémoire philosophique sur l'art de rendre les peuples heureux, dédié par Condorcet à Gonchon. (*Hist. de la Terreur*, I. 273, en note.)

et les murmures continuent; mais le président annonce que le rapport sur le procès de Louis XVI n'est pas encore prêt et le silence se rétablit. Fourcade reprend son discours, accueilli dès lors avec faveur, et suivi d'une chaude approbation du président (Barère), qui les invite aux honneurs de la séance.

Gonchon voulut ensuite se tailler sa part personnelle dans le succès. Il est assez probable que son intervention n'avait pas été prévue par Fourcade et qu'il ne fut pas cette fois un simple porte-voix. A force de débiter les discours d'un autre et de parler aussi pour son propre compte dans les sections, dans les assemblées populaires, dans les groupes, dans les fêtes, au théâtre, Gonchon s'était formé. Par tous les dons physiques il était orateur, et quoique l'instruction première lui manquât, on peut dire qu'il avait aussi le tempérament oratoire par la facilité et la chaleur naturelles de sa parole. Sa brève harangue ne fut guère, d'ailleurs, qu'une répétition de ce qu'il avait déjà dit bien des fois, une nouvelle apologie des hommes du 14 juillet et du 10 août, un nouvel appel à la concorde et à l'union entre les républicains et aussi, en guise de péroraison destinée à réunir Girondins et Jacobins dans une salve commune d'applaudissements, une exhortation féroce au régicide. Sur quoi, Fourcade, jaloux à son tour du succès de Gonchon, se hâta de reprendre la parole, sous prétexte de compléter son récit primitif, en ajoutant que, parmi les révoltés et couverts des haillons du pauvre, il avait remarqué des hommes dont l'air et la figure annonçaient l'opulence, de ci-devant nobles, qui criaient au peuple : « Sous un roi nous avions du pain. Il nous faut un roi [1]. »

[1] *Moniteur* du 12 décembre.

Le 17 décembre, Gonchon revenait devant la Convention, conduisant une députation de la section des Quinze-Vingts et de la section Bonne-Nouvelle réunies. Avec cet amour de la mise en scène qui caractérise tous les hommes et tous les actes de la Révolution, il s'était fait escorter d'un soldat de Jemmapes qui se tenait à côté de lui, le bras en écharpe, et qui devait lui fournir une péroraison pathétique, sûre de son effet. Ce héros, nommé J.-J.-Louis Viez, avait reçu sept blessures, toutes par devant : l'orateur du faubourg Saint-Antoine réclamait pour lui une récompense, et tel fut l'enthousiasme excité par ses paroles, qu'il se trouva des membres pour demander que l'indemnité en question lui fût répétée autant de fois qu'il avait de blessures ; on finit par se rabattre à un secours provisoire de 300 livres.

Mais l'objet principal du discours de Gonchon, abondamment orné de toutes les fleurs de la rhétorique révolutionnaire, c'était encore cette protestation contre les discordes intestines de la Convention qui, depuis quelque temps, revenait dans toutes ses harangues : « Le monstre du royalisme se ranime à la torche des factions.... Au lieu de combattre cette bête féroce, on lui fraie le chemin de la victoire, on lui prête des armes, et l'on voit des républicains, indignes de ce nom, s'égorger mutuellement, et s'offrir pour ainsi dire en holocauste sur la tombe des rois.... Et comment l'Etat ne pencherait-il pas vers sa ruine ? L'abîme est creusé par ceux mêmes qui doivent nous procurer une existence nouvelle. » Ici le *Moniteur* note « un petit murmure, suivi du plus grand silence. » La Convention frémissait de cette rude mercuriale ; parfois elle essayait de se cabrer sous le joug ; mais Gonchon savait sa puissance : il redoublait d'énergie ; son ton devenait plus impérieux, son geste plus dominateur, et non seulement elle ne bronchait plus, mais elle éclatait en applaudissements et elle ordonnait l'impression du discours, avec l'envoi aux départements.

« Oui, mandataires du peuple, nous aurons le courage de vous le dire, continuait Gonchon, en parlant, suivant le *Moniteur*, avec un ton et des gestes animés : le flambeau de la haine brûle dans le sanctuaire des lois. Ayez assez de grandeur pour l'éteindre : la conservation de la république est à ce prix. Il est même de votre intérêt d'oublier des ressentiments personnels. Que pourriez-vous espérer d'une trahison ? Le feu sacré du 10 août a dévoré les sceptres et les couronnes ; il a tari le fleuve de la corruption ; des feuilles de chêne et l'estime de vingt-cinq millions d'hommes, voilà tout ce que peut désirer l'ambition ; et pour mériter ces biens, il ne faut pas abandonner la cause du peuple. »

Il exhorte ensuite la Convention à ne pas fournir d'aliment à la calomnie, à planer au-dessus de l'envie et à mépriser les injures — comme les hommes du 14 juillet, qu'on a osé accuser de vouloir soustraire Louis XVI au glaive de la justice. Et il proteste une fois de plus contre ce mensonge atroce : « Nous les avocats du roi ! Nous assez peu dignes de notre gloire pour mettre dans la balance (*avec mépris*) les débris d'une couronne (*avec enthousiasme*) et le bonnet de la liberté [1] ! »

En somme, le thème essentiel des adresses que Gonchon venait présenter à la Convention nationale, en tête des sans-culottes du faubourg, renforcés quelquefois par des délégués d'autres sections, c'était un appel

[1] *Moniteur* du 19 décembre. *Courrier* de Gorsas : *Convention*, III, séance du 17 décembre.

énergique et pressant à la réconciliation des partis dans le vote commun de la mort du roi. Le même appel venait de tous les points de la province [1], et il était tout au profit de la Gironde. Celle-ci allait montrer bientôt que, dans sa grande majorité, elle ne reculait pas devant le régicide ; elle le montrait déjà dans les actes préparatoires du procès, qu'elle poursuivait avec un acharnement égal à celui des Montagnards. Elle se prétendait aussi inébranlable et aussi avancée sur le terrain révolutionnaire que ces derniers, et dépositaire des vrais principes. Mais elle tenait à protéger l'indépendance de la Convention, à ne pas subir le joug de Paris et de la Commune. Plus elle résistait de ce côté, plus elle était disposée à aller loin de l'autre, ne fût-ce que pour détourner d'elle toute accusation qui aurait pu la rendre suspecte et compromettre sa cause. La lutte au sujet de la force armée continuait avec des alternatives diverses, mais où la Gironde, qui avait pris l'initiative, perdait peu à peu du terrain et se sentait de plus en plus menacée, rien que par la marche naturelle et progressive de la Révolution.

Pour se défendre, elle recherchait l'appui des hommes populaires. Quelle bonne fortune si elle pouvait gagner les orateurs des hommes du 14 juillet ! Par eux, par Gonchon surtout, elle tiendrait le faubourg Saint-Antoine, et tenir le faubourg, c'était à peu près tenir Paris. Par eux, à l'aide des délégations et des adresses, elle pèserait sur la Convention. Or, rien ne semblait moins impossible. Gonchon, nature faible, exaltée et vaniteuse, était très sensible aux adulations. Il serait flatté de se voir courtisé par des hommes d'un

[1] H. WALLON, *La révolution du 31 mai et le fédéralisme*, in-8°, t. I, p. 60.

tel renom et d'une telle éloquence. D'ailleurs, on peut dire qu'il flottait entre les deux partis : si son exaltation naturelle l'entraînait vers les Jacobins, il était séduit par l'éclat de la Gironde, qui incarnait en elle la Révolution de la manière la plus brillante. Comme Fourcade, il était déjà à demi girondin par son amour pour la phrase et son sentimentalisme oratoire. Il ne s'agissait que de s'y prendre avec adresse, de ne point effaroucher l'indépendance dont il faisait parade, ni ses principes révolutionnaires. On a déjà vu avec quelle chaleur Guadet et Condorcet lui avaient adressé leurs félicitations. Si la mission des deux collaborateurs dans le département d'Eure-et-Loir, lors des troubles causés par la disette, n'eut rien d'officiel, on peut croire néanmoins qu'elle fut favorisée par Roland, alors ministre de l'intérieur. Et Fourcade n'écrivait-il pas dans le *Courrier* de Gorsas, comme Gonchon quelquefois aussi dans la *Sentinelle* de Louvet ?

V.

Nous avons d'ailleurs, à cet égard, un témoignage catégorique : celui d'un des agents les plus actifs du ministère de l'intérieur, Gadolle. Il est bien oublié aujourd'hui, ce Gadolle, dont la figure mériterait pourtant d'être esquissée en quelques coups de crayon. Né en 1744 ou 1745, établi à Clichy, aux portes de Paris, de 1775 à 1792, voué pendant vingt ans à l'instruction publique, il avait suivi avec enthousiasme le mouvement révolutionnaire et avait été nommé par acclamation officier criminel en 1789. En 1792, il était observateur de l'esprit public et agent de Roland. Nous avons vu de nombreux rapports de sa main qui indiquent un homme intelligent et offrent un véritable intérêt [1], malgré ses fautes d'orthographe et les impropriétés de son style. Dans une de ses brochures, il nous apprend, sans s'expliquer plus nettement à cet égard, qu'il savait les langues du Nord [2]. Envoyé comme agent secret en Belgique à la fin de 1792, il s'y conduisit avec habileté, et les commissaires de la Convention dans ce pays se louèrent de ses services, en le traitant, dans

[1] Archives des affair. étrang., fonds de France, 322. Il y a là une trentaine de lettres et rapports qui pourraient fournir les éléments d'une publication intéressante. Le *Rapport* de Brival publie neuf lettres de lui à Roland et à sa femme.

[2] *Tu en as menti, Billaud.* Dans ces quelques pages véhémentes, écrites vers la fin de 1794, il maltraite également Duquesnoy et Duhem, et prend la défense de Dillon et du général Chancel.

leur rapport, d'homme « précieux par son patriotisme et par l'étendue de ses connaissances ; » mais on l'accusa d'y avoir commis des concussions : dans une adresse à « ses concitoyens de Dunkerque, » Gadolle réfute cette calomnie, et sur l'exemplaire de sa protestation qui fait partie des archives nationales [1], il a ajouté une note manuscrite où il attribue l'hostilité des Jacobins à ce que, au lieu de propager le *Père Duchesne*, que lui envoyait le ministre de la guerre, il en distribuait les numéros dans les cabinets d'aisances.

Pour montrer combien il est au-dessus d'une accusation pareille, il rappelle que chargé, au mois d'avril 1793, d'aller prendre des nouvelles de l'armée de Dumouriez, dont on était inquiet, il ne voulut emporter que 600 livres, dont il restitua 117 à son retour. Ce fut Billaud-Varennes, raconte-t-il dans la pièce déjà citée, qui, passant par Dunkerque au mois d'août 1793, enjoignit à la municipalité de l'envoyer à Paris, « pieds et poings liés, » sans écouter les réclamations des vrais patriotes. Le témoignage général qui s'éleva en sa faveur ne put suspendre que pendant quelque temps, dit-il, l'exécution de l'ordre de Billaud. Cependant, s'il fut arrêté alors, il dut être relâché bientôt, car nous ne le voyons détenu qu'à partir du 3 brumaire (24 octobre 1793). Arrêté ce jour-là dans son logement de la rue de l'Arcade, il resta en prison dix grands mois, pendant lesquels sa femme et ses six enfants, dont un à la mamelle, furent plongés dans la plus profonde misère : « Fais le pèlerinage de chez toi chez moi, écrivait-il de Saint-Lazare à Amar, le 30 thermidor, et tu verras où une détention de dix mois jette un ménage comme le mien. Cette dévotion civique t'est prescrite

[1] Carton F4. 603.

par un *sentir intérieur.* » A un autre, il écrivait que « l'odeur sentimentale de ses bonnes actions a toujours été l'aliment le plus cher de son cœur. » Et pourtant, nous le répétons, Gadolle ne manquait ni d'intelligence ni d'instruction. Il fut mis en liberté le 3 fructidor, attendu que « ses motifs d'arrestation n'existent nulle part. » Il était un peu tard pour le reconnaître ; mais, heureusement pour lui, il n'était pas encore tout à fait trop tard [1].

C'était ce Gadolle qu'on avait chargé de circonvenir et de gagner Gonchon. On peut suivre pas à pas, dans ses lettres à la citoyenne Roland, les efforts laborieux du négociateur sur « l'homme à la pétition, » comme il l'appelle toujours, par allusion sans doute, non pas seulement d'une manière générale aux pétitions qu'il venait si souvent apporter à la barre, mais tout particulièrement à la première pétition qui fut lue devant la Convention, le 21 octobre [2], et où la question palpitante, la question vitale pour les Girondins, celle de la garde départementale, était abordée en des termes que ceux-ci avaient pu prendre pour une adhésion implicite. C'était là la pétition par excellence, la plus éloquente de toutes, celle qui avait fait le plus de bruit, celle qui, tout en réunissant les deux partis dans les mêmes applaudissements, avait inspiré une secrète confiance et un secret espoir à la Gironde. Gadolle, déjà lié sans doute avec Gonchon, s'efforça d'agir sur lui et même de l'acheter, mais en prenant les précautions les

[1] Gadolle est auteur de plusieurs brochures : *Avis sur l'éducation de la jeunesse*, 1793 ; *Tu en as menti, Billaud*, 1794, etc. Son nom est souvent écrit Gadol, et quelquefois Gadaul.

[2] Il l'appelle ainsi plusieurs jours avant le 21 octobre, lorsque la pétition n'était pas encore lue, mais lorsqu'il en était déjà question et qu'on la préparait.

plus grandes pour ne pas blesser son ombrageuse susceptibilité et pour dissimuler son action. Les lettres où il rend compte de ses tentatives et de leurs résultats nous font pénétrer dans les coulisses du drame qui se poursuivait alors à la Convention, et nous montrent quelle importance on attachait à la conquête définitive de l'orateur du faubourg. Nous saisissons sur le vif l'action occulte dont Gonchon était l'objet plusieurs semaines avant le 21 octobre. La fameuse pétition devait être présentée plus tôt et fut reculée par suite de diverses circonstances. Dès le 10, Gadolle écrit à Mme Roland :

« La pétition en question ne put avoir lieu hier, par un contretemps incalculable. J'en vis l'auteur, qui m'en parut affligé, mais qui espère sur dimanche prochain; et dans ce cas, il faudra que cette pétition prenne le langage du jour : j'y ferai attention. »

A la même date il écrit encore :

« Je vis hier l'homme à la pétition. Il tient à quelques tournures oratoires dont l'idée principale n'exprime rien. Nous devons nous rendre à dîner chez moi aujourd'hui. Mon motif tend à obtenir de lui la suppression de mots, pour y substituer des choses analogues à la circonstance. »

Le 15, il semble avoir perdu un peu de confiance et s'exprime sur Gonchon en termes dédaigneux, sans perdre de vue, néanmoins, l'intérêt qu'il y a à le gagner :

« Ce bonhomme, auteur de la pétition, se trouve, sans s'en douter, environné des agents du trouble, et notamment lié avec celui qui devait s'emparer de Roland. Le pauvre diable n'a pas cette souplesse et ce tact moral qui conviennent à un pareil rôle : je suis fort embarrassé pour lui dessiller les yeux. »

« Je me garde de l'homme à la pétition, écrit-il trois jours après : en public il n'est pas de ma nature pour agir. Je le verrai demain chez lui afin d'en tirer un parti de circonstance. Un peu de patience, loyale citoyenne : ça ira [1]. »

Nous arrivons enfin à la journée décisive : Gadolle a fini par gagner toute la confiance de Gonchon, sans parvenir encore à s'emparer entièrement de son esprit et de sa volonté. Il s'attache à lui, il le flatte, il l'endoctrine, il le circonvient, mais en dissimulant son but avec soin. Gonchon résiste à demi : il est jaloux de son indépendance, il ne veut pas avoir l'air de subir l'impulsion d'autrui; il faut prendre des ménagements infinis. Gadolle rend d'autant plus volontiers témoignage à sa sincérité et à sa générosité naturelles, qu'il le sent gagné peu à peu et qu'une part de ces éloges retombe sur lui-même :

« L'homme à la pétition, écrit-il le 21 octobre, n'est pas encore assez convaincu de la vérité qui sollicite cette garde; je dispose son imagination à la sentir, et si j'y réussis, il s'environnera de tous les influents de son faubourg; j'y ajouterai les miens.

» J'ai cru entrevoir un pressant à-propos pour faire accepter 50 francs à cet homme : son besoin a prévalu sur une délicatesse qui m'a fait plaisir. Je crois qu'il serait sage de lui donner plus souvent et moins à la fois : il vit dans un généreux abandon de ses affaires domestiques, afin de n'obéir qu'à son penchant oratoire.

» La raison pour laquelle je lui ai fait accepter les 50 livres était fondée sur ce qu'il aurait besoin d'offrir

[1] Ces lettres font partie du *Rapport* de Brival sur les papiers trouvés chez Roland.

quelques verres de vin à ses acolytes du faubourg.... Cet homme est, dans tous les cas, d'une grande utilité par son influence, et il est respectable par la pureté de ses intentions. Ne hasardez jamais de lui proposer l'entreprise d'une démarche qu'il n'aurait pas sentie, en lui laissant entrevoir un sort à la suite de son succès. M...., lui ayant fait sentir le besoin de cette garde, lui avait, je crois, présagé qu'il y aurait du commandement; eh bien, il a mal vu cet allèchement. Il s'ouvre entièrement à moi. »

Ainsi, jusqu'au dernier moment, Gonchon, bien qu'ébranlé, n'est pas entièrement convaincu : il reste quelques efforts à faire pour emporter son assentiment sans réserve. On s'explique mieux maintenant le caractère vague et ambigu d'une pétition qui put être applaudie par la gauche comme par la droite.

Gadolle faillit même perdre d'un coup le bénéfice de tant d'efforts, par suite d'un incident qu'il raconte dans la lettre suivante. Il paraît que, en se présentant à la barre, Gonchon ne fut pas d'abord admis, et qu'il attribua « au parti Brissot » cet affront auquel il n'était pas accoutumé. Il sort, raconte Gadolle [1], « plein d'une fureur écumante. Il me trouve heureusement le premier; il me saisit, il s'exclame d'une manière effrayante.... Il voit sa patrie perdue, et moi je vois un fou difficile à calmer. Enfin, après quelques verres d'eau, il reprend ses sens. » Gadolle le détermine alors à retourner à l'Assemblée, où il est admis cette fois, et sa colère se change en satisfaction.

On a pu remarquer qu'il n'est point question de

[1] La lettre n'est pas datée, mais il n'est pas douteux qu'elle se rapporte à ce jour-là, car elle vient immédiatement après celle du dimanche 21 octobre, et Gadolle y rend compte de « la journée d'hier, » qui a été très orageuse.

Fourcade dans ses rapports, qui ne permettent pas de voir en Gonchon un instrument purement passif et dépourvu de toute initiative personnelle. L'ivresse du triomphe ne pouvait que développer en lui le désir de se mettre en avant. Dans une lettre postérieure, nous le trouvons occupé d'une harangue qu'il semble bien avoir composée et que, en tout cas, il corrige lui-même d'après l'effet produit par les lectures préparatoires et en pesant les conseils qu'on lui donne :

« Il se tait presque partout; il écoute et médite un discours répressif des troubles et calmant pour le peuple. Il lit ce discours dans ses sections, après m'en avoir fait part, et peu à peu il le perfectionne pour être débité à la barre selon l'utilité du temps. » Lui fut-il donné de réaliser ce dernier projet? Gonchon, nous l'avons vu, ne reparut à la barre que le 10 décembre, au retour de sa mission dans le département d'Eure-et-Loir, puis le 17, où il prononça un discours auquel ne semble pas s'appliquer ce passage, qui pourrait se rapporter à une harangue postérieure, par exemple à celle du 13 janvier.

Gadolle n'ose le charger de suivre « l'homme à la tribune, » de crainte qu'il ne prenne de l'humeur en l'entendant et qu'il ne le jette avec sa chaire à dix toises. Il s'agit sans doute ici de Varlet, qui se faisait suivre partout, dans les rues, sur les places publiques, particulièrement sur la terrasse du jardin des Tuileries, par cinq Savoyards portant une tribune, avec un marchepied et une tenture rouge, et qui s'installait en plein air pour haranguer le peuple. Ce Varlet était un pur Jacobin, et l'on avait conçu un moment l'idée, qui ne se réalisa pas, d'utiliser l'éloquence et la popularité de Gonchon à combattre son action dans la rue.

Nous apprenons encore par la même lettre que Gonchon était demandé par les commissaires que venait de nommer la Convention pour aller faire une enquête sur les plaintes des Niçois relatives aux excès commis par nos soldats : les talents pacificateurs dont il avait fait preuve à Chartres et dans Eure-et-Loir le désignaient à leur choix. Mais il n'était point parti avec eux, parce qu'il aurait fallu faire une espèce de cour à Collot d'Herbois et se *dérolandiser* auprès de lui. Il a, dit-il, dîné chez Santerre avec Kellermann, qui doit l'emmener et l'avancer. Panis et autres ont peur de lui et de ses sorties. Gadolle s'applaudit, d'ailleurs, de ce que Gonchon n'a jamais cru le seconder dans son objet particulier; mais, grâce à cette adroite et incessante direction, il ne l'en secondait pas moins, et ses services en étaient d'autant plus précieux.

Grâce à ces lettres, on peut fixer aux derniers jours de novembre 1792 le moment où Gonchon est conquis par les Girondins, auxquels, malgré des intempérances de paroles et un grand étalage de principes révolutionnaires qui semblent parfois le ramener aux Jacobins, il restera désormais fidèle [1]. Il n'était pas encore suspect au parti avancé : Audoin et Maribon-Moutaut signaient, avec Rovère et Tallien (19 décembre), la demande d'une place d'huissier pour lui à la Convention en reconnaissance de sa probité, de son activité, de son intelligence et des services importants qu'il avait rendus. Cette demande n'eut d'ailleurs aucune suite : Gonchon méritait mieux. On peut même s'étonner

[1] Cette dernière lettre n'est pas datée non plus, mais il est facile d'en déterminer la date approximative d'après son contenu. Kellermann avait annoncé à la barre, dans la séance du 14 novembre, sa nomination au commandement en chef de l'armée des Alpes, à la suite de ses dissentiments avec Custine, et la Convention avait nommé Collot d'Herbois, Goupilleau et Lasource commissaires pour Nice, le 18 novembre.

ner d'une ambition si modeste chez un personnage en somme si important; mais il avait besoin de gagner sa vie, et il se serait trouvé dans son élément au milieu de l'Assemblée, dont il connaissait tous les membres et qui l'avait si souvent entendu.

Les lettres de Gadolle nous montrent au naturel le brave Gonchon comme une sorte de grand enfant exalté, sincère et naïf, vaniteux, emporté, amoureux de la gloire et de la Révolution, pénétré de lui-même, relativement honnête et désintéressé, facile enfin, malgré son orgueil et ses coups de boutoir, à transformer en instrument par un homme assez habile pour le flatter aux endroits sensibles et pour dissimuler son action, en mettant toujours l'intérêt de la république en avant.

VI.

Le 13 janvier 1793, Gonchon reparaît à la barre, pour demander, au nom des deux grands faubourgs révolutionnaires, Saint-Marceau et Saint-Antoine, que les vainqueurs des Tuileries soient incorporés dans la gendarmerie nationale, comme les vainqueurs de la Bastille. Revenant ensuite à son thème favori, il reproche avec force à la Convention ses discordes intestines, après avoir placé sa mercuriale sous la protection d'un exorde à la fois rude et insinuant : « Nous ne savons pas outrager nos représentants, et leur cacher la vérité, ce serait les traiter en rois, ce serait leur faire injure. » Les dénonciations abondent de toutes parts; le peuple les écoute avidement, il s'inquiète et s'agite, et les deux partis s'attribuent l'un à l'autre la faute de ces mouvements dont ils sont également responsables.

« Pour nous, qui avons déjà vu les monarchistes, les impartiaux, les modérés, les 89, les feuillants, les capucins, tour à tour sur le théâtre et dans la boue ; pour nous, qui avons calculé paisiblement les phases de la Révolution, qui avons vu les montagnes s'aplanir, les plaines s'exhausser, qui avons suivi la marche des choses et cherché la source de tant de factions, nous nous sommes également convaincus que l'amour-propre était la cause de toutes les divisions.

» Croyez-nous, législateurs, vous n'êtes pas aussi

méchants que vos journalistes communs le disent à leurs crédules abonnés : vous n'avez que des préventions ; elles augmentent à chaque instant par les reproches que vous vous adressez mutuellement, par les craintes vagues, par les soupçons injustes. Vous en êtes venus au point d'oublier que les mangeurs d'hommes ne pardonnent jamais ; qu'ils aiguisent leurs armes et que, au moment où leurs valets auront bien nourri vos haines, ils vous égorgeront tous au pied de leurs trônes relevés.... Est-il donc si difficile de vouloir le bien du peuple et d'étouffer le cri de l'égoïsme ? Est-il si difficile de préférer les éloges de la postérité aux louanges hypocrites et mercenaires que dicte l'esprit de parti ? »

Gonchon trace ensuite un tableau rapide des malheurs et des dangers publics. Il reproche à la Convention d'ajouter à ces maux, au lieu de les conjurer, de provoquer le péril dont le despotisme menace la France, d'être sourde à la voix de ses commettants, de l'univers et de la postérité. Que dira l'histoire? « La Convention nationale, égarée par des préventions injustes et des soupçons illégitimes, se divisa en deux partis qui paraissoient plus occupés de leur destruction que de celle d'un tyran et des ennemis de la république. » Mais elle pourra dire aussi que l'Assemblée s'aperçut bientôt de sa dangereuse erreur, et qu'on la vit alors, « pour se juger digne du peuple généreux qu'elle représentoit, éteindre les torches de la discorde intestine, et, par une réconciliation fraternelle, écraser la dernière tête du royalisme, raviver les sources de l'esprit public, réunir tous les citoyens et préparer de nouveaux triomphes à nos armées. » C'est à elle de choisir entre ces deux jugements de la postérité.

Ce nouvel et énergique appel à la concorde était toujours au profit des Girondins, les plus menacés dans la lutte, et l'invitation à se réconcilier dans le régicide n'était pas pour les effrayer. On a dû remarquer, et on l'aurait mieux fait encore en lisant le discours entier, un changement de ton assez sensible dans cette pétition quand on la compare aux précédentes. Elle a toujours sans doute la phraséologie révolutionnaire, mais elle n'a plus l'allure solennelle et grandiloquente, la pompe et l'arrangement oratoires des autres. On y peut noter, au milieu des efforts pour se hausser à l'ancien niveau, des familiarités, des incorrections, des obscurités de style. Il est donc probable que Gonchon ne fut pas seulement le lecteur, mais l'auteur de cette harangue.

Quoi qu'il en soit, la vigueur avec laquelle il tance l'Assemblée et la rappelle à l'ordre mérite d'être notée : il lui parle véritablement en maître ; il la morigène avec une dureté à peine tempérée par quelques formules oratoires. L'Assemblée ne broncha pas sous ce langage impérieux ; elle demeura muette, sans applaudir, mais sans protester : le discours n'obtint pas les honneurs de l'impression, ni la personne de Gonchon les honneurs de la séance.

Peu de jours après, il était envoyé en Belgique, où opérait l'armée de Dumouriez, comme Apôtre de la liberté, — un titre déjà employé par Palloy pour ses commissionnaires en bastilles. Le rôle des Apôtres de la liberté auprès des armées de la république consistait à seconder, à achever l'œuvre des vainqueurs, en convertissant les populations à l'évangile révolutionnaire par l'établissement de clubs, par des affiches, des proclamations, des brochures, des discours et tous les moyens de propagande possibles. Par son zèle, par sa parole enflammée et son ardeur communicative, Gonchon était essentiellement propre à ce genre de mission, et celle-ci ne fut pas encore la dernière qu'on lui confia. Avant de partir, il engagea les citoyens du faubourg Saint-Antoine à envoyer un témoignage de leur admiration aux habitants de Lille, dont la vaillante conduite pendant le siège des Autrichiens était célébrée dans toute la France et sur la plupart des théâtres. Il s'agissait d'un laurier en pied et d'une couronne, que Gonchon se proposait sans doute de leur remettre lui-même au cours de sa mission.

Vers la fin de février ou les premiers jours de mars, il était à Tournai, où, s'il faut l'en croire, il courut des risques sérieux au milieu d'une émeute populaire. Dans la séance du 12 mars, il fut donné lecture à la Convention d'une lettre écrite à ce sujet par les commissaires qu'elle avait nommés :

« Citoyens nos collègues...., nous avons été avertis par le brave patriote Gonchon, arrivant de Tournai, qu'il y avoit eu avant-hier [1] dans cette dernière ville des mouvements contre-révolutionnaires, excités par les prêtres et les moines; que le tocsin y avoit été sonné dans trois églises; que Gonchon lui-même, pris par les séditieux pour un commissaire de la Convention nationale, avoit été entouré et assailli; qu'on lui avoit arraché sa cocarde; que sa vie avoit été, à plusieurs reprises, dans le danger le plus imminent; qu'il n'avoit dû son salut qu'à son grand courage (Gonchon savait s'apprécier à sa valeur) et aux pistolets avec lesquels il s'étoit fait jour à travers une multitude armée de sabres, de fourches et de pierres. »

A défaut de renseignements directs sur cette mission

[1] Cette lettre ne porte pas de date dans le numéro du *Moniteur* qui la rapporte et qui est du 15 mars 1793.

de Gonchon, nous avons retrouvé quelques pièces de Gadolle, qui l'avait accompagné en Belgique, et elles jettent par contre-coup une certaine lumière sur la conduite de Gonchon lui-même. Il en semble résulter que la mission de ces agents fut remplie avec une modération relative, par ménagement pour le fanatisme des indigènes. Dans une adresse au peuple de la Flandre littorale, Gadolle donne aux *bons Belges* le baiser fraternel au nom de la République; il s'attache à les rassurer, y compris leurs « estimables pasteurs, » et pour y arriver, il va jusqu'à un désaveu du serment demandé aux prêtres français : « Tel devoit être mon langage d'alors devant les préjugés, qui deviennent un roc devant les persécutions, et de la neige devant les rayons de la philosophie, » a-t-il expliqué lui-même dans une note écrite de sa main en marge de cette adresse [1]. Les sentiments religieux du pays avaient besoin d'être ménagés, en effet, et peut-être était-ce pour n'en avoir pas tenu suffisamment compte, comme le dit la *Biographie moderne* [2], que son compagnon d'apostolat républicain avait failli être pendu à Tournai.

S'il faut en croire Gonchon, les manèges équivoques de Dumouriez ne lui avaient pas échappé : « il le dénonça à sa section dans le moment où l'opinion le soutenoit encore et où les ministres, surtout Lebrun, s'offensoient de cette dénonciation. » Le général, comme on sait, n'allait pas tarder à justifier amplement la clairvoyance du patriote. Lorsque sa trahison eut éclaté, Gonchon « sollicita vivement auprès du conseil exécutif de l'argent et un ordre pour l'arrêter ou le

[1] Archives, f° 4603.
[2] Leipsick, 1802, et Breslau, 1806.

mettre à mort : il partit et employa tous les moyens pour arriver à son but ; une partie de l'argent qu'il employa dans ce voyage ne lui a point été remboursée [1]. » Nous n'avons d'autres détails sur cette dernière mission que les renseignements sommaires fournis par lui à deux ou trois reprises ; ils sont vagues. Ses amis du faubourg, à qui il fit part de ce grand projet, exigèrent de lui qu'il les accompagnât à la barre de l'Assemblée pour solliciter l'autorisation de lever un corps de Scévolas ; cela rentrait mieux dans la spécialité de Gonchon que de poursuivre Dumouriez. Lacroix lui donna deux louis pour premiers frais, mais il ne put joindre Danton, et arrêté en route à diverses reprises par les municipalités, il arriva trop tard, heureusement pour Dumouriez. A Lille, le général Lavalette l'engagea à rester pour agir sur les soldats qui penchaient du côté de Dumouriez, et il saisit ce moyen d'utiliser sa mission manquée [2]. Si remuant qu'il fût, le brave Gonchon était décidément un homme de parole plus que d'action, et il se trouvait toujours ramené à son vrai domaine.

Il était revenu à Paris vers le milieu d'avril au plus tard, car dès le 22 nous le voyons reprendre ses discours à la barre, par une adresse longue, confuse, entortillée, qui paraît d'abord conçue dans un sens tout à fait jacobin et qui, en justifiant la Montagne de toutes les accusations dirigées contre elle, ne recule

[1] *Lettre écrite de la maison d'arrêt de Lazare à la commission populaire séante au Louvre*, s. d. (inédite). Archives, f° 4606.

[2] Outre la brochure déjà citée, v. *Gonchon aux citoyens de la section Bonne-Nouvelle*. Le dimanche 31 mars, des citoyens de la section des Quinze-Vingts s'étaient présentés à la barre, et leur orateur avait demandé qu'on entendît le lendemain Gonchon, commissaire du pouvoir exécutif dans la Belgique, pour tous renseignements sur Dumouriez. La proposition n'eut pas de suite.

même pas devant un mot aimable pour Marat, mais qui, sous ce couvert, procède ensuite à son œuvre habituelle en prêchant la conciliation des deux partis, et, après de laborieuses précautions oratoires déguisées sous l'apparente franchise de l'allure, arrive, par de savants circuits, à l'identification des Girondins avec les Jacobins, en les montrant en butte aux mêmes attaques, confondus dans les mêmes outrages et les mêmes calomnies par le *Journal des Feuillants*, le *Postillon de la guerre*, la *Gazette universelle;* poursuivis par les mêmes hommes ; ayant les mêmes intérêts et le même but, comme les mêmes ennemis. S'il leur adresse un reproche en passant, c'est pour mieux montrer son impartialité et enlever à ses conclusions tout soupçon de parti pris. S'il semble avoir pour but exclusif de louer les Jacobins, c'est pour mieux cacher son jeu, montrer que leurs adversaires ne sont pas les seuls incriminés, les seuls qui aient besoin de justification, leur prouver le néant des accusations contre ceux-ci par la vanité de celles qu'on dirige contre eux-mêmes, et enfin leur enlever tout prétexte de repousser comme suspects des conseils inspirés des vrais principes révolutionnaires et empreints du plus pur *sans-culottisme*.

« Pour nous, concluait cette longue harangue, qu'une heureuse ignorance condamne à l'oubli des vices et de l'intrigue, nous qui sommes couverts, non pas de la boue des factions, mais de haillons ou de blouses, nous qui respectons les riches, lorsque les riches nous méprisent ; nous, hommes du 14 juillet et du 10 août, nous qui ne sommes pas façonnés à l'art de justifier le crime et de flétrir la vertu, nous voyons clairement aujourd'hui que le besoin de cacher des fautes dirige seul les dénonciateurs des Jacobins. Nous vous disons que la cause de l'anarchie n'est pas aux Jacobins, mais dans l'esprit de défiance qui dévore tous les cœurs. Une Convention nationale livrée aux oscillations des partis, un conseil exécutif provisoire sans force, sans moyens, sans activité, un comité de salut public qui rivalise avec les ministres, l'opinion publique égarée par des hommes de différents partis, voilà, citoyens, la véritable cause des troubles qui nous dévorent.

» Imposer silence à toutes les passions, manifester la ferme résolution de punir tous les conspirateurs, s'occuper sans relâche du bonheur du peuple, ne pas déclamer contre les factions, mais en éteindre la torche, condamner au silence tous les clabaudeurs et les énergumènes modérés et incendiaires, mettre plus de justice et moins de précipitation dans l'accusation de vos collègues, citoyens, voilà ce que vous devez faire : alors les Jacobins aimeront également tous les mandataires du peuple ; alors les tribunes les respecteront tous ; alors le conseil exécutif et les généraux feront leur devoir sans oser censurer vos décrets ; alors les ennemis de la République cesseront de conspirer, et bientôt nous jouirons de la paix qui nous est si nécessaire....

» Citoyens législateurs, en proférant de telles vérités, nous ne cherchons pas à dissoudre le corps social, nous indiquons plutôt les moyens de le conserver. Nous ne sommes pas incendiaires ; jamais nous n'avons prêché la haine des lois, nos preuves sont faites à cet égard. Le 2 septembre n'a point trouvé de complices chez nous ; mais nous méprisons ceux qui rappellent ce malheureux événement pour exciter la guerre civile ; mais nous ne pouvons pas croire à l'humanité de ces apitoyeurs, dont la plupart ont ou trempé leurs mains dans la glacière d'Avignon, ou justifié les auteurs de cette horrible boucherie ; mais nous demandons, au nom de la patrie et de votre conservation, que vous répondiez à vos ennemis en travaillant au bonheur du peuple, et non pas en le traitant de factieux et d'agitateur. »

Le journal de Prudhomme ne s'y trompa point : après avoir reproduit la harangue, et y avoir salué cette pureté de principes dont ne s'était jamais départi, depuis le commencement de la Révolution, le patriotique faubourg, il ajoute : « On dirait que les habitants de la section des Quinze-Vingts veulent revenir sur leur adhésion à la trop fameuse adresse provoquée par la section de la Halle aux blés [1], » — adresse lue à la barre quelques jours auparavant, dans la séance du 15 avril, par Rousselin de Saint-Albin, au nom de trente-trois sections de Paris, dont les députations avaient le maire Pache à leur tête, et qui réclamait en termes violents la proscription de vingt-deux députés de la Gironde.

[1] *Révolutions de Paris*, n° 198. Il donne à la suite le texte de l'adresse des 33 sections. Gonchon n'est pas désigné dans le journal de Prudhomme comme l'orateur du faubourg Saint-Antoine en cette circonstance, mais le *Moniteur* le nomme (n° du 24 avril).

VII.

Ce fut son dernier triomphe oratoire à la barre de la Convention. Le surlendemain, 24 avril, il était mandé au comité de sûreté générale pour y subir un interrogatoire. Roland avait donné sa démission le 23 janvier 1793. L'examen de ses papiers, mis sous scellés le 1er avril, fit découvrir les lettres de l'agent Gadolle et ses rapports avec Gonchon. L'orateur des hommes du 14 juillet et du 10 août eut à s'expliquer sur ce chapitre délicat. Il confessa avoir reçu de Gadolle un billet de 50 livres le jour d'une pétition, et plusieurs autres petites sommes lorsqu'il se dérangeait pour faire des démarches. Il ajouta que le même agent cherchait à le voir et à lui suggérer des discours, mais qu'il ne se serait jamais prêté à rien qu'il ne crût « salutaire au bien public [1]. » Pour le moment, l'affaire n'eut pas de suite et ne pouvait en avoir, mais c'était un premier germe qui devait porter ses fruits.

Cependant les sans-culottes de Lille avaient reçu en pleurant de joie le laurier et la couronne du faubourg de gloire. Ils y avaient répondu par l'envoi d'une bombe et d'une cloche fondue, « témoignages éclatants de la férocité des tyrans autrichiens et du courage des valeureux Lillois. » Le dimanche 28 avril, à la suite des funérailles solennelles de Lazowski, les sans-culottes

[1] *Rapport* de Brival sur les papiers trouvés chez Roland.

du faubourg se rendirent dans la salle des séances de la section des Quinze-Vingts, où ils avaient convoqué les grenadiers-gendarmes de la Convention et les anciens gardes de la prévôté, hommes du 20 juin 1789, compagnons fidèles des hommes du 14 juillet, avec leur drapeau. L'offrande des Lillois fut déposée dans la salle et on se livra aux douceurs d'un repas civique, émaillé de toasts aux habitants de Lille, à l'armée, à la mémoire de Lazowski, à l'union de tous les sans-culottes, à la République une et indivisible, puis on reconduisit fraternellement les braves gendarmes à leur caserne, et Gonchon adressa au *Moniteur* le compte rendu de cette cérémonie imposante par sa simplicité toute républicaine.

Trois jours après (1er mai), une députation se présentait à la barre au nom du faubourg. Tous les yeux cherchaient Gonchon à sa tête, comme toutes les oreilles s'attendaient à entendre cette voix familière, qui semblait l'inévitable organe des hommes du 14 juillet. Malgré la déception générale, on applaudit d'abord de confiance. Mais bientôt la Convention se sentit froissée, puis irritée du ton de l'orateur. Après lui avoir fait entendre de durs reproches, il lui proposait d'un ton impérieux les mesures les plus radicalement révolutionnaires : le départ immédiat pour l'armée de tous les soldats qui étaient à Paris, sous quelque dénomination que ce fût, y compris les gendarmes des tribunaux et les grenadiers de la Convention ; de tous les signataires de pétitions antirévolutionnaires et gens suspects d'incivisme; de tous les garçons, hommes veufs et sans enfants de 18 à 50 ans, y compris les ministres du culte catholique, avec le droit pour les soldats de nommer leurs généraux, et en complétant au besoin cette levée en masse par un tirage au sort parmi tous les citoyens mariés. Il réclamait l'établissement du maximum, la résiliation des baux, une contribution forcée sur les riches « et leur départ ensuite, et pas avant. » Il finissait par une menace insolente, déclarant que si l'Assemblée n'adoptait pas ces mesures, le faubourg se déclarait en état d'insurrection et que 10,000 hommes attendaient à la porte de la salle. Les murmures jusque-là comprimés éclatèrent alors : si abaissée qu'elle fût sous le joug de la populace, la Convention ne put supporter un pareil langage; le président répondit par une protestation d'une dignité vague, et les motions les plus vives se succédèrent à la tribune contre les pétitionnaires et leur orateur, qui, interrogé, déclara se nommer Muzine, commissaire de police. Mais finalement, sur la proposition de Danton, l'Assemblée fit preuve d'une magnanime faiblesse en passant à l'ordre du jour.

Faut-il croire, comme le déclara Buzot avec un accent indigné, que « sans doute l'énergique Gonchon s'étoit refusé à porter dans le sein de la Convention le cri de la révolte, » ou qu'on ne s'était pas adressé à lui dans la circonstance, comme suspect de n'être point à la hauteur? Y avait-il un commencement de défiance, un refroidissement à son égard? Ou bien ce Muzine était-il simplement un intrigant, un rival jaloux de son influence, un ambitieux voulant jouer un rôle à son tour et se mettre en avant pour partager, sinon pour lui enlever ses lauriers? C'était là du moins un symptôme de la situation, et le point de départ d'un dissentiment qui allait s'élargir entre la partie la plus avancée du faubourg et son orateur ordinaire. Celui-ci était de ces hommes du 10 août que les massacres de septembre avaient effrayés, sans qu'il osât s'en exprimer nettement. Dans son emphase et son exaltation révolutionnaires, il gardait un reste de bon sens et une modération relative, comme un goût de la belle rhétorique, de l'utopie, des grands lieux communs sur lesquels il avait si longtemps vécu.

Garat avait remplacé Roland au ministère de l'intérieur. Or, Garat, optimiste, conciliant, capable de faire beaucoup de mal sans méchanceté, en cédant toujours aux énergumènes pour ne point les irriter par une résistance inopportune ; enguirlandant le crime de fleurs pour rassurer les inquiétudes, et croyant supprimer le danger parce qu'il l'atténuait dans ses phrases décevantes, c'était presque la Gironde encore, seulement la Gironde fusionnant avec la Montagne, suivant le programme de Gonchon, et consentant à se laisser mener et duper par les Jacobins. Garat était l'homme que Danton désignait, au lendemain du massacre des prisons, comme son successeur au ministère de la justice, mais il se plaint dans ses *Mémoires* que ce fût là un piège tendu à son inexpérience. Atroce par mollesse et par lâcheté, il s'efforçait de cacher le sang de tant de victimes innocentes sous l'horrible élégance de ses métaphores. Après avoir signifié au roi son jugement et sa condamnation en se dispensant des égards les plus élémentaires, quoiqu'il fût *profondément affligé*, il se figurait décharger sa conscience en parlant *avec sensibilité* à l'abbé Edgeworth, dans la voiture qui les conduisait des Tuileries au Temple, du courage et de la résignation de Louis XVI, et en gémissant sur l'affreuse commission dont il était chargé [1]. Il admirait à la fois le vertueux monarque dont la tête était tombée

[1] Voir les *Mémoires* de l'abbé Edgeworth de Firmont et ceux de Garat lui-même.

« sous le glaive égaré de la justice » et le sensible Robespierre, « qui, en écrivant, avait toujours près de lui le roman où respirent les passions les plus tendres et les tableaux les plus doux de la nature : *la Nouvelle Héloïse.* » C'était l'homme qui, après avoir désarmé la résistance au 31 mai, en affirmant que tout était tranquille, comme s'il eût été le complice des proscripteurs, essayait timidement de sauver quelques-unes des victimes qu'il venait de livrer au bourreau; puis, toujours en gémissant, restait à son poste après l'immolation de ceux qu'il se glorifiait de compter parmi ses amis. Si Garat avait été aveugle, c'est qu'il le voulait bien, car on ne s'était pas fait faute de lui ouvrir les yeux. Plusieurs mêmes de ses *observateurs* le tenaient journellement au courant, non sans perspicacité et sans courage, de l'opinion publique, de toutes les fluctuations, de tous les mouvements populaires, des périls menaçants et des mesures à prendre pour les conjurer; mais il ne voulait rien voir, et il était moins aveugle que lâche.

A côté des agents en titre dont on a publié les rapports et qui ne cessaient de l'avertir, Gonchon s'était fait en quelque sorte observateur officieux. Dans le courant du mois de mai 1793, il fut envoyé à Lyon, sa ville natale, agitée par les symptômes précurseurs de l'insurrection, sous prétexte de prendre des renseignements sur l'agriculture, les arts, l'instruction publique et les moyens de les faire fleurir. Il y était arrivé dès avant le dimanche 26. Nous avons une lettre de lui à Garat, datée du 31, et qui n'est pas la première, car elle débute en exprimant la crainte que le ministre n'ait pas reçu la précédente. Il y rend compte des événements, et nous allons la citer dans sa plus grande partie, à cause des détails intéressants et précis qu'elle donne, principalement sur la journée du 29 mai [1].

« La journée du lundy (27 mai) a été très agitée; je me suis porté partout pour réconcilier les esprits. Le mardi, ayant appris que les citoyens Gautier et Nioche, députés de la Convention et commissaires à l'armée des Alpes, étoient arrivés, tout de suite je suis allé les voir; j'ai eu avec eux un entretien dans lequel je les ai informé de l'esprit public et de l'agitation des esprits. Etant persuadé que leur présence seroit d'une grande utilité pour ramener le calme, je leur ai témoigné ma joie; ils m'ont dit qu'ils faisoient venir une force armée; je leur ai marqué mes craintes sur cette mesure. Dans la nuit du mardy au mecredy, les sections ont été assemblées; j'ai parcouru pendant une partie de la nuit la ville, pour chercher à calmer les esprits et les engager à avoir confiance aux députés commissaires; presque tous me répondoient qu'ils étoient surpris de les voir dans cette ville, qu'ils devroient être à l'armée des Alpes, qu'ils sçavoient que la municipalité avoit le dessein de les désarmer pour armer les pauvres et les exiter au masacre et au pilliage, et que l'arrivée des troupes leur faisoit craindre que ce ne fut dans cette intention. Les citoyens pauvres me disoient qu'ils voyoient bien que les sections s'assembloient pour casser la municipalité et la remplacer par des aristocrates, parce qu'elle étoit composé de sans-culottes qui étoient leur père, et que cela ne pouvoit pas se passer sans coup de fusil.

» Mecredy matin (29 mai), apprenant que 27 sections étoient allés en arme s'emparer de l'arsenal, j'y fus sur le champ. Je trouvai à la place de Bellecour en-

[1] Cette lettre et les suivantes, inédites, font partie du carton A. F. II, 43, aux Archives. Je me borne à en redresser la ponctuation et à y établir quelques alinéas.

viron six mille hommes en bataille; je leur demandai pourquoi ils s'étoient armés; je leur représentai qu'un coup de fusil tiré par un imprudent d'un des partis pouvoit faire couller des ruisseaux de sang; ils me répondirent que leur devise étoit *Liberté, égalité, république une et indivisible, résistance à l'oppression*, qu'ainsi ils demandoient que la municipalité fut cassé et que provisoirement elle fut composé des présidents de section; que Julliard, commandant de la garde nationale, arretté dans la nuit par ordre de la municipalité, fut relaché, ainsi que toutes les personnes qui l'avoient été par ordre arbitraire, et que Challier, président du tribunal du district, qui avoit fait à la société la motion d'égorger tous les présidents, secrétaires de sections et tous les membres du département, fut envoyé à Paris au tribunal révolutionnaire.

» A midy, je vis arriver avec plaisir le citoyen Nioche, accompagné d'un officier général et de plusieurs officiers d'hussarts. Lorsqu'il fut dans le milieu des bataillons, il voullut parler, mais il lui fut impossible; alors, pour engager les citoyens à l'écouter favorablement, je levai mon chapeau en l'air et criai : *Vive la Convention nationale! Vive les commissaires!* ce qui fut imité par tous les citoyens. Il voulut encore se faire entendre, mais il ne put y réussir. Quelques personnes saisirent son cheval par la bride pour le conduire à l'Arsenal; je m'y opposai vivement, en leur rappelant le respect qu'ils devoient avoir pour un représentant, que, s'il lui arrivoit la moindre insulte, le moindre mal, ils s'attireroient tous les départements contre eux. Il se rendit donc à l'Arsenal, dans une assemblée composée des commissaires envoyés par les 27 sections qui s'étoient armés; il leur représenta la faute qu'ils avoient fait de s'armer....; que, pour le moment, n'étant point avec son collègue, il ne pouvoit rien faire sans lui, mais que réunis ils rendroient justice.

» Dans le moment.... on entendit deux coup de canon; quelques minutes après, on vint dire que le bataillon de la pêcherie s'étoit présenté devant la maison commune, que deux municipaux leur étant venus au devant, avoient conduit leur commandant sur les marches de la maison commune, et que, le voyant au milieu des municipaux, ils ne s'étoient point mis en état de défense; qu'alors la municipalité ayant ordonné de faire feu, une décharge de deux coups de canon avoit tué trente ou quarante personnes [1]. Alors l'indignation fut à son comble : plusieurs citoyens voulloient se porter à des excès viollents; je me jettai au milieu d'eux en les priant de ne pas trop ajouter foi à une pareille nouvelle...., que j'allois moi-même m'informer. Mais, hélas! j'appris bientôt que ce n'étoit que trop vrai. Je fis tous mes efforts pour parvenir jusqu'à la maison commune, qui dans ce moment se trouvoit environnée des partisants de la municipalité; il me fut impossible de pouvoir approcher. Je présentai plusieurs fois ma commission, et l'on me répondit toujours que l'on ne connoissoit dans ce moment que la municipalité; enfin, malgré mon zèle, n'étant revêtu d'aucune décoration constitutionnelle, je n'ai pu être écouté. Les personnes trompés ou vendus à la municipalité me disoient : Prenez un fusil, et mettez vous du côté des muscadins ou des sans-culottes; alors je n'ai pu qu'être le témoin de leur combat.

» A 3 heures de l'après-midi, l'armée des sections se mit en mouvement sur deux colonnes, l'une par le quai

[1] Le *Précis* des représentants Nioche et Gauthier, daté de Grenoble, 9 juin (in-4°), attribue la trahison au bataillon de la Pêcherie ou de Brutus.

de Saône et l'autre sur le quai du Rhône; plusieurs combats des plus sanglants ont eu lieu dans différents quartiers; celui sur le quai du Rhône a duré 2 heures un quart. J'ai été témoin d'une trahison des plus affreuses qui a eu lieu dans ce combat. La municipalité ayant requis le bataillon du Mont-Blanc, il est arrivé dans la ville au moment où la colonne des sections pouvoit être vis-à-vis l'hôpital.... Après 2 heures de combat à coup de canon, elle a fait avancer un trompette de dragon, comme pour parlementer; alors la colonne des sections avance avec confiance et témoigne sa joie par les cris de *Vive l'union! vive la république!* Les dragons repartent au galop, et à l'instant la batterie se découvre et la colonne des sections est foudroyée par une decharge de canons et une viollente fusiliade des troupes de la municipalité et du bataillon du Mont-Blanc. Aussitôt ils se sauvent de toutes parts; plusieurs se refugient dans des bateaux et les bains; ils les y poursuivent, et ceux qu'ils n'avoient fait que blesser, ils les jettent à la rivière.

» A 5 heures du matin, la section du Port du Temple s'est emparé de la maison commune; la municipalité a fui avec sa troupe; mais le bataillon du Mont-Blanc, qui s'est vu appellé fraternellement, a voté avec les sections....

» La poste va partir; il est midy; tout est tranquille, et j'espère bien que nous allons voir renaitre la paix. A demain des détails plus étendus. GONCHON. »

Le lendemain, en effet, 1er juin, Gonchon écrivait au ministre une nouvelle lettre, où il se prononce de plus en plus nettement, et même avec enthousiasme, pour les sections contre la municipalité, avec cette suscription : *Vive la Liberté, l'Egalité et la République une et indivisible! Voilà la devise des Lyonnais, et elle le sera toujours.* Elle n'offre pas l'intérêt de la précédente, et je me borne à une analyse avec quelques extraits [1].

Il raconte qu'il a entendu lire hier, au département, une lettre d'un émigré à Chalier, qui le félicite de si bien remplir son rôle de patriote, et l'exhorte à continuer, en l'assurant de la reconnaissance des princes. « Beaucoup de personnes, d'après son projet infernal dénoncé dans le journal de Carrier et d'après ses motions faites au club de Lyon, ne l'accusoient que de folie et pensoient que son voyage à Paris, précisément au mois de septembre, lui avoit tourné la tête; mais à présent ces mêmes personnes pensent qu'il a été à Paris pour occasionner la journée du 2 septembre. »

Il expose les violents soupçons des Lyonnais sur les deux représentants, spécialement sur Gauthier, accusé d'avoir fait tirer sur le peuple, et d'être l'auteur de la trahison commise par les troupes de la municipalité. Les citoyens de Lyon se sont couverts de gloire. Si leurs ennemis avaient eu le dessus, « plus de cinquante mille hommes auroient été égorgés la nuit du mercredi au jeudi, dans les quartiers qui étoient à leur pouvoir. » Le cri des braves Lyonnais est : *Vive la république une et indivisible!* Ils le poussent tous les jours, « parce qu'ils pensent bien que des royalistes et des aristocrates se sont mêlés parmi eux, et ils veulent leur faire perdre tout espoir; enfin leur conduite me fait verser des larmes de joie.... Tout est tranquille actuellement, mais on n'est pas sans inquiétude : le bruit court que Dubois de Crancé vient sur Lyon avec

[1] J'ai conservé l'orthographe de Gonchon dans la première lettre, pour en donner une idée; mais ici, je crois devoir la corriger.

dix mille hommes. C'est peut-être un bruit que les malveillants font courir; cependant, jeudi matin, à l'Arsenal, Nioche me dit avec un ton de la plus grande douleur : « Ah! comme ils m'ont trompé! Je crains bien que Dubois de Crancé ne se porte à des mesures violentes. » Je l'engageai à lui écrire tout de suite, ce qu'il me promit. »

Dubois-Crancé n'était pas encore parti pour venir mettre le siège devant Lyon; mais, le même jour où Gonchon exprimait ainsi ses inquiétudes, il adressait de Chambéry, avec son collègue Albitte, une lettre comminatoire aux autorités de Lyon pour les sommer de remettre en liberté Nioche et Gautier, qui devaient les rejoindre immédiatement à Grenoble, et ils requéraient Kellermann, général en chef de l'armée des Alpes, de se rendre avec eux dans la même ville afin de se concerter. Gonchon se promet d'aller au-devant de Dubois-Crancé, s'il marche sur Lyon, pour l'instruire de la manière dont les choses se sont passées.

« Je vous salue, citoyen ministre. Je vous le répète : du courage, et le règne des intrigants de toutes les espèces passera comme l'orage qui les a vomis. Les vrais amis de la liberté triompheront toujours, et mes concitoyens de la ville de Lyon, que l'on a tant calomniés, seront reconnus avoir bien mérité de la patrie. » Hélas! les choses devaient tourner bien autrement que Gonchon ne le croyait ou ne feignait de le croire pour se rassurer. Mais, ajoute-t-il en un style qui rappelle celui de ses discours à la barre de l'Assemblée, « l'homme qui a été chargé, par les hommes du 14 juillet et du 10 août, de demander à la Convention qu'elle les autorisât à créer un corps de Scévolas, ne craint point le poignard des assassins. » Comme il l'a dit à la tête des braves du faubourg, « s'immoler pour le bien de la patrie, ce n'est pas mourir, c'est prendre le chemin le plus court pour arriver à l'immortalité. »

Dans un *post-scriptum* d'une familiarité toute républicaine, il prie le citoyen-ministre de donner de ses nouvelles à sa femme, rue Sainte-Barbe, n° 5, et de s'informer si elle a besoin de quelque secours. Et il lui donne son adresse à Lyon : chez Gonchon, cultivateur, faubourg de la Croix-Rousse. Ce cultivateur était certainement un de ses parents, peut-être son père, ou un frère comme celui qu'il avait à Nantes.

Dans la lettre suivante, du 3 juin, c'est avec un véritable lyrisme qu'il revient à l'éloge des sections, de leur courage, de leur générosité, de leur amour du bien et de la patrie. Il a vu la section de la Saône, « presque toute composée d'hommes travaillant sur la rivière, prêter au pied de l'arbre de la liberté, avec une énergie que l'on ne peut dépeindre, le serment d'être toujours unis, de soutenir la république et de respecter les lois et les propriétés.... Oui, oui, nous serons républicains et, malgré les intrigants et nos ennemis de tous les genres, nous aurons cette vraie vertu républicaine, qui consiste dans l'humanité, la générosité, l'amour des bonnes mœurs et dans le véritable courage. Et c'est les citoyens de Lyon, que l'on a tant calomniés, qui auront donné les premiers l'exemple du véritable caractère d'un républicain. Parcourez l'histoire des révolutions, trouvez-moi un exemple pareil ; étant victorieux, ne pas répandre une seule goutte de sang. »

Il lui adresse les arrêtés des sections qu'il a pu se procurer : tous les autres expriment les mêmes sentiments ; cependant les partisans de l'infâme municipalité les déchirent quand ils sont affichés. Il le prie de lui faire envoyer, par le Comité de salut public, Barère, que, de Paris à Lyon, il a vu aimé et respecté de tout le monde. Et il termine par des exhortations familières, pleines de bonhomie et comme d'égal à égal : « Adieu, citoyen ministre, voyez souvent votre ami Goyer (Gohier), ministre de la justice, et ne voyez guère que lui. Travaillez, ne perdez pas un moment : vous êtes ministre de l'intérieur, et c'est là où nous avons nos plus cruels ennemis. Persuadé que vous ne vous occupez et que vous ne vous occuperez que du bonheur de la patrie, je vous serre dans mes bras. »

Avec une bonne foi naïve, sans avoir l'air de soupçonner qu'il faisait complètement fausse route, ni que ses amis Garat et Barère pussent être d'un autre avis, le malheureux Gonchon *s'emballait* et se compromettait de plus en plus.

Quelques jours après, il adressait à la section des Quinze-Vingts, qui était la sienne, un rapport sur les événements de Lyon conçu dans le même esprit et où l'on retrouve même textuellement quelques passages de ses lettres [1]. Ce réquisitoire énergique en faveur des sections contre la conduite perfide de la municipalité et les féroces extravagances de Chalier, se termine par une péroraison lyrique où se retrouvent ses habitudes oratoires :

« L'exposé que je viens de vous faire est de la plus exacte vérité, je vous le jure...., je vous le jure. Vous savez que je ne peux pas être influencé. Plusieurs d'entre vous sont venus me voir dans mon grenier : ils savent qu'ayant quelques talents, je vivois et entretenois ma famille du travail de mes mains ; que j'ai tout quitté pour servir ma patrie et qu'alors j'ai connu le

[1] Cette pièce a été imprimée : *Gonchon aux citoyens de la section des Quinze-Vingts, faubourg Saint-Antoine*, in-4°. C'est un compte rendu, et non un plaidoyer justificatif.

besoin. Si mon zèle m'a mérité quelques missions, je les ai toutes remplies sans me couvrir de la boue d'aucune faction. Je n'ai jamais assiégé les bureaux des ministres. j'ai même refusé des places qui m'ont été offertes par quelques-uns d'eux, parce que Gonchon ne devoit pas recevoir des places données par des hommes à parti. Mais, mes chers camarades, mes chers amis, j'ai bien trouvé ma récompense, mon bonheur et ma gloire dans la paix de ma conscience, dans l'amour des lois et de l'humanité. O mes frères, mes amis, mes camarades ! le jour où la République sera aussi paisible que la ville de Lyon l'est actuellement, ce jour sera le plus beau de ma vie, le plus doux, et la plus digne récompense de mon zèle. »

Gonchon jure que les sections ont sauvé la République à Lyon et supplie les hommes du 14 juillet de ne pas se laisser tromper par des récits mensongers.

Dans une autre lettre à Garat, du 21 juin, également inédite, il s'exprime encore dans le même sens. Il lui annonce d'abord, en un style incorrect et à peine intelligible, que les Lyonnais, menacés par Dubois-Crancé, décachettent les lettres du ministre. Puis il lui fait part des craintes de disette :

« Je vous envoie une adresse de la municipalité provisoire à leurs concitoyens, au sujet de quelques mouvements qui ont eu lieu ces jours cy pour le pain. Il n'est sorte de moyen que les malveillants n'employent pour exciter le désordre : avant hier, une femme couroit dans la Grande-Rue et les marchés en portant avec elle un pain des plus mauvais et declamant contre la nouvelle municipalité ; on la conduisit au Comité de salut public, et là elle declara avoir acheté ce pain chez un boulanger qu'elle désigna ; on y fut : le boulanger assura n'avoir jamais fait du pain pareil ; il montra tous les pains qu'il avoit chez lui et on les trouva fort beaux. Il faut donc bien prendre garde que le pain manque dans cette cité : le peuple et surtout les maçons et autres ouvriers qui ne mangent que du pain se porteroient alors à des excès des plus violents. »

Il prie le citoyen Garat d'écrire au plus vite pour engager le département de la Côte-d'Or à laisser passer de ses grains dans le Rhône-et-Loire, la ville n'étant plus approvisionnée, dit-on, que pour dix-huit à vingt jours.

« Adieu, citoyen ministre, dit Gonchon en terminant. Le peu de mots que vous avez écrits de votre main m'ont fait un plaisir infini. Ce n'est pas parce que vous êtes ministre; c'est que par votre mérite le pauvre Gonchon est bien peu de chose à côté de vous. Ainsi, puisque vous m'embrassez, moi je vous embrasse de tout mon cœur. »

Il était impossible, on le voit, de prendre part avec plus de décision et de chaleur contre la municipalité et Chalier, et ce témoignage d'un témoin oculaire, désintéressé dans la lutte, d'un compatriote, d'un homme du peuple, d'un ardent républicain, est significatif. Le représentant Julien, de Toulouse, dans son rapport à la Convention sur les administrations rebelles, s'était exprimé plus sévèrement encore sur le compte de la municipalité de Lyon à cette date. Mais lorsqu'il vit la tournure prise par les événements, il rétracta formellement cette opinion compromettante, prétendant qu'il avait été induit en erreur par les dénonciations calomnieuses adressées au Comité de sûreté générale, et il écrivit une lettre de réparation aux membres de cette municipalité [1]. Gonchon ne sut ou ne voulut pas se dé-

[1] An II, 1er mois, 4e jour de la 3e décade. Archives, même carton.

gager de la même manière. Avec sa sincérité et sa chaleur naturelles, il s'était engagé trop à fond. Les relations nombreuses qu'il avait à Lyon dans le peuple et la petite bourgeoisie, en lui permettant d'en voir de près les véritables sentiments, l'avaient enlacé dans mille liens dont il ne pouvait guère s'affranchir. Aussi Fourcade, qui avait été envoyé de son côté dans les départements du Midi, a-t-il pris soin de désavouer formellement sur ce point, dans la lettre qu'il écrivit à Robespierre pour sa défense personnelle, l'homme dont on avait l'habitude d'associer le nom au sien :

« J'arrivai à mon poste (dans les départements méridionaux), écrit-il, plus de vingt jours avant le 31 mai. Je préparai les esprits à cet événement que je prévoyois; je ne l'attendis pas pour me prononcer.

» A cette époque, tout le midi se souleva.... Presque seul avec Julien, au milieu des assassins et des préventions, je défendis la cause de la Montagne avec une énergie qui, plusieurs fois, faillit m'être funeste.

» Six mille Bordelois formaient la majeure partie de l'armée des Pyrénées occidentales. On les excitoit à la sédition.... Je fus envoyé avec Julien pour les rappeler à leur devoir.... J'ai tant écrit, tant apostolisé, que je levai presque seul tous les obstacles qui s'opposoient à l'acceptation de l'acte constitutionnel dans le district de Pau.... Lorsque les représentants du peuple épurèrent les autorités constituées, je fus, à la sollicitation de tous les patriotes, élevé à la place de procureur syndic du département des Basses-Pyrénées. Mais comme, depuis mon retour à Paris, je servois la cause du peuple en travaillant à *l'Anti-Fédéraliste*, comme mes amis me crurent plus utile à ce dernier poste, je refusai....

» Est-il possible qu'on m'attribue les erreurs et les vices de celui que j'avois quelquefois choisi pour lire des pétitions, qui se conduisoit très mal à Lyon lorsque j'étois à Bordeaux?....

» Julien, agent du Comité de salut public, m'a connu vingt jours avant l'époque du 31 mai. Il a été témoin de tout ce que j'ai fait pour la chose publique dans un pays où l'on ne comptoit pas six patriotes, où nous étions menacés à chaque instant, où j'avois toute ma famille....

» Ce fut dans le mois de juin que j'appris la conduite de Gonchon dans la ville de Lyon. J'écrivis sur-le-champ à la section des Quinze-Vingts pour lui faire ma profession de foi.... J'invoque le témoignage de Taschereau, qui s'est trouvé à Bayonne pendant les troubles, des représentants du peuple Ysabeau et Garreau.... Mon grand tort a été de ne pas faire insérer mes discours et mes démarches dans les journaux, d'avoir toujours craint de faire quelque chose qui ressemblât à une justification, dont je sentois n'avoir pas besoin. Mais je défie qu'on puisse me prouver une action, un propos de modéré. »

Fourcade se représente gémissant avec le frère de Gonchon sur la conduite de celui-ci. Gonchon avait un frère, en effet, qui habitait Nantes, où il faisait partie de la commission militaire et qui, déjà malade, mourut de frayeur après une altercation avec Carrier, laissant une veuve et des enfants pour lesquels notre patriote sollicita un secours de la Convention [1].

[1] LALLIÉ, les *Noyades de Nantes*, p. 67-68. *Le sans-culotte Goullin*, p. 89. Mais le Gonchon, cultivateur à la Croix-Rousse, chez qui il indique son adresse à Garat, était peut-être aussi son frère, et il se peut qu'il soit question de celui-là. Un « Gonchon l'aîné, commissaire, » figure parmi les quarante-trois citoyens nommés juges de paix le 1er août, par le Comité de salut public, d'après les choix du conseil exécutif provisoire du 10 juillet 1793. Serait-ce notre Gonchon, comme tendrait à le faire croire son titre de commissaire? Nous ne trouvons aucune trace, dans sa biographie, de l'exercice de ces fonctions.

Dans sa lettre apologétique, déjà citée, à la commission populaire séante au Louvre, Gonchon, lui, glisse plus rapidement sur cette période, se bornant à dire qu'il fit tout ce qui était en lui pour ramener les esprits, et qu'il quitta Lyon « avant l'époque où la révolte contre la Convention se prononça dans cette ville, et la quitta pauvre comme il y était arrivé, » car il ne manque jamais une occasion d'appuyer sur sa pauvreté. Je ne sais ce que Gonchon entend au juste par l'époque où la révolte contre la Convention se prononça à Lyon : il reste prudemment dans le vague. Les prodromes de l'insurrection eurent plusieurs étapes : ce fut le 12 juillet que la Convention déclara la ville en état de révolte ; ce fut le 9 août que Dubois-Crancé ouvrit le siège. Gonchon était alors de retour ; mais il se trouvait encore à Lyon à l'époque où elle fut déclarée en révolte, et on voit, par une dernière lettre à Garat, qu'il avait alors un peu modifié, au cours des événements, sa manière de voir, ou tout au moins de s'exprimer, et qu'il avait senti la nécessité de la prudence ; c'était un peu tard. Il y raconte ses vains efforts pour combattre l'influence de Biroteau et sa propagande dans les campagnes environnantes pour faire connaître les décrets de la Convention et accepter la constitution, ainsi que pour justifier la journée du 31 mai. Mais, malgré son aplomb, il devait être gêné par son attitude antérieure. Rappelé par le ministre, il revint à regret, prit le coche jusqu'à Chalon, puis, en compagnie de six paysans fédérés, un chariot couvert, auquel il attacha une flamme tricolore et un petit arbre coiffé d'un bonnet rouge, avec un écriteau portant d'un côté : *La Constitution républicaine ou la mort!* de l'autre : *Vive nos braves frères de Paris!* C'est en cet équipage qu'ils faisaient leur entrée dans chaque ville ou village, chantant la *Marseillaise* et criant : *Vive la Convention ! Vive la Constitution !* Sur ce terrain, Gonchon se retrouve tout entier, avec son exubérance emphatique et le clairon qu'il avait dans la gorge.

Il arriva ainsi le 25 juillet au faubourg de Gloire, et il raconte son entrée au ministre en quelques lignes qui forment un petit tableau tout à fait expressif et pittoresque : « Les citoyens nous ont forcés à descendre et entrer dans un cabaret ; ils nous ont reconduits à l'auberge après nous avoir fait passer par la rue Saint-Antoine, la place de Grève et le port au blé ; les trois chevaux de nos voitures étoient chargés chacun de trois hommes ; plusieurs portoient des brocs de vin. On s'est séparé en s'embrassant fraternellement. Un des députés ayant dit : « Oh ! nous ne sommes pas de la ville de Lyon, » les citoyens du faubourg Saint-Antoine qui étoient présents lui ont tous répondu : « Les habitans de Lyon comme vous sont nos frères ; » nous espérons bien qu'ils reviendront de leur erreur » et qu'ils enverront des députés à la fédération du » 10 août ; alors nous les recevrons à bras ouverts, et » si nous savons même le jour de leur arrivée, nous leur » irons au devant [1]. »

En terminant sa lettre, Gonchon affectait la sécurité, protestant qu'il méritait toujours la confiance du ministre et qu'il ne cesserait de brûler du violent désir d'être utile à sa patrie, annonçant l'intention de lui adresser un rapport et de lui faire des communications très intéressantes : « J'espère, citoyen ministre, que vous serez content de moi et que vous me serrerez la main avec plaisir. »

Garat, déjà résolu à sa démission, n'était plus que

[1] Lettre inédite du 26 juillet.

pour quinze jours au ministère, et ce lui fut sans doute un prétexte suffisant pour s'abstenir de recevoir le compromettant et compromis Gonchon. En effet, cette fois notre héros était bien définitivement suspect : il avait voulu s'arrêter, et il ne faut jamais s'arrêter en révolution. Les Jacobins de Lyon et des environs dénoncèrent sa conduite. Nous avons retrouvé une de ces dénonciations [1], où il est accusé d'avoir prononcé à la maison commune des discours infâmes, fédéralistes et contre-révolutionnaires, approuvant tout ce qu'avait fait, le 29 mai, le conseil général de la commune de Lyon, particulièrement l'exécution de Chalier; d'avoir enhardi les Lyonnais à la révolte et d'être l'un des principaux auteurs de tous les maux qui suivirent. En outre, Audoin l'accusa, dans sa feuille *(le Journal universel)*, de s'être laissé circonvenir et *rolandiser* à prix d'argent, et la section Bonne-Nouvelle demanda qu'il fût destitué de la place de commissaire civil pour avoir été payé par Roland [2].

[1] Par Lapalus, commissaire de l'Assemblée primaire de Mardore, canton de Thizy (Rhône-et-Loire).

[2] Sa brochure, *Gonchon aux citoyens de la section Bonne-Nouvelle*, est un plaidoyer justificatif en réponse aux inculpations dirigées contre lui.

VIII.

A la suite de ces dénonciations, le Comité de sûreté générale arrête, le 8 septembre, que Gonchon sera gardé à vue par un gendarme, jusqu'à ce qu'on ait obtenu sur son compte les renseignements nécessaires. Ce gendarme l'accompagnait partout, mais en habit civil. Les purs étaient offusqués de ces ménagements, et ils réclamèrent. Dans la séance du 21 septembre, un membre du club des Jacobins se plaint amèrement de ce privilège accordé à un homme qu'il traite dans les termes les plus méprisants : « Vous connaissez tous le ci-devant patriote Gonchon, orateur rolandisé et payé par le parti brissotin pour délirer en sa faveur. Il a été arrêté et mis en prison, mais relâché ensuite sur sa parole, et dans ce moment Gonchon se promène, jouissant, comme un monsieur, de tous les privilèges qu'on avait coutume de leur prodiguer, suivi d'un gendarme qui, pour ne pas déshonorer M. Gonchon, est en habit bourgeois.

» Un de mes frères, soldat du 102e régiment, disait à Gonchon, que nous avions rencontré ensemble : « Comment se fait-il que vous soyez arrêté? — Pitt et Cobourg, répondit-il, ont mis ma tête à prix, et quelque patriote égaré pourrait bien les servir en assassinant l'orateur des patriotes. »

» Voyez comme il calomnie le peuple. »

Gonchon aurait ajouté que, si le gendarme qui l'accompagnait était vêtu en bourgeois, c'était pour cacher au peuple l'arrestation de son orateur et l'empêcher ainsi de se porter à des extrémités fâcheuses. Un tel mépris des lois et de l'égalité excite l'indignation générale de la société, qui nomme aussitôt des commissaires pour examiner le cas de notre héros et surtout réclamer sa translation à l'Abbaye [1].

De telles dénonciations ne pouvaient manquer de produire leur effet; d'ailleurs, bien que diminuée, l'influence dont il jouissait dans le quartier général de la Révolution portait ombrage à Robespierre. Le 21 septembre, le Comité, se basant sur les dénonciations de plusieurs membres des Jacobins, ordonna son arrestation [2]. Mais il dut être relâché quelques jours, peut-être quelques heures après, et remis dans l'état antérieur, comme le prouvent une réclamation de lui, datée du 23 octobre (2e jour du 2e mois de la 2e année de la République), et cette assertion, répétée dans ses lettres postérieures, d'avoir eu un gendarme à nourrir pendant sept semaines.

La réclamation imprudente de Gonchon contre son gendarme, qu'il ne pouvait nourrir sans être à charge à ses amis, lui devint funeste. Son serment de ne pas chercher à fuir parut insuffisant au Comité. La pièce porte, en guise de réponse, cette annotation officielle : *Faire un ordre pour que Gonchon soit mené à l'Abbaye.* L'exécution ne se fit certainement pas attendre, car nous avons une lettre de lui, datée de la Force, juste huit jours

[1] *Moniteur* du 27 septembre 1793.

[2] Cet ordre est du même jour que les dénonciations au club des Jacobins dont nous venons de parler ; il est donc probable qu'il se réfère à des dénonciations antérieures. A moins qu'on n'admette que, portées aussitôt au Comité, elles l'auraient décidé à lancer son ordre dans la soirée même, en pouvoir souverain qui avait l'habitude de ne pas perdre de temps.

après, et adressée au citoyen Laloi, membre du Comité. On voit dans cette lettre qu'il ne s'était pas borné à demander par écrit qu'on le délivrât de son gendarme, qu'il avait envoyé celui-ci réclamer une prompte décision. Il y appuie, comme partout et toujours, sur son indigence : « Certes, avoir rapporté de toutes les occasions où je me suis trouvé un brevet de pauvreté, c'est en avoir rapporté un certificat de civisme. J'ai servi la liberté et la patrie, et je *pus* les servir encore. On lève un corps de cavalerie : ayant été dragon, je *pus* y entrer. »

Le citoyen Laloi fit la sourde oreille et Gonchon resta en prison. Il se mit à assiéger de ses lettres tous les hommes influents qu'il connaissait, — et il en connaissait beaucoup, — tandis que, de leur côté, sa femme et sa fille, que son arrestation laissait sans ressources, passaient les jours à la porte du Comité de sûreté générale pour solliciter la mise en liberté de leur unique soutien. Le faible produit de leur travail suffisait à peine à les empêcher de mourir de faim, d'autant plus qu'il fallait le partager avec le prisonnier, et on avait dû vendre les nippes et les ustensiles de ménage pour subsister :

« La Convention, ajoutait-il, a rendu un décret autorisant le Comité à mettre en liberté les patriotes. Je suis patriote, je suis Gonchon. » Il pourrait citer une infinité de faits civiques en sa faveur, mais un républicain ne doit pas faire son apologie : il se borne donc à joindre à sa lettre la copie de la pièce où Tallien, Rovère, Audoin, Maribon-Montaut, avaient demandé pour lui une place d'huissier vacante à la Convention [1].

[1] Cette lettre est sans date, comme la suivante, mais elle doit être des premiers jours de messidor an II, puisque Gonchon y parle de huit

Dans une lettre postérieure, il adresse un appel plus pressant encore, qu'il accompagne d'un résumé de sa conduite pendant la Révolution :

« Gonchon est détenu depuis 9 mois, et sa détention n'a point altéré sa constance; il la regarde comme une épreuve dont il doit sortir pur et consolé, si le républicain qui a souffert quelques instans, mais qui a toujours été en paix avec lui-même, pouvoit avoir besoin de consolations. Heureux d'avoir à exposer devant un tribunal, dont les décisions ne sont autre chose que l'opinion et la volonté publique légalement énoncée, le tableau de sa conduite et de ses sentimens; ayant l'âme franche et énergique, il ne déguisera rien. Il sera vrai comme il l'a toujours été, et parlera devant ses juges comme il parleroit devant cet être suprême qui veille aux destinées de la République et que le méchant ne peut ni fléchir ni abuser. »

Il trace ensuite à grands traits les principales étapes de sa carrière révolutionnaire, rappelle sa conduite au 14 juillet et avant; au 5 octobre, lors de la pétition du Champ de Mars, à la fête de Châteauvieux, à la « députation » du 20 juin, au 10 août; ses missions, etc. « Ennemi juré de la Fayette, dont il avoit pénétré la perfidie et repoussé les insinuations, il fut longtemps exposé à devenir la victime de ses suppôts. » S'il fallait l'en croire même, il ne se serait pas laissé « séduire par les partisans de Roland : il combattit au nom du faubourg Antoine le projet de force départementale dont on lui offroit le commandement. » On a vu ce qu'il en était. Sa lettre se termine ainsi : « Aucun sentiment, aucune action n'a jamais démenti chez lui le plus pur

mois de prison, et la suivante, postérieure d'un mois environ, de la fin de messidor ou du commencement de thermidor. Toutes ces lettres sont tirées des Archives, carton F⁷ 4606.

républicanisme. Sa famille est dans l'indigence. Quelques amis l'ont aidé lui-même à subsister pendant qu'il étoit avec un gendarme. Quoi qu'en ait pu dire cet Hébert qui lui avoit juré une haine implacable [1], sa misère a constamment déposé en faveur de la pureté de son âme. Il n'a cessé de servir son pays, il peut le servir encore. »

En dépit de toutes ses requêtes, le 9 thermidor le trouva à Saint-Lazare [2], où il put se rencontrer avec l'ex-agent Gadolle. Gonchon fut délivré avant ce dernier, mais, hélas ! pour bien peu de temps.

Le 19 thermidor, il écrivait à Merlin, toujours de Saint-Lazare :

« Brave Merlin,

» Gonchon, qui, après avoir été suivi pendant sept semaines par un gendarme, est détenu depuis neuf mois et demi dans les prisons, compte sur ta généreuse intervention pour obtenir une liberté qu'il n'a point mérité de perdre.

» Proscrit depuis longtemps par les Héberts, les Couthons, les Robertspierre, il n'aura point en vain survécu à leurs fureurs. Il est enfin permis d'être impunément sensible et juste, d'écouter et de faire entendre

[1] Nous avons vu pourtant plus haut que le *Père Duchesne* avait parlé de lui en termes amicaux, mais c'était dans les premières années de la Révolution.

[2] On voit donc ce qu'il faut croire de l'anecdote où Georges Duval nous le montre, à la société des Jacobins, félicitant Robespierre de son discours sur l'Etre suprême et foudroyant Lequinio. (*Souvenirs de la Terreur*, IV, 339.) Pour la même raison, il faut repousser également une autre anecdote de ses *Souvenirs thermidoriens* (II, 68). G. Duval joue de malheur avec Gonchon. Il dit aussi qu'il avait forcé sa sœur, mercière dans la Grande-Rue du faubourg Saint-Antoine, d'être déesse de la Raison. Le fait est moins impossible : il était emprisonné déjà, comme nous l'avons vu, à cette date ; mais il pourrait avoir agi de la prison sur sa sœur, dans son intérêt propre.

les réclamations des patriotes et la plainte de l'innocent.

» Gonchon te conjure de te rappeler ce qu'il a fait depuis cinq ans pour la Révolution, l'honorable indigence dans laquelle il a toujours vécu, l'énergie qu'il a montrée contre toutes les intrigues et toutes les tyrannies. Quel est donc son crime, pour que des fers honteux pèsent si longtemps sur lui ? Courageux ennemi d'un tyran dont tu as hâté la chute, tu feras tout pour le rendre à une famille éplorée, à sa patrie qu'il veut servir encore ; tu sais bien que, lorsqu'il a fallu la servir, il n'a pas ajourné. Merlin, comble de joie sa femme et ses enfants.... L'époque de sa liberté individuelle se trouvera liée au triomphe de la liberté publique. »

Ce cri d'appel ne demeura pas stérile. Les portes de Saint-Lazare s'ouvrirent dès le lendemain devant Gonchon, « détenu par les manœuvres des ci-devant conspirateurs [1]. » Sa joie fut aussi grande que peu durable. Il se hâta de rentrer dans son cher faubourg, et reprit pendant environ un mois son train de vie habituel. Mais un jour qu'il dînait chez le général Santerre, il s'y rencontra, par un contretemps fâcheux, face à face avec Dubois-Crancé, et une violente querelle s'engagea entre eux sur les événements de Lyon. Dubois-Crancé, qui avait dirigé les opérations contre la ville en révolte, reprocha à Gonchon de s'être mis du côté des rebelles, et dès le lendemain sans doute, il le dénonçait en ces termes :

« Je déclare au Comité de sûreté générale que l'on a trompé sa religion en lui demandant et en obtenant la mise en liberté de Gonchon.... Ce Gonchon étoit

[1] L'ordre d'élargissement est du 20 thermidor. Archives, F⁷ 4606.

l'homme de M. et Mme Roland, le souteneur de la faction des Girondins ; on peut en tirer la preuve dans les papiers imprimés qui ont été trouvés chez Mme Roland.

» Il fut envoyé par cette faction à Lyon, et c'est à son zèle pour ce parti que l'on doit l'égarement du peuple de cette ville, l'insurrection qui y a eu lieu le 29 mai de l'an dernier et tout ce qui s'en est ensuivi. Après l'insurrection du 29 mai, Gonchon eut l'audace de publier une affiche à ses concitoyens dont l'esprit contre-révolutionnaire ne laisse aucun doute.

» Si le Comité n'a pas cette pièce, il pourra se la procurer par Charlier, actuellement représentant du peuple à Ville-Affranchie ; mais je demande que Gonchon soit provisoirement réintégré dans les prisons.

» DUBOIS-CRANCÉ. »

Cette lettre est appuyée d'un billet non signé, mais de la même main, également sans date, et adressé particulièrement à l'un des membres du Comité, pour insister sur l'arrestation de Gonchon, « qui cherche à agiter le faubourg. Comment a-t-on pu fusiller à Lyon tant de malheureux égarés et rendre la liberté à celui qui n'a été envoyé dans ce pays par Roland que pour y insurger le peuple en faveur de la contre-révolution [1] ?

L'odieuse dénonciation de Dubois-Crancé ne tarda pas à produire son effet. Par ordre daté du 21 fructidor, l'agent Lesueur se présenta chez Gonchon le 22, avec deux membres de la section Bonne-Nouvelle. Gonchon était sorti. A minuit ils revinrent. Cette fois il était rentré, mais il répondit à travers la porte qu'il brûlerait la cervelle à quiconque attenterait à sa liberté.

[1] Archives, F^7 4606.

On le menaça d'aller chercher la force armée, et il finit par ouvrir, en donnant pour excuse de sa résistance la crainte qu'il avait d'être assassiné, depuis sa dispute avec Dubois-Crancé chez Santerre. « Vu la médiocrité de son domicile, » l'agent emmena son prisonnier sans mettre les scellés [1]. On l'enferma dans la prison du Plessis, où il rencontra Saint-Huruge et témoigna de son mépris pour lui [2]. Le 30 fructidor, il écrivait :

» O Liberté, Liberté chérie !....

» Moi, Gonchon, vrai sans-culotte dans toute la force du terme, ne serai-je donc pas libre pour les premières fêtes des sans-culottides, après onze mois de souffrance et de persécution ? Vous avez reconnu que j'avois été détenu par toutes les manœuvres des ci-devant conspirateurs, et *ont* attenté une seconde fois à ma liberté ! Ma femme et mes enfants sont dans la plus cruelle misère, et dans le moment où j'allois demander les secours que vous avez décrété être donnés aux infortunés détenus injustement, on me rejette dans les fers. Législateurs, justice promptement ! Justice ou la mort ! »

[1] Archives, F[r] 4731.

[2] On ne peut placer qu'à cette date l'anecdote racontée par Mme de Bohm dans son livre : *Les Prisons de 93*, et qu'elle rapporte avant le 9 thermidor, en brouillant certainement la chronologie. Saint-Huruge n'arriva au Plessis que le 9 thermidor (V. notre notice sur lui dans la *Revue de la Révolution*, tome VII, p. 19), et Gonchon que le 22 fructidor. Ajoutons qu'il n'est pas très facile de se retrouver nettement dans ces pièces qui concernent les arrestations et les détentions de Gonchon. Souvent la date manque. Des documents qui se suivent paraissent au premier abord contradictoires, faute d'une pièce intermédiaire qui les expliquerait. Nous verrons tout à l'heure Gonchon parler de ses onze mois de souffrances, dans lesquels il comprend l'époque où, sans être emprisonné, il était gardé à vue par un gendarme, ce qui embrouille encore les choses. Mais peu à peu l'étude des documents dissipe les ténèbres et remet chaque détail à sa date.

A quelques jours de là, le 2 vendémiaire an III, il épanche encore ses doléances dans le sein du Comité : Il est dans les fers depuis 25 jours et n'a pas encore été interrogé. Avant les missions dont le gouvernement l'a chargé, il entretenait sa famille de son travail, auquel il consacrait deux journées de la semaine, en sacrifiant les autres au service de la Révolution. Il a toujours repoussé les offres de l'étranger pour consacrer ses talents à sa patrie.

Le 29 vendémiaire an III, il fut enfin remis définitivement en liberté. Sa captivité totale, en y comprenant les deux périodes, avait duré onze mois, — tout près d'un an, si l'on ne tient pas compte de sa libération momentanée. Il sortait plein de ressentiment. Aussi prit-il part aux premiers mouvements de la réaction thermidorienne. Dans ce soulèvement général contre le jacobinisme et la queue de Marat, qui comprenait des catégories très diverses, des jeunes gens, des muscadins, des journalistes, des représentants du peuple, des artistes, des nobles, des ouvriers, Gonchon, avec le menuisier Etienne Olivier, représentait particulièrement la classe des artisans et le faubourg Saint-Antoine. Le 19 janvier 1795, la jeunesse de Paris et des faubourgs fut convoquée au Jardin-Egalité, c'est-à-dire au Palais-Royal, pour porter une adresse à la Convention ; le grand faubourg et les hommes du 14 juillet étaient particulièrement invités à se joindre à elle contre « les buveurs de sang, » et Gonchon fut désigné pour jouer un rôle principal dans cette affaire [1], mais nous ne voyons pas qu'elle ait eu de suite [2]. Deux ou

[1] Ad. SCHMIDT, *Paris pendant la Révolut.*, trad. Viollet, t. I, 196, 213.

[2] Ni les *Procès-verbaux*, ni le *Moniteur*, ni le *Messager du soir*, etc., ne mentionnent cette adresse à la séance du 19 janvier.

trois jours auparavant, Gonchon était signalé par un *observateur*, mais en termes assez vagues, comme « paraissant se rendre à la tête des attroupements » qui se faisaient au Jardin-Egalité pour répondre à l'appel de Fréron [1]. Il n'est donc pas douteux qu'il ait pris au mouvement une part qui demeure assez indéterminée, mais que ses malheurs et la diminution de son influence sur le faubourg, resté en grande partie jacobin, comme allait le prouver l'insurrection du 1er prairial, durent réduire à des proportions tout à fait secondaires.

[1] SCHMIDT, *Tabl. de la Révolut.*, II, 265.

IX.

La vie publique de Gonchon était terminée : à partir de ce moment, son nom se perd et rentre dans l'ombre. Celle de Fourcade ne l'était pas encore. Fourcade avait été suspect à Robespierre comme Gonchon. Il se défendit habilement par un Mémoire dont nous avons eu déjà l'occasion de citer la partie relative à sa mission dans le Midi. Il était bien forcé d'y avouer sa collaboration avec Gorsas, mais, ajoutait-il, après le 2 septembre, « indigné de voir tourner contre les patriotes un mouvement provoqué par une faction, » il avait quitté le journaliste, en lui abandonnant ses effets et ce qui lui était dû, et sans répondre à ses insultes. Après avoir vécu quinze jours d'une façon précaire, proposé par quelques députés : Bassal, Tallien, etc., au comité de correspondance, il avait été choisi pour rédacteur du *Bulletin*, où il travailla trois mois avec le plus grand zèle, en y passant même une partie de la nuit.

Il continuait en rappelant sa mission en Belgique :

« J'adjure tous les patriotes qui furent témoins de ma conduite dans la Belgique de dire si je m'écartai un instant de la ligne des principes, si je n'étois pas bon montagnard, si par mes écrits et mes actions je ne servis pas la cause de la liberté, si je ne fus pas un des premiers à dénoncer Dumouriez. Ma correspondance, le *Journal de la société de Bruxelles*, mes discours imprimés répondront à tout. J'invoque le témoignage de Lavalette, celui de tous les généraux qui se montra le plus opposé à Dumouriez, celui des Belges patriotes, celui de Chaussard, etc., etc.

» Je ne travaillai pas plus d'un mois avec mon collègue. Il alla toujours bien avec moi. Il étoit connu pour un instrument utile lorsqu'il n'étoit pas dans de mauvaises mains.

» Les amis de Dumouriez voulurent à Bruxelles prêcher l'athéisme. Leur but était de soulever, d'indigner les Belges. J'écrivis contre. J'en appelle au *Journal de la Société*, à mes écrits imprimés.

» J'arrivois à Mons lorsqu'on m'apprit le supplice du tyran. Les malveillans de ces contrées, les fanatiques, beaucoup d'officiers de ligne voulurent corrompre l'esprit de l'armée et de la Société. Le plus grand nombre des habitans affichoit le royalisme. Je parlai, j'écrivis comme je devois le faire. Je fis voter une adresse de félicitation aux patriotes de la Convention nationale. Je fis élever sur les hauteurs de Jemmapes une colonne à l'honneur de Lepelletier....

» Revenu à Paris dans le mois d'avril, avant que Dumouriez eût tout à fait levé le masque, je le dénonçai dans un écrit avec deux de mes collègues. »

Ce plaidoyer réussit pleinement : on a trouvé le nom de Fourcade inscrit de la main de Robespierre sur une liste de « patriotes ayant des talents plus ou moins, » et lorsqu'il s'agit, en germinal an II, de nommer un commissaire aux relations extérieures, son nom fut mis en balance par le dictateur avec celui de Buchot [1]. A défaut d'un si haut poste, qu'il n'aurait pas eu de

[1] MASSON, le *Département des affaires étrangères pendant la Révolution*, 312.

mal à remplir plus décemment que cet ancien maître d'école, il fut nommé commissaire adjoint à la commission d'instruction publique. En cette qualité, on trouve sa signature, après celle de Payan, au bas de quelques pièces, particulièrement d'un rapport sur la nécessité de régénérer le théâtre par le concours du patriotisme et du génie des auteurs, par la revision du répertoire et l'examen sévère des nouveaux ouvrages, et d'un second rapport, paru en même temps, pour annoncer et justifier l'interdiction faite aux théâtres de représenter la *Fête de l'Etre suprême*. Ces deux pièces importantes ont été évidemment rédigées par lui : elles portent dans leur ton sentencieux, dans leur phraséologie métaphorique, sonore et redondante, la trace incontestable de son style. Depuis le 26 janvier 1793, l'ancien collaborateur de Gorsas publiait, avec Payan et Julien jeune, l'*Anti-Fédéraliste* [1], qui cessa de paraître plus de six mois avant le 9 thermidor; mais on ne peut démêler nettement la part personnelle à Fourcade dans la rédaction des articles, dont aucun n'est signé.

Six jours après la mort de Robespierre, Fourcade était arrêté. Il lui fallut alors recommencer en sens inverse ses Mémoires justificatifs. Il en adressa un au Comité de salut public [2]. Fourcade comprend que, « membre d'une commission où il s'est trouvé un conspirateur, ayant attaché son nom à un journal que rédigeait en grande partie un autre conspirateur mis à

[1] Les noms des trois rédacteurs fondateurs figurent en tête de chaque numéro, dans un ordre qui varie de telle sorte que chacun soit le premier à son tour.

[2] Renvoyé au Comité de sûreté générale. Il a oublié de le dater, mais la pièce est certainement de quelques jours après son arrestation, qui avait eu lieu le 15 thermidor.

mort, sa conduite ait pu être soupçonnée. » Mais il a été trompé par leur affectation de patriotisme. Il ne connaissait pas le commissaire quand celui-ci arriva de son département, communiquait peu avec lui et lui laissait tout faire. Il discute jusqu'aux dîners et aux visites. *On* n'a dîné qu'une fois chez lui; il a constamment refusé d'aller voir Robespierre et ne lui a parlé que deux fois au Comité, il y a trois mois. Souvent il a combattu les mesures que voulaient prendre les deux frères, et il refusa d'effacer les phrases que l'un d'eux lui reprochait, dans une tragédie patriotique qu'il est en train de composer, et dont les traits pouvaient atteindre « le moderne Cromwell. » Non, vraiment, Fourcade ne peut concevoir qu'il ait été oublié par eux, encore moins qu'ils lui aient pardonné. Restent ses relations avec Julien et l'agent national, mais elles n'étaient pas ce qu'on a cru : il les réduit à presque rien; et, d'ailleurs, qui ne les jugeait purs? Dans un autre Mémoire, également sans date, mais postérieur de quelques jours, il raconte une conversation avec l'agent national au théâtre de l'Egalité, le 8 thermidor, et une anecdote d'où il conclut que la Commune et les conspirateurs ne le jugeaient pas digne de leur confiance. On ne saurait se défendre moins fièrement. Ce qui le servit mieux sans doute que cette discussion de portière, ce fut le certificat en sa faveur de la députation des Basses-Pyrénées, et l'attestation des commissaires nommés par la Convention pour examiner les papiers de Robespierre et de ses complices, qu'ils n'avaient rien trouvé de suspect dans les siens. Il fut remis en liberté le 30 fructidor. Moins heureux, son père, qui avait été également arrêté, fut maintenu sous les verrous jusqu'au 8 messidor an III, et n'obtint alors qu'un ordre de mise en liberté provisoire, sous la surveillance de la municipalité et avec ordre de se représenter à toute réquisition [1].

Le Directoire nomma Fourcade consul à la Canée. C'était un homme intelligent et instruit. Il profita de son séjour dans le pays pour envoyer au département des relations extérieures plusieurs Mémoires, mieux rédigés et plus intéressants que ceux de sa prison, sur les îles de Candie et de Cérigo [2]. Arrêté pendant la campagne d'Egypte, puis transféré à Constantinople, il revint en France après la paix. En 1805, il était commissaire des relations commerciales à Sinope de Napoli, et profita de sa résidence dans ce nouveau séjour pour entreprendre des excursions au cours desquelles il explora spécialement la partie de l'Anatolie correspondante à l'ancienne Bithynie, à la Paphlagonie et au Pont, et qui ne furent pas toujours sans danger. Il s'attacha à compléter et rectifier les recherches de Beauchamp, de Tournefort, de d'Anville, et put déterminer d'une façon définitive, par la découverte d'une inscription, la position véritable de l'ancienne Eupatoria. Les mémoires qu'il lut et les cartes qu'il présenta à l'Institut sur cette question et sur d'autres, relatives à la géographie de l'Asie Mineure, le firent élire, en 1811, membre correspondant de ce corps savant. Nommé l'année suivante consul général à Salonique, il s'y livra à de nouvelles recherches, qui ne restèrent pas infructueuses. Mais sa santé, qui n'avait jamais été bien forte, et que les agitations de sa vie, puis le climat de l'Orient et ses travaux avaient affaiblie encore, était sérieusement ébranlée depuis qu'une troupe de marins, à Sinope, l'avaient assailli, maltraité et laissé

[1] Archives nationales, F[r] 4722.
[2] Id., F[r] 4602.

pour mort. Il succomba à une attaque de dysenterie dans cette ville, le 11 septembre 1813 [1].

Nous avons notablement abrégé l'indication des travaux géographiques et archéologiques de Fourcade, qui ne rentrent point dans le cadre de ce travail. Le peu que nous en avons dit suffit à montrer quelle était la valeur réelle d'un homme qui eut le malheur d'être jeté, avec une imagination fougueuse et un caractère aventureux, à la fois emporté et faible, dans des événements trop forts pour lui et au milieu desquels il s'agita obscurément, avec l'ambition de s'y faire une place. S'il y eût réussi, peut-être eût-il laissé, comme tant d'autres, sa tête sur la guillotine, et il est probable du moins qu'il ne serait jamais devenu membre de l'Institut.

[1] Il ne faut pas le confondre, comme on l'a fait quelquefois, avec Raymond-Henri Fourcade, qui fut également consul en Orient, écrivit aussi des mémoires, et ne mourut qu'en 1845. Tout en séparant les deux personnalités, la *Littérature française contemporaine* a eu le tort d'attribuer l'*Anti-Fédéraliste* à ce dernier.

TABLE

BESANÇON. — IMP. ET STÉR. DE PAUL JACQUIN.

BIBLIOTHEQUE NATIONALE DE FRANCE
3 7502 00853747 6

www.ingramcontent.com/pod-product-compliance
Ingram Content Group UK Ltd.
Pitfield, Milton Keynes, MK11 3LW, UK
UKHW020320200726
13857UKWH00001B/232